suhrkamp taschenbuch 1582

Peter Weiss, geboren am 8. 11. 1916 in Nowawes bei Berlin, wuchs auf in Berlin und Bremen. 1934 Emigration mit den Eltern über London nach Prag, wo er 1936/38 die Kunstakademie besuchte. 1939 Übersiedlung via Schweiz nach Schweden. Seit 1945 schwedischer Staatsbürger. Weiss arbeitete zunächst als Maler. Von 1947 bis 1952 erste Phase literarischer Arbeit, er schrieb Prosagedichte, Prosa und Theaterstücke teils in schwedischer, teils in deutscher Sprache. 1952 bis 1960 Erfolge mit Experimental- und Dokumentarfilmen, auch mit Collagen. 1960 erste Veröffentlichung in Deutschland, hiernach nur noch schriftstellerische Arbeit. Peter Weiss lebte in Stockholm, wo er am 10. 5. 1982 gestorben ist.

Das vorliegende Lesebuch versucht eine Gesamtschau des vielgestaltigen Werkes dieses Malers, Filmemachers, Dramatikers und Prosaautors. Peter Weiss hat seine poetische Triebkraft selbst benannt: »Dieses In-Gegensätzen-Denken – angefressen von der Zweifel-Krankheit, Schwierigkeit, mich für eine Sache zu entscheiden, ... früher Malen – Schreiben, Theater – Film, schwedisch-deutsche Sprache ... es ist, als sei mein Wissen zusammengesetzt aus den beiden im Streit liegenden Polen ... immer wird Gegensätzliches von mir verlangt, das ist meine Triebkraft, die all meine Arbeit erzeugt.«

Wo immer möglich, wurden in dieses Lesebuch in sich abgeschlossene Texte aufgenommen. Die chronologische Anordnung der Texte erlaubt es, den Weg des Autors von den auf schwedisch geschriebenen Texten aus den Jahren 1946/47 bis zur dreibändigen *Ästhetik des Widerstands* (1975/80) zu verfolgen.

Peter Weiss

In Gegensätzen denken

Ein Lesebuch

Ausgewählt von Rainer Gerlach
und Matthias Richter

Suhrkamp

Umschlagfoto: Andrej Reiser

suhrkamp taschenbuch 1582
Erste Auflage 1988

Druck: Nomos Verlagsgesellschaft, Baden-Baden
Printed in Germany
Umschlag nach Entwürfen von
Willy Fleckhaus und Rolf Staudt

1 2 3 4 5 6 – 93 92 91 90 89 88

Inhalt

I

Von Insel zu Insel

Die Wasserfläche ist ein schwarzer starrer Spiegel. Langsam bewege ich die Ruder, treibe still dahin. Treibe vorbei an den dunklen gezackten Silhouetten der kleinen Inseln. Der Wind in den Bäumen ist verstummt, die Vögel sind verstummt, stumm ist sogar der Himmel, zur Hälfte schon gehüllt in nächtliches Dunkel, gegen Westen allmählich ausfärbend von violettgrau über graublau, blaugrün, grüngelb bis orange – letzter Widerschein der sinkenden Sonne.

Ich weiß: nun kommen diese stillen, in sich ruhenden Tage, nicht mehr des Sommers, noch nicht des Herbstes, in denen alles den Atem anhält, in denen alles reglos und ergeben auf seine Verwandlung wartet.

Ich gleite über den schwarzen See, gleite vorbei an den schwarzen Inseln. Glucksend schlägt das Kielwasser gegen das Bootsheck, sanft, wie die leichten Liebkosungen einer mütterlichen Hand.

Die ganze Wasser- und Inselwelt scheint tief in einem großen Becken zu liegen. Kein Laut dringt von außen herein. Jeder Laut drinnen bildet ein Echo wie gegen einen mächtigen Resonanzboden. Bewege ich meine Ruder, hört man es bis ans Ende dieser gerundeten Welt.

Für einen Augenblick denke ich an einen fernen See, auf dem ich einmal still dahintrieb: ein südlicher See, eingebettet zwischen den hohen Alpen, Weinbergen, kleinen weißen Dörfern – und am Abend läuteten die unzähligen Kirchenglocken ringsum und bildeten einen einzigen hellklingenden vibrierenden Akkord zwischen den Bergwänden.

Wie kam ich hierher? Warum rudere ich hier von Insel zu Insel?

Ich rudere, um Milch zu holen. Lege an einem Steg an, gehe mit dem klappernden Milcheimer zum Hof. Tiefe Wagenspuren haben sich in den Weg gegraben. Eine Katze kommt mir entgegen, sie reibt sich an meinen Beinen, läuft über den Acker davon.

Und der Bauer auf dem Hof; der Knecht, der das Pferd zum

Stall führt, das Pferd, das den Kopf zu mir dreht, bevor es hineingeht; und der Blick in die große erleuchtete Küche (die Kupferkessel glänzen; ein kleines Mädchen sitzt am Tisch und ißt mit dem Holzlöffel seinen Brei aus einer großen blauen Schüssel); später der gefüllte Milcheimer; der Weg zurück zum Boot; die einsame Fahrt zurück von einer Insel zur anderen Insel mit dem vollen Milcheimer.

Jetzt ist es Nacht. Der Himmel hat sich geklärt, die Sterne sind aufgegangen, der Mond ist eine schmale weiße Sichel. In der Mitte des Sees ziehe ich die Ruder ein, lasse das Boot treiben. Ich lege mich auf den Boden des Bootes, blicke hinauf zum Sternenhimmel.

Langsam, langsam beginne ich zu schweben, unter mir ist kein Grund, über mir ist die Unendlichkeit. Ein Schwindelgefühl ergreift mich, ich muß mich an den Bootsrändern festhalten, damit ich nicht falle, hinauf, hinauf...

Spätherbst auf der Landstraße. Um uns herum kreist die große Ebene. Die Baumreihen tanzen eine Pantomime. Über uns niedrige Wolken, dunkel, zerrissen. Und ab und zu ein greller Sonnenstrahl, wie eine Trompetenfanfare; rot läßt er einen schwankenden, laubumwirbelten Baum aufflammen, Blitze entlockt er den Lenkstangen unserer Fahrräder. Himmelsscherben, blau, grau, weiß und schwarz, liegen verstreut in den Pfützen des Weges. Von den Herbstfeuern treibt schwerer laubgewürzter Rauch über den Acker. Stillversunken steht der Bauer auf seinen Spaten gestützt; hellblau leuchtet sein Kittel.

Aber bald versinkt die Sonne. Jetzt steigen die Wolken aus der Erde, Regenschauer treiben über uns hinweg. Ein haushoher Lastwagen schwankt uns entgegen, vielleicht mit Elefanten, Giraffen ... Ragen da nicht zwei fabelhafte Tierköpfe über das Dach hinaus ... Giraffenhörner oder Einhörner ...

Wir kennen den Weg nicht; wir sind Fremde. Unsere alte Welt versinkt mit violetten Turmspitzen am Horizont.

Die Karte verzeichnet Kirchen, Dörfer und Wegkreuzungen; der Rest bleibt der Intuition meines Gefährten überlassen.

Eine Reise durch Regen, Nebel und Herbstdunkel dem ungewissen Ziel entgegen. Ein Ziel, irgendwo versteckt in einem Wald; sein Aussehen und seine Entfernung sehr vage in unserer Vorstellung.

Der Seitenweg führt uns abwärts, vorbei an einem Bauernhaus mit einem erleuchteten Fenster und hinter dem Fenster eine Frau, die am Webstuhl sitzt. Hin und her schiebt sie den schweren Webrahmen. Nacht verwebt sich in Tag.

Ein Bach rauscht, eine Mühle rattert. Der Wald nimmt uns auf, wälzt sich über uns. Unsere Lichter bahnen uns einen schimmernden, schwankenden Pfad, den Fledermäuse, Nachtfalter und aufgeschreckte Vögel kreuzen. Verzaubert singen Regen und Wind in den Bäumen. Auf und ab führt uns der Weg.

Eine Lichtung. Der Himmel zeigt sich uns wieder in seinem unbestimmten Schein. Ein großer Hof, still und dunkel. Kein

Mensch ist zu sehen, trotzdem scheint er bewohnt. Wir gehen herum, suchen, rufen, aber niemand kommt, den wir nach dem Weg fragen können. Die Scheune, das Wohnhaus sind stumm, aber sie leben, sie atmen. Wir wissen, daß man uns zum Narren hält; wenn wir weiterfahren, werden sie uns ein Lachen hinterherschicken.

Diese Fahrt auf den aufgeweichten Wegen. Die Erde gibt unter uns nach, unsere Fahrräder sind wie scheuende Pferde. Und diese Ungewißheit.

Wir sind verloren in einem schemenhaft verschwommenen Niemandsland. Der Weg ist verschwunden. Wir ahnen Wasser, ein Ufer.

Wie ein Schlafwandler führt der Gefährte. Vor uns plötzlich ein Gebäude; ich will rufen: Hier! Aber schon sehe ich die Ruine, die nackten, verkohlten Balken, die leeren Fensterhöhlen, das klaffende Türmaul.

Der Gefährte lacht ein tröstendes Lachen. Merkwürdig selbständig lebt das Lachen in der Dunkelheit.

Wir finden einen Pfad, er führt uns aufwärts durch den Regendunst. Ich schiebe das Fahrrad, versinke bis zu den Knöcheln im Morast, bei jedem Schritt scheint sich die Erde an mir festzuklammern. Ich rutsche, stürze, reiße mir die Hände am Stacheldraht blutig.

Aber der Wanderer vor mir geht mit ruhigen festen Schritten. Wo ich nur einen unscharfen Schatten sehe, da erkennt mein Gefährte ein Zauntor; aus der Nacht wächst eine kleine Hütte, matt schimmern die weißen Türpfosten.

Unser Haus?

Im Licht der Streichhölzer probieren wir den Schlüssel und der Schlüssel paßt. Die Tür geht auf, mitten in der Nacht treten wir in das kalte fremde Haus. Naß, müde, hungrig und durstig stolpern wir hinein in eine kalte, fremde Welt. Wir zünden die Kerze an. Starrer Todesschlaf ringsum. Wir müssen Holz holen, Wasser. Wieder hinaus ins Dunkle mit der flackernden Kerze, die der Hut beschützt. Wir finden das Holz in einem alten Schuppen, finden die Quelle im tanzenden Wald versteckt, der Gefährte entdeckt sie, die sprudelnde Quelle, mit seinem Instinkt.

Und als endlich die Flammen auflodern im großen Kamin der Küche und im Kachelofen des Schlafraums, als es prasselt und knistert und das Teewasser im Kupferkessel summt, da beginnen die Möbel zu erwachen, strecken sich gähnend und betrachten uns freundlich.

Wir haben das Essen ausgepackt und den Tisch gedeckt; friedlich glänzt das Porzellan und die Gläser.

Die Tür ist verriegelt, die Fensterläden geschlossen; draußen eine undurchdringliche Stille. Wir sind in einer Muschel auf dem Meeresgrund. Du und ich.

Und wieder wird es Tag für die Welt. Wir treten hinaus und verstummen, Auge in Auge mit der großen Verwandlung: alles liegt eingebettet in blendendem Schnee, die Bäume tragen eine silbrige Haut aus Eiskristallen, lautlos fällt der Schnee vom graugelben Himmel.

Die Fensterläden sind offen, weiß perlt es und tanzt es draußen, im Kamin saust das Feuer. Selbstversunken sitzt mein Reisegefährte auf dem Bett und kämmt sein Haar; langes schwarzes Haar mit den Kupferreflexen des Feuers. Andächtig der Blick in den Spiegel gerichtet. Ernst der Mund mit hellroten Lippen.

Ich sitze still am Tisch und lausche dem Dreiklang: das Feuer, das im Kamin saust, die Bürste, die durch das Haar fährt, rauh gegen weich, der Schnee, der fällt und fällt, lautlos klingend.

Bald wird alles verschwunden sein unter der weißen Decke. Kein Weg wird uns zurückführen.

Die Bibliothek in Berlin

Berlin im Juli.

Die öffentliche wissenschaftliche Bibliothek ist der Mittelpunkt des geistigen Lebens in Deutschland und der Einflußlinien der vier Besatzungsmächte. Hierher kommen Bücher aus allen vier Zonen. Hier ist der einzige Ort, wo Ost und West in relativ freiem Geist Gedanken austauschen, wo Bücher und Zeitschriften aller Ideologien im selben Raum beherbergt werden. In gemessenem Balancegang auf dem Drahtseil der Diplomatie sucht die Leitung diesen freien Geist zu bewahren. Aber Neutralität ist etwas Verwerfliches; selbst von Wissenschaftlern und Künstlern wird heute gefordert, daß sie politisch Stellung beziehen.

Das große Gebäude Unter den Linden ist zum Teil schwer beschädigt. Du gehst abwechselnd unter zerstörten Arkaden, durch reparierte Räume, ausgebrannte Säle, neugebaute Säle. Die große Kuppelhalle, der frühere Hauptsaal, steht da in gigantischer Schönheit: ein Dachskelett mit aufgerissener Wunde, wo die große Bombe niedergegangen ist, herabhängende Eisenträger, leere und zerfetzte Reihen von ringförmig angeordneten Bücherregalen längs der Galerien, Fragmente von Skulpturen und umgestürzte Pfeiler, an den Wänden Reste von Malereien und Ornamenten, die durch die Zerstörung jede Banalität verloren haben, und tief unten der gesprengte Fußboden, unter dem sich die Kellergewölbe in unterirdischem Dunkel öffnen.

Und hier daneben der verschonte akademische Lesesaal. Dicht beisammen sitzen die Studenten der Hochschulen an den Tischen in die Bücher vertieft. Ihr Lesehunger ist grenzenlos, sie müssen viele verlorene Jahre aufholen. Mitunter ißt man ein Stück Brot, wenn man eins hat; hast du ein Stück für mich, dann kannst du dafür eine Zigarettenkippe bekommen. Die Maschine streikt, und Brennstoff fehlt. Man kann sich ganz einfach mit hungrigem Magen nicht konzentrieren. Da drüben wird wieder einer ohnmächtig. Nicht weiter verwunderlich: sechs Scheiben trocken Brot am Tag, Nachtarbeit, vier Stunden

Fahrt jeden Tag über und unter Berlins Erde in diesen teuflischen Vehikeln, die klappern, stinken und einem den Atem nehmen. Und der Aufenthalt im Hörsaal der Universität ist auch kein Vergnügen. 650 Zuhörer in einem Saal, der halb so viele Sitzplätze hat – bei dieser Hitze! Aber auf alle Fälle besser als im Winter. Hier in der Mitte des Saals der große Herd, da haben wir unsere Suppe gekocht, um diesen Herd haben wir den ganzen Tag gesessen, als in der ganzen Stadt alle Wasserleitungen eingefroren waren. Wie ernst und verhärmt diese Gesichter sind. Hier sitzen die Besten. Hier sitzen diejenigen, deren Stimme noch nicht zu hören ist, die nichts anderes wollen als lernen, lernen, sich eine neue Welt aufbauen, sich nach dem fürchterlichen Zusammenbruch eine neue Grundlage schaffen. Es liegt etwas Unheimliches über dieser stummen Arbeit, deren Ziel niemand kennt, über diesen schmalen Rücken, die sich über die Tische beugen, über den mageren Händen, die sich gierig um die Bücher schließen.

Eines Tages, wenn die Alten sich genug in Stücke gerissen haben, werden diese kritischen, noch schlaftrunkenen jungen Menschen zu reden beginnen.

Dieses Haus lebt; es ist schwer beschädigt und stützt sich auf Krücken, aber es lebt. Das ist symbolisch – wie alles in Deutschland. Alles spricht die starke Sprache der Symbole. Jeder Deutsche ist ein Symbol für den Niedergang, den Verfall, die Hoffnungslosigkeit seines Landes.

Dieses übel zugerichtete Gebäude ist nach zweijähriger intensiver Arbeit und nach zwölf Jahren geistiger Sterilität wieder eine zentrale Stätte für Kultur geworden. Unmittelbar nach Kriegsende begann man, sich nach dem alten Buchbestand umzusehen; er lag begraben und durchtränkt in den Kellern, er lag evakuiert in fernen Berghöhlen, er war entführt nach Polen und Rußland, er lag verpackt in Güterwagen, deren Aufenthaltsort niemand kannte. Aber es gab andere zerstörte Institutionen, deren Bibliothek man übernahm, man tat sich mit der Universitätsbibliothek zusammen, aus den Kellern wurden die Bücherkisten hervorgeholt, in mühevoller Arbeit trocknete und preßte man die von Feuchtigkeit stark angegriffenen Bücher, man ersetzte die zerstörten Seiten durch Fotokopien. Mitunter kamen Mitteilungen über Bücherfunde, dann rüstete man eine eigene Expedition aus, um das Gut zu bergen. Einmal fand ein Pfarrer aus Wittenberg nahe der Stadt einen entgleisten, aufgebrochenen Güterwagen, der enthielt zweitausend Bände des alphabetischen Katalogs der Bibliothek; er schaffte sie zu seiner Kirche, machte von dem Fund Mitteilung, und dann suchte man in der Nachbarschaft nach dem Rest. Man fand viele Bände in den Dörfern, Schulen und Soldatenlagern ringsumher, wo die oftmals unbeschriebenen Katalogseiten zu Malübungen eingeladen hatten; Kinder und Soldaten hatten sie mit groben Strichen und kräftigen Farben gefüllt.

Ein Jahr nach dem Krieg kam eine Freudenbotschaft: die Amerikaner hatten 26 Eisenbahnwagen mit Büchern auf den Weg gebracht, die im Westen Deutschlands ausgelagert gewesen waren. An einem Samstagnachmittag war der Zug da. Das ganze Bibliothekspersonal, Frauen und Männer und einige freiwillige Helfer entluden die kostbaren, willkommenen Pakete; drei Tage und Nächte fuhren sie mit ihren geliehenen Lastwagen zwischen dem Bahnhof und der Bibliothek hin und her. Kurz darauf schickten auch die Russen ihren Anteil zurück. Nach wie vor befinden sich anderthalb Millionen Bücher in Marburg, wo sie eine eigene Bibliothek bilden, und große, wesentliche Teile werden in Polen zurückgehalten. Aber, sagt der Bibliotheksdirektor mit einem leisen Lächeln, das Wichtigste ist, daß sie leben und gepflegt werden.

Ziemlich viele Büchergeschenke sind aus Amerika, Frankreich und der Schweiz eingegangen, aber nach wie vor ist der Mangel an moderner wissenschaftlicher Literatur groß. Noch gibt es keine Möglichkeiten für einen freien Austausch von Fachliteratur. Alle ausländischen Zeitschriften der letzten Jahre sind unbekannt.

Über eine besondere Dienststelle versucht man, mit den verstreuten Wissenschaftlern in Verbindung zu treten, die oftmals in armseligen Robinson-Verhältnissen leben, um ihnen nach Kräften zu helfen. Man versucht auch, Verbindung zur Wissenschaft des Auslands herzustellen, aber die Fortschritte sind bis jetzt sehr sporadisch; eine allgemeine Kühle und Zurückhaltung bereitet große Schwierigkeiten. Und dennoch wäre gerade ein offener Meinungsaustausch von unschätzbarem Wert, damit Deutschlands bedrückende Isolierung endlich durchbrochen werden könnte.

Die Frage des wissenschaftlichen Nachwuchses gibt zu Besorgnis Anlaß. Die katastrophalen Bildungsverluste der Mittelschicht, die sozialen Probleme, die Schwierigkeiten von Studenten aus Arbeiterfamilien, all dies belastet die wenigen Ausbildungskräfte, die es noch gibt, schwer.

Auch zu Deutschlands übrigen Bibliotheken knüpft die große Berliner Bibliothek neue Kontakte. Um ein Gesamtbild zu bekommen, schickte man ihnen Fragen: Steht die Bibliothek noch? Welche Gebäudeschäden? Wieviele Bücher sind übriggeblieben? Was an wertvollen Beständen ist zerstört worden?

Und hier sind in einem dicken Aktenordner die Antworten; hier antwortet der totale Krieg mit kalten, sachlichen Worten: der Lesesaal ausgebrannt, 90 Prozent der Bücher zerstört, die ganze Bibliothek vernichtet, der halbe Bücherbestand zerstört, die und die alten Manuskripte zerstört usw. Aber man klagt nicht. Man stellt nur fest: kein Haß liegt in diesen Worten, aber viel Trauer, Kummer und das Vorgefühl einer Hoffnung.

Diese Bibliothek steht wie alle Bibliotheken der Welt als ein Monument gegen die Verirrungen der Zeit. Sieh die Zärtlichkeit, mit der der Bibliothekar das Buch behandelt: ebenso freundschaftlich wie er begegnen dem Buch die Bibliothekare in New York, Kapstadt und Peking.

In der Pariser Bibliothek werden Miniaturen aus alten Handschriften gezeigt; in Chicago Briefe von Poe und Whitman; in London Gedichte und Zeichnungen von Blake; in Mexiko City Bildgedichte der Azteken; in Zürich modernistische Zeichnungen und Gedichte. Überall ein Sehnen und Suchen der Menschheit.

Wir kommen in einen kleinen Raum: eine Ausstellung von Beethoven-Manuskripten, wir blättern in den Noten zur Fünften Symphonie, folgen dem Kampf um den Schluß: »Schluß! Nein, noch nicht! Schluß! Nein, weiter! Es muß Schluß sein! Weiter!«

Und hier: Am 7. Mai 1824 um 7 Uhr abends wird zum ersten Mal die Neunte Symphonie von Herrn Ludwig van Beethoven gespielt. Der Komponist ist persönlich anwesend. Der taube Beethoven steht neben Kapellmeister Umlauf, er dirigiert mit, hört die Musik in seinem Inneren, er hört den Chor: Seid umschlungen, Millionen!

Und aus seinem Tagebuch vom 1. bis 26. Juni: Elende Zeit, nichts zu essen!

Die Besiegten

Die Stadt war mir fremd und trotzdem war es meine Heimatstadt. Die Straße war mir fremd und trotzdem wohnte ich hier irgendwo. Aber wo befand sich mein Haus? Nur vage erkannte ich die Torwege, die Mauern wieder. Ich trat durch eine Türe – nein, hier konnte es nicht sein. Ich öffnete das nächste Tor und ging durch die Zufahrt. Lange stand ich auf dem Hof, den ich auf irgendeine Weise wiedererkannte. Ich wußte, daß ich hier schon gewesen war, fühlte mich aber dennoch in die Irre gekommen. Die grauen Fassaden der Hinterhäuser blieben stumm, kein Fenster sprach zu mir. Ich ging weiter, versuchte mich meines Zuhauses zu erinnern. Es mußte sich hier in der Nähe befinden. Ich ging durch den Schutt der Straße, ging über den Platz auf die Domkirche zu. Die Kirche erkannte ich wieder. Ich wußte, daß ich in ihrer Nähe gewohnt hatte. Als ich auf die Kirche zuging, dachte ich, daß dies vielleicht ein Traum sei, aber gleichzeitig wußte ich: auch wenn ich nun erwachte, würde ich gezwungen sein, nach meiner Wohnung zu suchen. Die zwei hohen Türme des Domes standen noch, aber das Portal und das Mittelschiff waren gesprengt. Die Mauer und das Dach waren aufgeschlitzt wie Fleisch und Muskelgewebe bei einem Obduzierten. Über Steine und gestürzte Säulen kletterte ich die Treppe hinauf und sah ins Innere der Kirche. Der Boden war aufgerissen worden, die Bänke, der Altar und die Kanzel hingen über dem Abgrund. Die Kellergewölbe standen entblößt in mehreren Schichten um die große Wunde, in deren Tiefe die Gräber geöffnet dalagen mit den Steindeckeln zur Seite geschleudert. Da lagen die Gerippe, gelb, eingekleidet in weiße Meßgewänder, die Hände um das Kruzifix geklammert auf der Brust. Die kalte Grabesluft strömte mir entgegen. Plötzlich wußte ich, wo ich wohnte. Ich wandte mich um, ging die Freitreppe hinab, auf die schmale Straße genau gegenüber der Kirche zu. Ich war ganz sicher, daß sich mein Zuhause dort befand, ich erkannte jeden Stein wieder – aber je näher ich kam, desto unsicherer wurde ich. Ich ging von Haus zu Haus, vor jeder Tür dachte ich: Hier muß es sein. Aber keine Tür antwortete mir.

Schließlich gab ich auf und setzte mich auf den Rand des Gehsteigs nieder. Ich sah, daß viele Menschen suchten wie ich.

Wie es stinkt. Seit einer Woche bin ich nicht mehr dazu gekommen, den Karton mit dem Abfall zu leeren. Die Pappe ist durchnäßt und schimmelig, bald wird sie platzen und der Inhalt sich im Raum ausbreiten.

(Am meisten stinken die Eingeweide und Gräten des Fisches, den ich durch die Vermittlung des Nachbarn bekam, dann sind es die verrotteten Kartoffeln, die schon verrottet waren, als ich sie kaufen konnte, dann die sich in Auflösung befindlichen Blattreste des Salates, den sie mitbrachte. Und dann der Fetzen mit ihrem Blut: sie fühlte sich plötzlich schlecht und begann zu erbrechen. All dies vermischt mit einem Brei aus zerfallenem Zeitungspapier, Zigarettenasche, Haaren – sie schnitt mir das Haar – und dem Satz des Kaffeesurrogates. Die Hitze draußen begünstigt die Verrottung.)

Man müßte aufstehen und die Scheiße wegtragen. Aber das würde bedeuten: das Bett verlassen, Hose und Schuhe anziehen, die Treppe hinuntergehen, Leute treffen, plaudern, die Kräfte unnötigerweise vergeuden. Im übrigen würde der Karton keine Berührung vertragen, ich würde gezwungen sein, Stück für Stück die feuchte, schleimige Masse wegzutragen.

Ich bleibe im Bett. Ich will den kurzen Moment geistiger Klarheit ausnutzen, zu der ich nach den zwei Scheiben Brot fähig bin. Gutes Brot. Schmeckt aber ein bißchen schimmelig. Alles schmeckt schimmelig. Ich muß mich auf die heutige Vorlesung vorbereiten. Ich muß die Gelegenheit ausnutzen: heute bin ich es, der das Lehrbuch hat.

Wie die Familie da drinnen lärmt. Es tönt, als räumten sie überall im Zimmer um, von morgens bis abends.

(Anfänglich stehen zwei Betten am Fenster, drei an den Wänden, der Tisch in der Mitte und der Schrank irgendwo zwischen den Betten. Vermutlich aber zieht es am Fenster, da schieben sie die Betten mehr in den Raum hinein und den Schrank vielleicht mehr zum Fenster hin. Am Fenster aber nimmt der Schrank zuviel Licht, deshalb muß der Schrank zurück. Immer ist es eines der fünf Betten, das nicht zufrieden ist mit seinem Platz. Und der

Tisch steht immer im Weg. Ich frage mich, wo die Stühle sind – sie werden vielleicht auf den Tisch gestellt, wenn man sie nicht benötigt. Aber benötigen sie eigentlich Stühle, wenn es so viele Betten zum Sitzen gibt?)

Ich verstehe nicht, warum ich immer Kopfschmerzen bekommen muß, wenn ich anfangen soll, mich zu konzentrieren. Es ist wohl der Gestank. Ich muß die Scheiße doch hinaustragen. Sonst quillt sie noch gegen das Bett hin heraus.

Ebensogut kann ich aufstehen. Aber der Karton ist nicht zu heben. Der Boden löst sich heraus. Wie ich es dachte. Werde mir eine Zeitung beschaffen und sie drumherum legen. Aber das mache ich heute abend. Ebensogut kann ich auch jetzt zur Vorlesung fahren.

Die Straße hinunter. Fühle mich ganz leicht vor Hunger. Aber morgen werde ich zu essen bekommen. Morgen werde ich den großen Coup landen und das Verbotene verkaufen. Kann mich den Kopf kosten. Aber meinen Kopf habe ich früher häufig riskiert. Nur wenn ich etwas zu essen habe, kann ich einige Tage in aller Ruhe arbeiten.

Die Straßenbahnen mit ihren zugenagelten Fenstern sind wie klappernde Särge. Wo kommen alle diese Menschen her, was haben sie hier zu tun? Warum müssen wir unsere schweißigen Körper zu einem einzigen Haufen zusammenkleben? Wie es stinkt. (Es sind vor allem die Füße; dieses säuerliche Gemisch aus Schmutz und Schweiß. Dann der Schweiß in den Achselhöhlen, männlich herb und weiblich süß. Dann der Geruch der Frauenbrüste. Der scharfe Geruch der Geschlechtsteile. Die nie gewaschene Unterwäsche. Die Urin- und Exkrementflecken. Schlechter Atem. Jemand rülpst, jemand hustet, und die verbrauchte, schlechte Luft breitet sich zwischen uns aus. Und der Staub riecht, die Kleider riechen, die Straßenbahn riecht. Es riecht, als liege ein toter Hund unter einer der Bänke und verwese.)

Wenn ich wenigstens etwas lesen könnte in der Zwischenzeit, aber immerzu stößt jemand gegen das Buch, oder der Schweiß brennt in den Augen und macht mich blind. Ebensogut kann ich es bleiben lassen. Sehne mich, frischen Atem zu schöpfen.

Endlich. Wenn man ankommt, ist man schon so erschöpft, daß

man sich nur irgendwohin werfen möchte. Der Vorlesungssaal. Natürlich alle Plätze besetzt. Muß man drei Stunden stehen, um den alten Mann sprechen zu hören. Wie eintönig seine Stimme ist. Frage mich, wie alt er eigentlich ist. Wenn ich diese Alten höre, habe ich immer das Gefühl, als riefen sie mir irgendwelche unverständlichen Worte quer durch dunkle Katakomben zu. Was für Berge von Knochen in den Katakomben liegen.

Bin ich ohnmächtig geworden? Ich liege ja auf der Korridorbank. Sie haben mich gewiß hierhergetragen. Gestern waren es irgendwelche andere, die hier lagen. Soll ich wieder reingehen? Hat doch keinen Sinn.

Ich fahre wieder heim. Lege mich wieder hin. Morgen wird es gewiß besser. Hoffentlich schaffe ich es bis nach Hause. Hoffentlich kommt sie und kocht mir etwas Suppe. Ist noch Maismehl übrig. Eine Kartoffel.

Was hatte ich in der Stadt zu tun? Kleine Rundfahrt. Gut mit etwas Bewegung.

Wie es stinkt. Aber ich schaffe es nicht, die Scheiße jetzt runterzutragen. Werfe mich auf das Bett. Schön, nur zu fallen.

Der Fremde

Eine Schar Männer stampft im Laufschritt vorbei, die genagelten Schuhe klirren auf dem Pflaster, sie tragen kleine Kisten unter dem Arm, sie atmen schwer und laufen vorgebeugt, ein stumpfes Grau überzieht ihre Gesichter wie eine Uniform. Sie laufen im gleichen Takt, sie sind wie eine zusammenhängende Maschine, verbunden durch Kolben und Räderwerk. Dann schließt sich um sie die metallene Brandung.

Alles ist ein Auftauchen und Verschwinden, doch da alles einander tränkt mit seinem Dasein, wird aus der zersplitterten Vielfalt und den Ansätzen einsamer Stimmen ein ungeheurer liturgischer Chor der Gleichzeitigkeit, eine Orgel, pfeifend mit allen Registern, ein Gigantenorchester mit wühlenden Schlagwerken.

Im Mittelstrom der Straße schwimmen die Fahrzeuge in entgegengesetzten Richtungen, hohe Fähren, deren Rot die Augen blendet, breitbrüstige Schleppkähne beladen mit Felsen Bergen Bäumen, gleitende Boote mit kecken Fähnchen und lackierten Händen an den Steuerrädern, säuselnd und schnurrend dazwischen die Einzelfahrer, all die Boten und Treibjäger die Verteiler und Sammler die Erschrecker die Spaßmacher. Und auf ihren Stelzen die Polizisten, überall tauchen ihre rotwangigen straffen Gesichter hinter den Glasscheiben und den Bogen des gepreßten Bleches auf, weiße Stichflammen auf den Spitzen ihrer Helme, exaltierte Vögel trillernd in ihren Mündern.

Die Schritte an den Ufern der Straße schäumen, die Schuhsohlen scheppern wie Strandgeröll, die Böen und der Gischt der Motore sausen in der goldenen Luft. Dazu ein ewiges einförmiges Pumpen wie von Blasebälgen, dumpf und rhythmisch, Lungenflügel Lungenflügel.

Hier schleppt einer den rechten Fuß nach: als Kind hat er stets einen Stein vor sich hergestoßen, der selbe Stein, immer mußte es der selbe Stein sein; und wenn der Stein in die Gosse fiel, mußte er nachkriechen. Einmal aber hat er ihn verloren und seit dem nie wiedergefunden.

Hier tritt einer bei jedem zweiten Schritt stärker auf, er

verleiht damit dem, was er eben mit dem andern Fuß gesagt hat, besonderen Nachdruck.

Einer strengt sich an, mit den andern Schritt zu halten, er hebt sich auf die Zehenspitzen, um besser sehen zu können, wie lang der Weg noch ist. Ein andrer will ständig umkehren, seine Füße versuchen unruhig nach den Seiten hin auszubrechen, nur mühevoll kann er die Richtung einhalten.

Ein blondes schmalhüftiges Fräulein trippelt mit auf- und abwippendem Haarschopf, trippelt schon auf den Tangenten der Schreibmaschine, schwänzelt schon vorm Chef, kokett und verlegen hüpft sie über ein Sprungseil, das kichernde Buben ihr in den Weg halten.

Kinder führen eigentümliche Zeremonien mit den Füßen aus, sie bewegen sie zickzack und lassen sie kreisen und halbkreisen, sie fassen einander an den Händen und springen vor und zurück, dann trampeln sie einen Wirbel.

Trommel liegt neben Trommel. Die langen Bänder der Trottoire bestehen aus aneinandergereihten Klangsteinen, runden und eckigen, in den verschiedensten Resonanzen. Dadrauf steppen die Reihen der Tänzer ihre komplizierten Rhythmen. Mit dumpfen harten hastigen Schlägen, mit leichten zuckenden ruckenden Schlägen hüpfen sie von Widerhall zu Widerhall. Sie vollführen das Grundtönen, das hypnotisierende Tamtam der Orgie, nur unauffällige Begleiter sind sie, Begleiter für die starken, einbrechenden Klänge, und doch ruht auf ihnen das hohe Gewölbe des Musikwerks. Kastagnettenrasselnd xylophonspringend hölzern gläsern stählern stampfen sie vor und zurück, vor und zurück, zwei Schritte vor, einen zurück, drei Schritte vor, einen zurück, humpelnd kratzend kriechend arbeiten sie als Leibeigene im Sägewerk der Rhythmen, stolpernd verfehlend neuansetzend suchend, selten schlagen sie den richtigen Ton, meist schlagen sie daneben, ohne Gehör sind sie, und es knattert surrt und prasselt doch, vorgetrieben werden sie, vor und zurück, in falschen Tönen wühlen und suchen sie, und da alles falsch ist, klingt es doch wieder richtig, alles ist ineinander verwoben verschoben verhoben, die Begleiter können nichts dafür, sie werden geschoben und gezogen, sie können es nicht besser, sie machen Lärm, machen den Grundlärm, säen die rasselnden Samenkörner des Grundlärms, sie untermalen die Kadenzen der vorspringenden Solisten.

Schrecklicher betörender Lärm, pochender Lärm von Herzen Atemzügen Schritten, hackend aneinander, wunderbare unzerbrechliche Dissonanz, geschlossener Grundlärm unter klar aufsteigenden Stimmen, glockenhell erzitternden Akkorden.

Und die Pauken und die Kessel und die Hörner und die Posaunen und das Blech und die sausenden Gummikreisel und die mit Hochspannung geladenen Saiten der Harfen und das knarrende quietschende Holz und Leder und die schluchzenden von Dampf getriebenen Pfeifen und die Saxophone der Gassenjungen und das Schnalzen und Puffen aus Pappe und Segeltuch, das Fiedeln auf Häuserwänden Stuhllehnen Töpfen und Flaschen, das Zupfen an Brüsten Türgriffen und Handtüchern, das Tuten durch Ritzen und Spalten und Löcher, die bürstenden scheuernden Variationen, die Modulierungen, strahlenförmig sich verzweigend.

In die großen Muscheln meiner Ohren dringt das Oratorium der Singenden, durch das Labyrinth meiner Ohren wirbeln die Rezitative, ein jeder Text auf eigener Fuge aufgebaut. Die ungeheure Paukenhöhle meines Ohrs ist zum Bersten gefüllt mit magischen Beschwörungsformeln, sie murmeln und beten, diese Verkäufer von gesponnenem Honig und pornographischen Bildern, diese Ladenbesitzer, die als Galionsfiguren vor ihren Türen stehen, diese Totengräber und Pissoirwächter, diese Verführer, diese Hypnotisierten. Ich höre alle Dialekte des Erdinnern und der Dächer, höre alle Idiome der Stadt, höre bei jedem Wortansatz andre Worte darunter klingen, spüre das fruchtlose Suchen nach dem richtigen Wort, das fruchtlose Suchen nach dem richtigen Gehör. Jedes Wort, das man anfassen will, entgleitet in ein undurchsichtiges flimmerndes Wasser, in dessen Tiefe all die andern versunkenen Worte schwimmen wie Blechfischchen, an denen man sich verfängt. Kaum länger als einen Augenblick hat alles Ausgesprochene Bedeutung, hebt man sich nur um eine halbe Körperlänge über das Gesagte empor, so versteht man es schon nicht mehr, und noch ein kleiner Schritt: da ist es nur wie ein entlegenes Murmeln, und noch ein winziger Ruck und es versiegt ganz.

Der Turm

Stimmen

Pablo
Direktor
Verwalterin
Zauberer
Zwerg
Carlo
Dompteuse
Artisten

Schwirrende, undeutliche Straßenlaute. Schritte, die sich nähern. Die Schritte kommen ganz nah und verweilen.

PABLO *versunken* Der Löwenkopf – mit dem Ring im Maul – *schlägt den eisernen Ring dreimal an das Tor* – wie das drinnen durch den Turm hallt – die sind noch drinnen – die andern – ich komm von draußen – ich muß da herein – an sie heran –
Noch einmal drei Schläge, jetzt drinnen in einem hallenden Echo-Raum.

VERWALTERIN *flüsternd* Da ist jemand draußen –

DIREKTOR Irgendein Betrunkener – irgendwer, der sich verlaufen hat –

VERWALTERIN Das kann auch was Wichtiges sein –

DIREKTOR So spät nachts –
Pause

PABLO Ich seh das Tor von außen – ich komme von außen – ich bin nicht mehr eingeschlossen – ich weiß wie es draußen ist –
Schlürfende Schritte. Klirren von Schlüsseln.
Ich höre sie – wie sie da die Treppe herunterschlürft – ich kann noch weg –
Der Schlüssel knirscht im Schlüsselloch. Das schwere Tor öffnet sich knarrend. Pause

VERWALTERIN Warum sagen Sie nichts – was wollen Sie? *Stille* Was wollen Sie?

PABLO Ich suche Arbeit –

VERWALTERIN So spät nachts?

PABLO Es hätte noch später werden können –

VERWALTERIN Leute brauchen wir immer – aber Qualität verlangen wir – wir halten einen hohen Standard in unsern Vorstellungen!

PABLO Ja, ich weiß – ich hab vom Turm gehört –

VERWALTERIN So, es kommt ganz darauf an, was Sie können – *seufzt* gute Arbeitskräfte sind selten heutzutage –

PABLO *sachlich* Ausbrecher. Entfesselungsnummer.

VERWALTERIN Ausbrecher? Das ist lange her, daß wir einen Ausbrecher hatten. Wir können ja einen Versuch machen. – Wohnen Sie im Hotel?

PABLO Nein. Kann ich hier übernachten?

VERWALTERIN *mißtrauisch* Haben Sie kein Gepäck?

PABLO Gepäck brauch ich keins. Einen Strick haben Sie doch wohl. Und jemanden, der mich bindet.

VERWALTERIN Und sonst brauchen Sie nichts?

PABLO Nein – sonst nichts.

VERWALTERIN *unsicher* Kommen Sie herein.

Schließt das Tor ab.

Sie können hier in der Halle liegen. Können da auf der Bank schlafen. Ich hol' Ihnen eine Decke.

DIREKTOR *sein Ruf hallend von oben* Wer ist denn da?

VERWALTERIN *ruft zurück* Ein Artist – willst du ihn nicht begrüßen?

DIREKTOR Warum kommt er so spät?

VERWALTERIN Er hat nirgends zu wohnen –

DIREKTOR Das ist keine Herberge hier!

PABLO *zu sich selbst* Ich muß hier bleiben – muß jetzt hier bleiben –

DIREKTOR *nähert sich.* Noch so spät zu kommen –

PABLO *sachlich* Mein Name ist Niente, Herr Direktor. Ich habe eine Entfesselungsnummer.

DIREKTOR Seit wann im Fach?

PABLO Seit frühester Kindheit. Fing als Balanceur an. Ging

dann zu einer Erhängungsnummer über. *Angespannt* In der Schlinge zu hängen, die sich bei der kleinsten Bewegung zuschnürt – ich bekam genug – *herausfordernd* vielleicht kennen Sie diesen Widerwillen, den man plötzlich für eine Nummer fühlt, mit der man lange gearbeitet hat – diesen Überdruß. Man muß sich erneuern – ich wußte: wenn ich's noch einmal mache, dann geh ich drauf. Immer dieser Todessprung. Dieses Ersticken. *Versunken* Dachte jetzt nur noch an die Befreiung. Ließ mich binden, um die Befreiung zu erfahren. Beim Binden ganz vom Gefühl des Freikommens erfüllt. Man muß schon frei sein, bevor man anfängt. Das Ausbrechen ist dann nur eine Beweisführung.

DIREKTOR *hat gar nicht zugehört. Aus eigenen Gedanken* Ausbrecher – wir hatten mal einen Ausbrecher –

CARLO *seine Stimme noch entfernt, ruft* Wer ist denn da? Was will denn der? Ist das Haus nicht voll? Ist das Programm nicht besetzt?

DIREKTOR Carlo! Schläfst du noch nicht – mach daß du ins Bett kommst – du wirst morgen wieder in schlechter Form sein!

CARLO *näherkommend* Wer ist denn das?

VERWALTERIN *mild* Geh doch – geh rauf!

CARLO *sich entfernend* Wer ist denn das?

VERWALTERIN Ja – und wir gehn dann auch. Hier ist die Decke.

DIREKTOR Ja, gehn wir.

VERWALTERIN Gute Nacht.

DIREKTOR *schon fern* Gut Nacht.

PABLO *verhalten* Gute Nacht. *Stille*

In einiger Entfernung ein herausfordernder Pfiff, hallend, im Innern des Turmes.

ZAUBERER *noch entfernt* Bist *du* hier? Wieso fährst du denn so zusammen? Hast wohl noch Angst vor mir – und bist doch so groß und stark geworden – das ist nicht mehr unser kleiner Pablo, der mit dem Löwen floh –

PABLO *heftig* Sei still!

ZAUBERER Ich still? War nicht *ich* es, der dir beim Fliehen half? War *ich* es nicht, der den Käfig aufschloß? Was hättest du ohne mich getan?

PABLO Und warum schlugst du Alarm, kaum daß wir durchs Tor waren?

ZAUBERER Mußte ich doch, um den Verdacht abzulenken. Und was willst du – du kamst doch frei! Allerdings der Löwe – armer Löwe! Pang! Da lag er. Werd nie vergessen, wie man ihn am Schwanz wegzog.

PABLO Ich weiß, warum du das Tor aufmachtest. Du wolltest, daß ich mich draußen töte. Du wußtest, daß ich die Schlinge um den Hals hatte.

ZAUBERER Aber Pablo – wir waren doch so gute Freunde!

PABLO Du hattest mich eingefangen. Ich wußte ja nichts – war ja nie draußen gewesen. Ja – du warst freundlich zu mir. Liebevoll gabst du mir ein Messer, daß ich mir den Puls aufschneiden konnte. Sagtest, daß ich mich die Treppe herunterwerfen sollte. Sagtest, daß ich ganz still liegen und den Atem anhalten sollte – und ich lag still, bis was in mir zerriß.

ZAUBERER Aber Pablo!

PABLO Überall tauchtest du auf mit deinem Flüstern. In der Umkleideloge sah ich dich plötzlich im Spiegel. Nachts fühlte ich plötzlich, daß du neben mir auf dem Bettrand saßt.

ZAUBERER Pablo – du hattest doch so viel Vertrauen zu mir.

PABLO Aus Furcht vertraute ich mich dir an. Ich hatte Angst vor deinem weißen, reglosen Gesicht!

ZAUBERER Pablo!

PABLO Zauberer nanntest du dich. Hellseher. Aber nie tratst du auf. Parasit! Was tust du eigentlich hier? Was hast du mit mir gemacht? Und mit Nelly? Was hast du mit Nelly gemacht?

ZAUBERER *gefährlich* Kommst du hierher, um mich anzuklagen? Hast wohl vergessen, was du mit der Dompteuse angestellt hast. Hast wohl vergessen, warum man dich zum Löwen in den Käfig sperrte. – Da lagt ihr zwei Tiere hinterm Gitter und die Ratten pfiffen. Du beichtetest mir – batst mich um Hilfe –

PABLO Ich hab' dir nicht alles gesagt –

ZAUBERER War wohl sie, die dich verführt hatte, was? Dir die Kleider abgerissen, was? Sich mit dir auf dem Boden rumgewälzt? Sie schrie wohl nur aus Lust?

PABLO Sie schrie, weil ich sie nicht anrührte. Weil ich zurückwich. Ich war plötzlich wie gelähmt. Sah nur Nelly vor mir.

Sah, wie sie da in der Arena lag – was hast du mit Nelly gemacht?

ZAUBERER Armer kleiner Pablo. Pablo, der nie aus dem Turm rausgekommen ist. Pablo – Balanceur auf dem großen roten Ball.

Seine letzten Worte sind in einen hallenden Echoklang übergegangen.

Mit lockender, hypnotisierender Stimme fährt er fort – Komm, komm – gib mir deine Hand – so – tüchtiges Kind – schön fest auf dem Ball balancieren – gelehriges Kind – so – schön auf den Zehenspitzen – vorwärtstrippeln – vorwärts – vorwärts – immer schön um die Arena rum – so – Schultern zurück – Körper gerade – Beine gestreckt – ganz gestreckt – kerzengerade – nur die Zehen rühren – schneller – schneller – so ist's gut, Pablo – sehr gut – bald darfst du auftreten – ah – und draußen wird man deinen Namen durch die Straßen tragen – mit großen Buchstaben: PABLO, DER BALANCEUR – schön weiter trippeln – alles mit den Zehen machen – den Körper ganz steif – nicht mit den Schultern zucken –

PABLO *reißt sich heraus* Ich bin nicht mehr Pablo! Ich komm von draußen. Ich weiß, wie der Turm von draußen aussieht. Ich weiß, wie die Gasse draußen aussieht – die Stadt – der Hafen – das Meer – ich weiß wie andere Städte sind – ich war auf Bergen – in Wäldern – auf Landstraßen – auf Schiffen –

ZAUBERER Du warst nie draußen. Du bist drinnen im Turm. *Nachdrücklich* Du bist hier, weil du nie draußen warst.

PABLO *geschlagen* Ja. Alle Städte und Wälder und Meere lagen innen im Turm. Überall die Begrenzung. Was ich auch anrührte – die Begrenzung. Jedes Wort, jedes Gefühl im Turm eingeschlossen. Ja, du hast recht. Ich bin nie freigekommen. *Stärker* Aber ich bin nicht mehr Pablo. Ich balanciere nicht mehr auf dem Ball. Ich erhänge mich nicht mehr. Ich bin hier, um mich auszubrechen.

ZAUBERER *beschwörend* Hier ist alles unverändert und alles wirkt auf dich ein wie früher.

PABLO Nein! Alles ist verändert! Ich werde selbst das Tor öffnen!

ZAUBERER Wenn du den Schlüssel kriegst!

PABLO Langsam hinauszugehen. Nicht blind hinauszustürzen. *Wie unter plötzlichem Schmerz* Wie das immer wehtut, wenn ich mich die Gasse herablaufen sehe. Als schlüge was auf mich ein – alles verschwimmt. – Ruhig aus dem Tor zu gehen –

ZAUBERER Hier ist alles unverändert.

PABLO Nein! Alles ist anders. Ich fürchte mich nicht mehr vor dir. Und die Verwalterin – wie grau und müde sie ist. Früher kam sie hereingebraust – ihr Haar wie ein schwarzer Polyp. Sie wird mich nicht mehr schlagen. – Und der Direktor – wie ich ihn da auf der Treppe sah – mit seinen verdrückten Hosen – tat er mir fast leid. Ich frage mich, bin ich um deretwillen hierher gekommen – diese beiden Alten – was hab' ich mit denen zu tun? – Vielleicht wollen sie mich noch fangen mit ihrer Schwäche – mit ihrer Verlassenheit – mit ihrer Gewalt können sie mich niemehr unterwerfen –

ZAUBERER Alles ist wie es immer war. Hör die Uhr. Hör die Atemzüge. Alles ist wie früher. Hör –

Seine letzten Worte sind wieder in den hallenden Echoton übergegangen. Das dumpfe Ticken einer Uhr ist zu hören. Das Uhrwerk rasselt, spannt sich zum Schlag. Ein gebrochener Gongschlag. Dann wieder das Ticken. Der Direktor schnarcht. Die Verwalterin stöhnt im Schlaf. Die Matratze knarrt. Alles eingehüllt wie in den Schwall einer großen Woge. Dann wieder Stille.

PABLO Ja, ich höre es. Die Nächte – ich schlich mich zu Nelly. Nelly – wach auf! – Was hast du mit Nelly gemacht?!

ZAUBERER Jetzt aber genug!

PABLO Sie lag da mitten in der Arena. Das Pferd verschwunden. Du sagtest, sie sei gestürzt. Aber es waren keine Hufspuren in der Nähe. Du standest neben ihr. Ihr Gesicht unkenntlich. Diese furchtbare Stille dort in den leeren Zuschauerbänken – *Stille*

CARLO *aus einem weiten Echoraum herbeischwebend* Ich – Carlo – liebte sie am meisten!

PABLO Ich schlich mich in ihr Zimmer, wenn alle andern schliefen –

CARLO Ich – Carlo – war wach –

PABLO Ich wartete, bis ichs oben schnarchen hörte. Nelly hatte ihre Türe angelehnt – sie saß aufrecht im Bett – wartete auf mich –

CARLO *seine Stimme immer wie ein Hauch herankommend* Sie wartete auf *mich*. So eng lagen wir umarmt. Sie sagte, sie hätte mich am liebsten. – Alles willst du mir nehmen! Immer stellst du dich mir in den Weg! Aber mich liebte sie am meisten!

PABLO Dich! Du hingst doch nur der Alten am Rock!

VERWALTERIN *herbeibrausend* Ist er wieder frech – der Pablo? Vergreift er sich wieder an dir! Daß du dich unterstehst! Wart – das werd' ich dem Onkel sagen!

DIREKTOR *herbeibrausend* Was ist denn jetzt schon wieder los?

VERWALTERIN Wieder der Pablo!

PABLO Ja, ich! Ich bins! Ihr habt mich nicht unterkriegen können!

VERWALTERIN Was sagst du da?! Und ich, die ich wie eine Mutter für dich war!

PABLO Aber du bist nicht meine Mutter. Niemand von uns hat eine Mutter. Niemand von uns ist hier geboren. Man hat uns alle von draußen hereingetragen. Auch ihr wurdet als schmutzige Bündel auf die Schwelle gelegt. Es gibt keine Blutsbande. Nur den Turm. Nur der Turm hält uns zusammen.

VERWALTERIN Wie kannst du so herzlos sein. Strafen sollte man dich – strafen!

PABLO Ja, strafen! Ich hab' mich selbst gestraft. So sehr war ich von eurer Macht erfüllt, daß jeder Gedanke, der sich gegen euch richtete, gleich auf mich selbst zurückschlug.

ZAUBERER Aber was ist denn eigentlich geschehen? Du hast ein bißchen Schläge gekriegt, du hast ein bißchen Ordnung gelernt – wenn die Zügel mal straff gehalten wurden, dann nur deshalb, damit du zu einem tüchtigen Artisten werden solltest. Was willst du eigentlich?

PABLO Ja – was ist eigentlich geschehen? – Manchmal fühle ich, wie meine Gedanken wie aus einem dunklen Schacht kommen, eh ich an was Greifbares gerate. Irgendwas Unergründliches liegt unter jedem Gedanken – irgendwas, für das es keine Worte gibt. Und *dort* war es, wo ich geformt wurde. Als mir zum ersten Mal der Ball bewußt wurde, auf dem ich stand, da war ich schon fertig dressiert.

DIREKTOR Wir waren viel zu schlapp mit dir. Du hast keine Disziplin gelernt!

ZAUBERER *wieder beschwörend – hohl, schallend* Raus mit der Brust – Magen einziehen – Schultern zurück – so – Arme ausstrecken – fest auf dem Ball bleiben – so – schneller – schneller – mit den Zehen trippeln – rum um die Arena – immer im Kreis rum –

PABLO *hypnotisiert, gehetzt* Diese Gesichter da in den Bänken – dieses Prasseln und Murmeln – *Geräusch von Stimmgewirr, Geschabe von Händen, die Beifall klatschen* – diese furchtbaren Hände –

ZAUBERER Und dann verneigtest du dich so artig. Warst der Günstling des Publikums. Hübsch warst du in deinem weißen Trikot mit dem gepuderten Gesicht und dem langen schwarzen Haar. Kußhände warfst du ihnen zu.

PABLO Aus Furcht! Ich fürchtete mich vor ihnen. Dachte, es seien Tiere. Als ich sah, daß sie uns ähnlich waren, glaubte ich, ich sähe falsch. Ihr hattet mir gesagt, daß sie mich zerreißen würden, wenn ich mich je zu ihnen hinauswagte. – Warum hieltet ihr mir alles geheim? Warum durfte ich nichts von draußen wissen? – Wenn ich fragte, legtet ihr nur den Finger auf den Mund!

DIREKTOR *hart und eintönig, aufleiernd Hier* haben wir unsere Arbeit und *hier* bleiben wir. Erst mußt du mal zeigen, daß du was kannst. Daß du deine Aufgaben beherrscht. Erst deine Pflichten erfüllen!

PABLO Ja – ich hör' den Turm sprechen. Aber ich antworte jetzt. Ich schweige nicht mehr. Aufruhr habe ich schon damals gefühlt. Ich wußte immer, daß es eine Welt draußen gab!

ZAUBERER *hart und eintönig* Für uns gibts nur den Turm. Da draußen ist alles haltlos. Nur die Mauern des Turms sind fest. Alles zerrinnt da draußen. Wir halten uns an die Ordnung des Turms. *Verachtend* Und warum kommen sie her – diese *Menschen*? Um Kraft bei uns zu sammeln. Bei uns! Wir sind es, die diese Kraft austeilen!

PABLO *besessen* Aber ich hab die Welt draußen gesehn! Ich fand die Luke auf dem Dachboden – ein rundes weißes Feuer! – Es war kurz nachdem ich mir die Handgelenke mit deinem Messer aufgeschnitten hatte – damals, als ich mit den dicken Verbänden umherging – brauchte ich nicht auf dem Ball zu arbeiten – du lehrtest mich, daß man sich töten mußte, wenn man freikommen wollte – aber es gab noch eine andere Stimme in mir – eine Stimme, die ich noch nicht hörte – um euch mit dieser erstickten Stimme zu antworten – darum mußte ich noch einmal hierher kommen! – Es war dieses Flüstern, das über mein Leben bestimmte. Es war diese unerhörte Stimme, die mich hinauftrieb zum Boden, wo ich das Fenster fand. – Oh, was war eure Macht gegen dieses Fenster! – Nur eine Sekunde lang. Ich war geblendet – ich schrie – fühlte eine ungeheure Stärke vor diesem Licht! Dann standet ihr schon hinter mir – zogt mich zurück – die Treppe runter – der Boden abgeschlossen – der Schlüssel weggeworfen!

DIREKTOR *hart leiernd* Und jetzt an die Arbeit! Jetzt Schluß mit der Faulenzerei!

PABLO Ja – ich stellte mich wieder auf den Ball. Aber ich hatte es gesehn! Ich hatte es gesehn da draußen! Da oben hatte ich nur eine einzige weißglühende Tiefe gesehen. Aber jetzt traten Einzelheiten aus dem Lichtflimmern vor – immer mehr und mehr erkannte ich – ständig stieg Neues vor mir auf – ich sah ein Meer von Dächern – sah Säulen – Tiere – Rauch – farbige flatternde Tücher – sah Fenster – hinter den Fenstern Zimmer – in den Zimmern Gestalten – jemand trug eine gläserne Kugel – jemand kleidete sich aus – einer malte eine Wand mit einem breiten Pinsel – ein Riese ritt auf einem grünen Pferd – ein Schwert in der ausgestreckten Hand – Kinder spielten auf der Gasse – eins verschwand gerade in einer Grube – überall Menschen – allein oder in Gruppen – ein riesiges Bild sah ich und ich suchte nach einem Sinn des Bildes – fand immer wieder neuen Sinn – eine furchtbare Unruhe ergriff mich – ich wollte heraus – aber ich wagte noch nicht – ihr hieltet mich noch fest –

ZAUBERER Du wagtest nie –

PABLO Ihr versteht nicht was ich sage. Ihr könnt mich nie verstehn. Ihr könnt mir nichts anderes sagen, als das, was ihr seit jeher in mich hineingehämmert habt. Ich hör' nur das Echo eurer Worte! – Wo seid ihr – wo seid ihr?

STIMMEN *in hallendem Chor antwortend* Hier überall! Hier überall!

PABLO Ich werd' euch packen! Ich werd' euch aus mir herausreißen!

STIMMEN Was willst du uns denn! Wir haben unser eigenes Leben! Du hast alles falsch gesehn! Du hast alles mißverstanden! Uns kannst du nichts vorwerfen!

PABLO Ihr seid in mich eingedrungen. Ich war offen für euch. Ich bin von euch durchsetzt. Nie hab' ich zurückgeschlagen! Nie um mich getreten!

DIREKTOR Das fehlte noch!

PABLO Wenn du mich übers Knie legtest, heulte ich, um dich versöhnlich zu stimmen. Und wenn du mich mal lobtest, vergaß ich, daß mein Gesicht noch von deinen Schlägen brannte –

VERWALTERIN Wie kannst du so grausam sein. Wir, die wir dir Essen und Arbeit gaben. Einen besonderen Brei kochte ich dir, weil du so schwach warst – einen kräftigen Brei – hast du vergessen, wie gern du den mochtest?

PABLO Im Mülleimer faulte er jeden Abend. Ich erbrach ihn. – Und nachts schlich ich mich dann zur Speisekammer, um mir zu stehlen, was ich brauchte. – Diese nächtlichen Reisen – *Ein dumpfes Dröhnen füllt den Turm. Die Uhr tickt. Das Schnarchen, die Atemzüge der Schlafenden sind zu hören. Ein Sausen und Rauschen.*

Wie in einem sinkenden Schiff – das Wasser strömt ein – der Onkel und die Tante da oben – wie hydraulische Pumpen. – Ich gleite durchs Haus auf dem großen Ball. Ich fliege – Huiii – die Treppe hinab – durch die Korridore – durch die Hallen – wie das saust und rauscht – wie groß das Haus ist. – Huiii – zum Keller – zum Löwen – Löwe! Löwe – bist du da? – Löwe! – Seine Augen leuchten – wie still er da liegt – *Geheimnisvoll* Er ist verzaubert. Ich werde dich befreien, Löwe – wir werden draußen durch die Welt laufen – wir werden laufen – laufen – laufen – niemand wird uns einhalten –

ZAUBERER Pang! Da liegt er! Gutgezielter Schuß. Genau in den Nacken. Ich schieß nie daneben.

PABLO Der Löwe. Das Starke. Das Wilde. Das Eingekerkerte. Das Erschlagene. – Löwe! Ich werde dich wiedererwecken! Löwe! Komm heraus!

Ein kicherndes Knurren ist zu hören, ein Rasseln von Schellen.

ZWERG Ja, ja – hier bin ich –

ZAUBERER Komm schön – komm zu Herrchen – gib's Pfötchen – so –

ZWERG *kichernd und knurrend* Ist mein treuer Pablo endlich zurück – will er mich erretten – mich armen krummen Zwerg –

ZAUBERER Ja – der große Befreier ist hier!

ZWERG *jaulend* Frei – frei!

ZAUBERER Da hast du deinen neuen Löwen! Ein Zwerg, ein Krüppel, mit Schellen behängt! Und Nelly – willst du Nelly wiedersehn?

PABLO Nelly –

ZAUBERER Komm, Löwe – tanz mit Nelly!

Man hört ein Kichern, Trampeln und Rasseln von Schellen.

PABLO Nellys Kleid – das weiße Kleid –

ZAUBERER Die letzten Fetzen von ihrem Kleid –

PABLO *versunken* Ist das alles, was von ihr geblieben ist –

ZAUBERER *hart* Es gab nie mehr!

PABLO Aber die Nächte – als ich bei ihr war – *zweifelnd* als ich bei ihr war?

ZAUBERER *herausfordernd* Na – und?

PABLO Ein einziges Mal war ich bei ihr – das war, als sei ich immer bei ihr gewesen – sie zeigte mir ihre Brüste –

ZAUBERER Na – und dann?

PABLO Ja – und dann –

ZAUBERER Sie fragte dich was –

PABLO *flüstert* Ja –

ZAUBERER *knapp* Sie fragte: Kannst du das auch, was der Carlo kann?

PABLO Ja. Ich hör' es sehr deutlich. Ich ging. Ich kam nie wieder zu dir, Nelly. Aber nach deinem Tod, da hatte ich dich für mich allein. Da war ich bei dir jede Nacht.

CARLO *seine Stimme von fernher herbeiwehend* Mich hatte sie am liebsten – mich, Carlo – ich war bei ihr in den Nächten –

PABLO Und was hast du aus der Liebe gemacht – was ist aus dir geworden?

Das Kichern und Schellenrasseln wieder nah.

Gib es mir – gib mir das Kleid!

Stille. Rascheln von Stoff.

Nelly – ihr Geruch – *flüsternd* Nelly – Nelly –

Langsam erhebt sich wieder das dumpfe Brausen aus dem Turm. Die Uhr tickt. Schwere, dumpfe Atemzüge. Nach einer Weile erwacht der Direktor und die Verwalterin. Sie strecken sich, ächzen, gähnen.

DIREKTOR *schlaftrunken* Ja – es ist Zeit –

VERWALTERIN Ach ja –

DIREKTOR Wieder ein Tag –

Die Matratze knarrt. Gähnen und Räuspern.

VERWALTERIN Ahh ja – mal Kaffee aufsetzen –

Das Schleppen ihrer Pantoffeln kommt die Treppe herab.

VERWALTERIN *gähnt* Liegt er da auf'm Boden – nicht mal die Decke hat er genommen – was hat er denn da über'm Gesicht – was ist denn das für'n Fetzen – na stehn Sie doch mal auf – ich muß doch hier'n Tisch decken –

Sie klappert mit Geschirr.

DIREKTOR *gähnend – die Treppe herab* So – hier – Strick hab ich schon mitgebracht – taugt der? – Was ist denn mit dem los? Wieso schläft denn der noch? Was ist denn das für 'ne Art? *Zur Verwalterin* Ist der Kaffee fertig?

ZAUBERER *entfernt* Morgen, Herr Direktor!

DIREKTOR Ah – früh auf, wie gewöhnlich – aber der da – wieso steht der nicht auf – wir müssen ihn uns noch ansehn vor den Repetitionen.

ZAUBERER Nicht nötig, Herr Direktor, nicht nötig. Ist doch'n Name von Weltruf. Niente. Ausbrecher. Den können wir direkt aufs Programm setzen.

DIREKTOR Der da – 'n Weltname? Nie von ihm gehört.

ZAUBERER Doch, doch, 'ne große Nummer.

DIREKTOR *unsicher* So – der da – na ja – wenn Sie meinen –

Verwalterin gießt Kaffee ein. Klirren von Tassen und von Löffeln, die in Tassen rühren. Stimmengewirr nähert sich. Die Artisten kommen die Treppe herab.

ARTISTEN Morgen, Herr Direktor. Morgen, Morgen. Morgen, Frau Verwalterin.

Stühle werden gerückt. Klirren von Tassen und Löffeln. Schlürfen.

DIREKTOR *klopft an eine Tasse.* Wir werden heut' das Programm mit einer neuen Nummer erweitern. Mal sehn – was haben wir denn zuerst – *in Papieren blätternd* – »Tiefe Gefühle« – »Duell« – »Dressur« – tja – ich glaub', wir setzen ihn an den Anfang, um gleich mal was neues zu zeigen – *wendet sich an den Zauberer* – aber sind Sie auch sicher – ich meine –

ZAUBERER Absolut sicher, Herr Direktor – absolut –

ZWERG *nähert sich kichernd und schellenklirrend.* Absolut – absolut!

PABLO *aus dem Stimmengewirr, sehr nahe* Jetzt fängt es an.

ZWERG *nah – flüsternd, heiser* Wo bin ich – wo bin ich?

Während der folgenden Repliken Tassenklirren, Schlürfen, Murmeln im Hintergrund.

DIREKTOR Wer fängt heut mit Repetition an?

ATHLET Athlet!

DIREKTOR Mit den schwersten Gewichten.

ATHLET Schwersten Gewichten!

DIREKTOR Nächster?

SPIEGELFECHTER Spiegelfechter!

DIREKTOR Neue Positionen zum Duell.

SPIEGELFECHTER Neue Positionen, Herr Direktor!

DIREKTOR Wer kommt dann?

DOMPTEUSE Dompteuse!

DIREKTOR Mit größeren Peitschen arbeiten.

DOMPTEUSE Größere Peitschen, Herr Direktor!

ZWERG *nah – flüsternd* Was geschieht hier – was geschieht denn hier?

DIREKTOR Dann kommt Carlo dran.

CARLO Ja, Onkel.

PABLO Ich bin drinnen im Turm –

DIREKTOR Und denkt dran – mehr Energie – mehr Enthusiasmus!

VERWALTERIN *im Hintergrund* Noch'n bißchen Kaffee?

PABLO *flüsternd* Ich muß aus dem Strick heraus –

ZWERG *echohaft flüsternd* Strick raus – Strick raus –

DIREKTOR Mehr Einfühlung! Ihr habt nachgelassen in der letzten Zeit! Wir dürfen nicht die Tradition des Turms vergessen –

ZWERG *nachäffend* Tradition – taradition –

VERWALTERIN *näherkommend* Na endlich – ausgeschlafen? Sie sind mir aber ein Langschläfer. Bißchen Kaffee?

DIREKTOR Na, wie gehts – Herr Ausbrecher?

CARLO Ausbrecher – ist er Ausbrecher?

DOMPTEUSE *vielsagend* Das ist lange her, daß wir einen *Ausbrecher* hatten –

CARLO Meinst du Pablo?

DOMPTEUSE Und dann sieht er dem Pablo auch noch ähnlich –

CARLO Er setzt sich an Pablos alten Platz!

Pablo schreckt zusammen.

ZAUBERER Aber bleiben Sie doch sitzen, Herr Niente!

DIREKTOR Was ist das für'n Gerede von Pablo – ich will das nicht hören!

PABLO Wer ist Pablo?

ZWERG *nachäffend* Wer bin ich?

ZAUBERER Ein wunderbarer Artist. Der beste, den wir hatten. Aber er ist auf und davon.

DIREKTOR Ich will jetzt nichts mehr von Pablo hören!

ZAUBERER Und wie schön er war – weißgepudert – entzükkend –

ZWERG Günstling der Frauen–

DOMPTEUSE *träumend* Ja – er war schön – Pablo – haben Sie nie von Pablo dem Balanceur gehört – sind Sie ihm nie begegnet draußen?

PABLO Ich weiß nicht – nein – ich glaub nicht –

VERWALTERIN Was mag wohl aus ihm geworden sein? Ich hab

ihn nie richtig verstanden. Er war so verschlossen. Kein Wort konnt' man aus ihm herausbringen –

PABLO Warum floh er?

DIREKTOR Er floh nicht – er wurde entlassen!

PABLO Warum?

DIREKTOR Warum, warum! Er war faul! Er war hochmütig! Ich versuchte ihn zu einem rechtschaffenen Artisten zu machen, aber er hatte keine Disziplin im Leib!

VERWALTERIN Immer war er unzufrieden. Nichts war ihm gut genug.

DIREKTOR Er konnte sich nicht einordnen. Er war respektlos. Aber jetzt will ich nichts mehr von Pablo hören! Wir haben jetzt an die Vorstellung zu denken!

VERWALTERIN Noch 'n bißchen Kaffee?

PABLO Was tat er hier?

DOMPTEUSE *kokett* Er balancierte auf dem Ball –

VERWALTERIN Übrigens – sagten Sie nicht, daß Sie auch Balanceur waren – könnten Sie nicht auf dem Ball balancieren? Sein Ball ist noch da. Ich weiß auch nicht, ob die Leute so drauf aus sind, einen Ausbrecher zu sehen. Bißchen zu gewagt. Man muß Rücksicht nehmen auf den Geschmack hier in der Stadt.

PALBO Ich bin Ausbrecher.

VERWALTERIN Überlegen Sie sichs doch.

PABLO Ich balanciere nicht mehr.

ATHLET Ich fang jetzt mit den Gewichten an.

Stühleschieben. Alle erheben sich. Geschirr klappert.

DIREKTOR Halt! Wo wollen Sie denn hin?

PABLO Darf man nicht bei den Übungen zusehn?

DIREKTOR Das ist hier nicht üblich. Jeder arbeitet für sich.

PABLO *von einem Artisten zum andern* Arbeitet jeder von euch allein? – Was machen Sie denn? Sie – was machen Sie – Warum antwortet ihr nicht? – Sprecht ihr nie über eure Arbeit?

Die Artisten entfernen sich. Es wird stiller.

DOMPTEUSE *nah* Mein Lieber – Sie können hier nichts an der Ordnung ändern. Man merkt, daß Sie von draußen kommen. *Sehnsüchtig* Sind Sie weit herumgekommen? – Erzählen Sie mir von draußen –

PABLO *versunken* Ich weiß nicht mehr, ob ich je draußen war – vielleicht habe ich es nur gewünscht – wo war ich? – Eine Landungsbrücke – der Strand am Meer – ein Segel – aber ich selbst – wo bin ich selbst –

ZAUBERER *nah – flüsternd* Du hast einen ganzen Turm um dich herum –

Wieder der Lautschwall aus dem Turm, wie eine Woge. Undeutliche Stimmen. Ticken der Uhr. Arbeitsrufe: Ho ruck – ho ruck; eins, zwei – eins, zwei! Dann wieder vorüber.

PALBO *versunken* Ich erinnere mich an den Tag, an dem du ankamst – ich stand hier an der Treppe – das Tor wurde hinter dir abgeschlossen – du gingst an mir vorbei mit deinem Koffer – ich nahm dir den Koffer ab – trug ihn – dachte, was wohl darin sein mag. – Folgte dir hinauf ins Zimmer – stand an der Tür, als du auspacktest – ich erschrak, als ich sah, daß alles in deinem Koffer aus Leder und Metall war. – Dann kamst du zu mir – fragtest mich wie ich hieße – packtest mich am Arm – am Haar –

DOMPTEUSE Am ganzen Körper hast zu gezittert –

PABLO Ich dachte an Nelly – ich wurde Nelly nicht los –

DOMTEUSE Ganz außer dir warst du, als du abends zu mir kamst – oh – *sie umarmen einander* – sei doch nicht so heftig – sei doch nicht so aufgeregt –

PABLO Dein Panzer – du bist gepanzert – dein ganzer Körper ist gepanzert –

ZAUBERER *eilig, wie der Berichterstatter eines Ringkampfes-* Jetzt küßt sie ihn – sie reißt sein Hemd auf – sie beißt ihn – sie schlägt ihre Krallen in ihn – er umschlingt sie – sie zurück – er ihr nach – sie geht zu Boden – er stürzt sich über sie – jetzt gilt's – *laut rufend* Jetzt gilt es – Pablo!

Der Ruf Pablo *schallt als gewaltiges Echo aus dem Turm zurück. Von allen Seiten der hohle, hallende Ruf:* Pablo, Pablo, Pablo!

PABLO Ja! Hier bin ich! Ich bin hier!

Das Echo Hier *widerhallt von allen Seiten. Stille*

PABLO Ist es jetzt Zeit für mich?

DIREKTOR Zeit für was?

PABLO Repetition –

DIREKTOR Ist nicht nötig.

PABLO Nicht nötig?

DIREKTOR Nicht nötig. Wir haben volles Vertrauen.

PABLO Volles Vertrauen –

DIREKTOR Das Seil – taugt das?

PABLO Das Seil?

DIREKTOR Ja – das Seil hier – wollten Sie nicht ein Seil haben?

PABLO Ein Seil – ja, natürlich – ein Seil.

DIREKTOR Ist es dick genug – lang genug?

PABLO Volles Vertrauen – ihr vertraut mir, weil ich fremd für euch bin. Ich komm von draußen. Wenn ihr wüßtet, wer ich bin –

VERWALTERIN *mild – von weither, näherkommend* Aber verstehst du denn nicht, daß wir nur dein Bestes wollen? Was machen wir denn verkehrt? Wenn du einmal daran denken würdest, was wir für eine Mühe mit dir gehabt haben –

PABLO Was war ich denn für euch – und Nelly – und Carlo?

VERWALTERIN Wir haben doch alles für euch getan! Ihr seid uns anvertraut worden. Wie unsre eigenen Kinder haben wir euch aufgezogen. Und wozu diese ganze Arbeit! – Nie ein Dank! – O wie leer das ist! – Nächtelang lag ich schlaflos und grübelte, was ich euch Gutes tun konnte. Und nie ein Dank! Nur Vorwürfe! Was hab ich denn verkehrt gemacht?

PABLO Es ist der Turm. Ist alles nur der Turm. Ihr seid selbst im Turm aufgewachsen. Du wolltest doch auch hinaus. Sicher wolltest du raus. Aber solch ein Wunsch – den wolltest du nicht wahrhaben. Schlugst du mich nicht, nur weil du wußtest – ich wollte raus? – Wir waren hier ja alle so ineinander verfilzt. Ich war ein Teil von euch – ein aufrührerischer Teil, der unterdrückt werden mußte – zugunsten des Turms –

VERWALTERIN *aufschreckend* Sagten Sie was?

PABLO *versunken* Sagte ich was?

VERWALTERIN Was wollte ich denn – wo ist denn der Zwerg – die Schilder müssen raus –

ZWERG *schellenklirrend* Ja, Frau Verwalterin – ich bin schon dabei sie zu malen – *langsam lesend:* DIE GROSSE NUMMER – EINMALIGES AUFTRETEN DES AUSBRECHERS!

PABLO *Ein* Mal?

ZWERG *im Singsang* Ein einziges Mal – ein einziges Mal –

PABLO *plötzlich von Schwäche überwältigt* Wie soll ich hier heraus – das Tor – macht das Tor auf – *schlägt auf das Tor. Dröhnende Schläge* – ich will raus – ich will raus!

ZWERG *quietschend, grölend nachäffend* Ich will raus, ich will raus! *Tanzt schellenklirrend.* Kann mir denn keiner hier helfen – o wie ich mir leid tu – alle hängen an mir – ziehen mich runter – bin schon ganz lahm und schief und krumm – o ich Ärmster – will mir'n keiner helfen! – *Sachlich* So – jetzt ist das Schild fertig – EINMALIGES AUFTRETEN DES AUSBRECHERS! *Klirrt mit Schlüsseln* So – Tor aufschließen und raus!

PABLO *läuft ihm nach* Ich auch – ich geh mit!

ZAUBERER *scharf* Halt! Hiergeblieben!

Stöhnender Ringkampf

Das könnte dir so passen – jetzt auskneifen!

Das Tor fällt zu. Wird von draußen abgeschlossen. Von weither die Stimme des Zwerges...

ZWERG Der größte aller Ausbrecher! Heute abend einmaliges Auftreten! Kommt und seht! Kommt und seht den größten aller Ausbrecher! Einmaliges Auftreten! Kommt und seht! Kommt und seht! *Seine Stimme verklingt.*

PABLO *atemlos* O – der Turm – dieser Turm –

Wieder die Woge aus dem Innern des Turmes. Stimmen. Schritte. Ticken. Entfernt die Stimme des Direktors.

DIREKTOR Carlo – zur Probe!

CARLO *von fern* Ja – ich komme!

Eine Tür schlägt zu. Gedämpft die Kommandostimme des Direktors...

DIREKTOR Kopf hoch – Mundwinkel runter – Schultern drehen – tanzen – so – so – höher die Beine – höher die Arme – so – ist denn das so schwer –

Pablo reißt die Tür auf. Die Stimme des Direktors nahe.

DIREKTOR Was – was unterstehen Sie sich!

PABLO Ich will zusehn.

DIREKTOR Was fällt Ihnen ein – habe ich nicht ausdrücklich –

PABLO Ja ja – aber ich habe auch meine Bedingungen – ich will mich frei hier bewegen – sonst kann ich meine Arbeit nicht ausführen!

DIREKTOR Sie sind entlassen. Scheren Sie sich hinaus! Sofort!

ZAUBERER *plötzlich auftauchend* Aber Herr Direktor – er ist doch schon annonciert!

DIREKTOR *außer sich* Mein Herr! Sie haben sich hier zu fügen! Hier bestimm' ich!

PABLO Dann kann ich nicht auftreten!

DIREKTOR *seine Stimme überschlägt sich* Verdammtes Pack! Hier rumstehn und glotzen! Aber ohne mich! Ohne mich! *Der Direktor stampft davon.*

CARLO Daß Sie das wagen –

PABLO Komm – woll'n wir nicht ein bißchen raus an die Luft –

CARLO Raus? – Das ist doch unmöglich –

PABLO Wer kann uns das verbieten? Wir sind doch keine Gefangenen hier. Wir fordern nur einfach den Schlüssel. *Laut rufend* Herr Direktor! Wir wollen den Schlüssel! Wir wollen raus! Den Schlüssel!

Das riesige Echo wirft zurück: Schlüssel, Schlüssel, Schlüssel!

DIREKTOR *hallend, von weither* Was ist denn?

Andere Rufe aus dem Innern des Turms mischen sich in den Schlüssel-Ruf.

STIMMEN Was ist? – Was ist geschehen? – Was ist denn passiert? – Brennt es? – Ja, es brennt! – Es brennt – Feuer! Feuer! Es brennt! Hilfe! Hilfe!

Im Geschrei, in dem sich die Rufe Schlüssel – Feuer – Hilfe vermengen, eilen Schritte die Treppe herab. Die Artisten kommen herabgejagt.

DIREKTOR *herbeistürzend* Wer hat den Schlüssel?

ARTISTEN *in Panik* Es brennt! Es brennt! Das Tor auf! Wir sind eingeschlossen!

DIREKTOR Wo ist der Schlüssel?

ZAUBERER *schadenfroh* Der Schlüssel ist draußen!

PABLO Gibt es denn nur einen einzigen Schlüssel?

Artisten in Panik zum Tor. Schreien. Schlagen an das Tor.

PABLO *herausfordernd* Wo brennt es denn?

ARTISTEN Ja – wo brennt es – wo brennt es?

DIREKTOR Brannte es da oben?

ARTISTEN Nein – da oben nicht – wir dachten hier unten – wo brennt es denn?

ZAUBERER Es brennt überhaupt nicht. Es war nur ein Spaß. Der Herr Ausbrecher hat sich einen kleinen Spaß erlaubt. Ihr könnt ruhig wieder raufgehn. Ist gar nichts los. Nur ein kleiner Probealarm.

Murrend entfernen sich die Artisten, während von draußen sich die Stimme des Zwergs wieder nähert.

ZWERG Heute abend einmaliges Auftreten! Festvorstellung im Turm!

Geräusch des Schlüssels im Schlüsselloch. Das Tor öffnet sich knarrend. Fällt gleich wieder zu. Die Schellen des Zwerges sind zu hören. Das Tor wird wieder abgeschlossen. Stille.

DIREKTOR *nah – dumpf drohend* Was ist Ihnen denn eingefallen!

CARLO Er wollte doch nur den Schlüssel – wollte doch nur ein wenig raus mit mir –

DIREKTOR Was – mischst du dich ein – bist du noch da – marsch – scher dich rauf! – *Zu Pablo, nah, drohend* Daß Ihnen sowas nicht noch mal einfällt!

ZWERG *kichernd* Der ist doch nicht ganz richtig!

ZAUBERER Der war nie ganz richtig! Wollte immer raus!

PABLO Ja – ich wollte immer raus –

ZWERG Der ist nicht richtig, seitdem er damals bumsbums aufs Köppchen gekriegt hat –

PABLO *schreckt auf* Was? – Was sagst du da?

ZAUBERER Nichts – gar nichts –

PABLO Doch – da war was – was war das –

ZWERG Bumsbums – n' bißchen bumsbums auf'n Kopp!

ZAUBERER Scher dich doch weg!

ZWERG *kichert.*

PABLO *wiedererkennend* Ja –

ZAUBERER Gar nichts – bist nur mal hingefallen –

PABLO Ja – draußen – draußen auf der Gasse – ich war draußen –

ZAUBERER Aber woher –

PABLO Ja – ich bin früher schon einmal raus – die Gasse runter –

ZAUBERER Nicht doch – nicht doch –

PALBO Ja – ich lief – ich kam raus – die Gasse herab – aber nicht schnell genug – ihr kamt nach – ja – ich war draußen – ja – ich bin draußen – aber nicht damals, als ich mit dem Löwen floh – viel früher – viel früher – ja – jetzt weiß ichs – ich bin früher schon einmal geflohen –

ZAUBERER Bildest du dir nur ein –

PABLO Nein – ich hab es immer gewußt – wie es draußen war – ja – es war Abend – die nassen Steine – diese großen Fenster rechts und links – diese riesigen Wagen – diese hohen Maste – ich laufe wahnsinnig schnell – aber nicht schnell genug – ihr kommt nach – ihr holt mich ein – ja – und dann der Schlag –

ZWERG Bißchen Bumsbums!

ZAUBERER Er weiß gar nicht, wovon er spricht –

PABLO Doch – jetzt weiß ich es. Jetzt endlich seh ich alles deutlich. Jetzt kann ich diesen Turm sehen. Und ich war draußen. Ich weiß, wie es draußen ist. Hier drinnen ist alles unveränderlich. Wie ich hier hereinkam, war es, als käme ich in einen Brunnen. Diese faule, eingeschlossene Luft hier. Kein Fenster. Die Dachluke verrammelt. Jetzt seh ich diesen Turm von innen. Jetzt erkenn ich ihn. Jetzt weiß ich, daß ich hinaus kann.

ZAUBERER Du bist noch nicht draußen.

PABLO Ich werd hinauskommen.

ZAUBERER Das mußt du erst beweisen. Wir haben dich noch nicht gebunden. Wir werden dich binden, mein Junge. Heute abend werden wir dich binden, wie du noch nie zuvor gebunden worden bist!

ZWERG *schellenklirrend, echohaft* Ja, binden wer'n wir dich!

ZAUBERER Ruh' dich jetzt aus und sammle Kraft – du wirst sie heut abend brauchen – ruh dich nur ordentlich aus!
Wieder die Woge aus dem Turm. Das Ticken der Uhr.
Zauberer einförmig, hypnotisierend Hör wie die Zeit tickt – wie dir die Zeit davonrinnt – und du sitzt hier schlapp und müde – hör – die endlose Zeit – Stunden – Tage – Wochen – Monate – Jahre – hier hast du immer schon gesessen und gewartet – und wolltest raus – und kamst nie raus – da sitzt du mit deinem Seil – die Zeit sickert unter deinen Füßen weg

– nichts wird dir gelingen – bald werden wir dich festbinden – werden dich umwickeln mit dem Seil – dir die Brust einschnüren – du kommst nie los – gleich werden wir das Seil über dich werfen – zieh schon dein Hemd aus, daß wir dich besser binden können – so – so – und jetzt geht es gleich los – hör nur –

Ein vielfältiges Raunen von Stimmen ist zu hören, ein Schaben von Füßen.

Sieh nur – der Zuschauerraum ist voll – wir haben ausverkauft heut abend – alle die Gesichter – alle die Hände –

DIREKTOR *gehetzt* Sind Sie bereit? Wir fangen gleich an!

Das Raunen der Stimmen wird stärker. Ein Trommelwirbel setzt ein. Hände klatschen Beifall. Dann begleitet eine Trompete die Trommel zu einem Tusch.

Die Trommel liegt nun dumpf rollend hinter den Worten des Direktors.

Damen und Herren!

Eine trompetenhafte Stimme echot

TROMPETE Damen und Herren!

DIREKTOR Gestatte mir vorzustellen!

TROMPETE Gestatte – vorstellen!

DIREKTOR Ausbrecher Niente!

TROMPETE Ausbrecher Niente!

Beifallsklatschen. Pfiffe. Füßetrampeln

DIREKTOR Werden sehn denselben gebunden!

TROMPETE Gebunden!

DIREKTOR Vom Hals bis zu den Zehn!

TROMPETE Hals – Zehen!

DIREKTOR Mit diesem Strick!

TROMPETE Strick!

DIREKTOR Aus welchem er sich befreit!

TROMPETE Befreit!

DIREKTOR Ohne fremde Hilfe!

TROMPETE Hilfe!

DIREKTOR Der Zauberkünstler und der Zwerg!

TROMPETE Zauberkünstler – Zwerg!

DIREKTOR Unsere altbewährten Kräfte!

TROMPETE Kräfte!

DIREKTOR Beginnen jetzt mit der Fesselung!
TROMPETE Fesselung!
Beifallsklatschen
DIREKTOR Bitte verehrtes Publikum um absolute Ruhe!
TROMPETE Ruhe!
Starker Trommelwirbel. Geräusche von Stöhnen. Dumpfer Fall. Ächzen. Stille. Nur der verhaltene Trommelwirbel.
VERWALTERIN *ängstlich* Das ist ja unmöglich. Da kommt er doch nie raus.
DIREKTOR Das Seil schneidet sich ja in seine Haut ein.
VERWALTERIN Das Seil schnürt ihm ja den Hals ab.
DIREKTOR So eine Blamage.
VERWALTERIN Er hätt doch auf dem Ball balancieren sollen.
PABLO *mit äußerster Anstrengung* Gebt mir Zeit!
DIREKTOR *vortretend* Bitte geehrtes Publikum!
TROMPETE Publikum!
DIREKTOR Ein wenig Geduld!
TROMPETE Geduld!
Trommelwirbel stärker
PABLO *flüsternd* Laßt mir Zeit!
DIREKTOR *flüsternd* Denk an unsern guten Namen!
VERWALTERIN *flüsternd* Mach uns keine Schande!
PABLO Es wird noch dauern –
DIREKTOR *vortretend* Damen und Herren!
TROMPETE Damen und Herren!
DIREKTOR Seien Sie gewiß!
TROMPETE Gewiß!
DIREKTOR Derselbe sein Äußerstes!
TROMPETE Äußerstes!
Trommelwirbel stärker. Stimmenmurmeln. Lachen. Vereinzelte Pfiffe
PABLO Gebt mir Zeit –
ZAUBERER *nah – flüsternd* Du hast Zeit – unendlich viel Zeit – der ganze Turm ist voll von Zeit für dich!
PABLO Laßt mich liegen. Spielt die nächste Nummer!
DIREKTOR *nervös* Damen und Herren!
TROMPETE Damen und Herren!
DIREKTOR Bitte ergebenst um Geduld!

TROMPETE Geduld!

DIREKTOR Unterdessen vorweisen – Phänomen Carlo!

TROMPETE Carlo!

Trommel und Trompete Tusch. Beifallsklatschen. Pfiffe

DIREKTOR In stummem Spiel!

TROMPETE Stummem Spiel!

DIREKTOR Tanzt echte tieferlebte Gefühle!

TROMPETE Gefühle!

DIREKTOR Zunächst – Liebe!

TROMPETE Liebe!

Trommel, Trompete, Xylofon und Gong intonieren eine schwirrende Musik.

ZAUBERER *nah – flüsternd* Siehst du wie er sich windet vor Liebe – wie er die Luft umarmt und von Nelly träumt – wie er sich biegt – wie er das Gesicht verzerrt – wie er verzweifelt sucht nach der Liebe – aber hier gibts keine Liebe – wie ein Wurm am Angelhaken windet er sich – er windet sich wie du – und kommt nicht frei –

Die Musik vertönt.

DIREKTOR Sodann die Furcht!

TROMPETE Furcht!

Die Instrumente setzen wieder ein: schabend, kratzend, knirschend, scheppernd.

ZAUBERER *flüsternd* Siehst du wie er kriecht – wie er hin und her jagt und nach einem Rattenloch sucht – wovor fürchtet er sich denn – wie? – Wovor fürchtet ihr euch denn –

STIMME *ganz frei und offen – weit hallend* Pablo, du bist frei! Du mußt heraus aus dem Seil!

PABLO *stöhnend* Gebt mir noch Zeit!

Die knirschende Musik verklingt.

DIREKTOR Und Abschluß – die Demut!

Die Musik der Instrumente ist winselnd, wehend.

ZAUBERER *flüsternd* Siehst du, wie er den Boden küßt – wie er die Hände ringt – ah – er ist hier ganz zu Hause – er leckt diesen Boden aus Hingabe – sieh ihn dir nur an – ihr beiden – wie ihr hier den Boden küßt – den guten alten Steinboden –

STIMME *wie vorher* Pablo, du mußt raus! du bist frei!

Die Musik verklingt. Beifallklatschen. Tusch.

Trommel setzt wieder ein.

DIREKTOR Damen und Herren!

TROMPETE Damen und Herren!

DIREKTOR Während Ausbrecher sich zum letzten sammelt!

TROMPETE Sammelt!

DIREKTOR Unser geschätzter Spiegelfechter!

TROMPETE Spiegelfechter!

DIREKTOR Duell mit sich selbst!

TROMPETE Sich selbst!

Beifallklatschen. Trommel stärker

DIREKTOR Beachten Sie!

TROMPETE Beachten Sie!

DIREKTOR Neu einstudierte Ausfälle!

TROMPETE Ausfälle!

DIREKTOR Parierungen!

TROMPETE Parierungen!

Während die Trommel rollt, das Geräusch von heftig aneinanderfahrenden Klingen.

ZAUBERER *hastig, wie ein Ansager – mit der Trommel und den Klingen hinter sich* Unaufhörlich geht der Kampf des Ausbrechers weiter, er ist noch dicht vom Seil umwickelt, seine Haut ist zerschunden, man sieht seinem Gesicht die unmenschliche Anstrengung an, noch gibt er nicht auf, noch drängt er gegen die Fesseln an. Voller Unruhe fragen wir uns, wie lange er dies noch ertragen kann, die Adern auf seiner Stirn sind zum Bersten geschwollen, er ist in Schweiß gebadet, sein Herz schlägt rasend –

Ein paar peitschende Klingenschläge. Tusch. Beifallsklatschen.

DIREKTOR *gehetzt vor* Damen und Herren!

TROMPETE Damen und Herren!

ZAUBERER *im Hintergrund weitermurmelnd* Es ist ein einzigartiger spannender –

DIREKTOR Nach dem Sieg des Spiegelfechters über sich selbst –

ZAUBERER *im Hintergrund* Mächte haben ihn gebunden, von deren Stärke er nichts geahnt hatte –

DIREKTOR In Erwartung des Entfesselungsaktes –

Plötzlich bricht ein Wirbel von Karusselmusik, Fanfaren,

singenden Stimmen, Glocken, Klingeln, Autohupen, Motorendröhnen in den Raum.

VERWALTERIN *schreit* Das Tor – das Tor geht auf!

ZAUBERER Das Tor –

PABLO Die Welt draußen –

DIREKTOR Wer hat das Tor aufgemacht?

STIMME *aus dem Lautschwall von draußen* Du bist frei, Pablo!

VERWALTERIN Carlo! – Er läuft raus! – Carlo!

PABLO Carlo ist frei –

DIREKTOR Carlo!

VERWALTERIN Carlo ist hinaus!

DIREKTOR Haltet ihn doch!

PABLO Einer bricht sich immer aus –

ZAUBERER Einer kommt immer wieder zurück –

STIMME *weit hallend aus dem Tönen* Du bist frei, Pablo!

Das Tor fällt dröhnend zu. Stille. Dann setzt die Trommel mit einem neuen Wirbel ein.

DIREKTOR *ermattet* Damen und Herren!

Trompete bläst einförmigen Ton.

ZAUBERER *mit seiner Ansage fortsetzend* Er spannt sich zur letzten, allerletzten Anstrengung, Blutstropfen sickern ihm schon –

DIREKTOR *atemlos* Gehen wir nunmehr zur nächsten Nummer über –

Trompete bläst einen langgezogenen Ton.

ZAUBERER *während des Trompetentons* – scheint jetzt aber das Nutzlose seiner Bemühungen eingesehen zu haben –

DIREKTOR *mit Gewalt, kann die Worte kaum vorbringen* Die Dompteuse in ihrer Dressurnummer!

Die Trompete stößt einförmige, langgezogene Töne aus.

Der Zauberer murmelt unverständlich weiter.

Die Trompete ruft wie ein Notsignal, ertrinkt, arbeitet sich wieder vor.

Die Peitsche der Dompteuse: »Hopp! Mach schon! Auf die Beine! Zeig was du kannst!« knallt. Stimmen surren. Anfeuernde Rufe. Dann wieder alles in einer Woge ertrinkend. Beifallsrauschen

PABLO *ganz nah – flüsternd* Die Landungsbrücke – der Strand

– das Meer – ich bin draußen – ich bin im Freien – ich überwinde den Turm – ich überwinde ihn –

ZAUBERER *seine Stimme arbeitet sich aus dem Dröhnen heraus – er spricht jetzt hackend, suchend, unsicher* Zu unserm Erstaunen sehen wir, daß er sich aufrichtet, das muß der letzte Lebensreflex sein, gleich wird er zusammenbrechen, nein, das geht nicht mit rechten Dingen zu –

Seine Stimme wird undeutlich. Das Sausen steigert sich. Die Peitsche knallt.

PABLO Die Peitsche trifft mich nicht – nichts mehr hier kann mich anrühren – alles ist Vergangenheit – ich bin frei –

ZAUBERER *mit letzter Kraft* Der Strick über seiner Brust lokkert sich – seine Arme schieben sich aus den Fesseln hervor – und jetzt – *Das Sausen steigt an. Stimmengewirr. Ticken der Uhr. Trommeldröhnen.*

DIREKTOR *ertrinkend* Die Traditionen des Turms –

ZWERG *ertrinkend* taradition taradition –

VERWALTERIN *ertrinkend* Pablo – Carlo – Nelly –

ZAUBERER *ertrinkend* Jetzt erhebt er sich –

PABLO Der Turm – wo ist der Turm –

Noch einmal schwillt das große Dröhnen an. Dann Stille.

STIMME *ganz langsam, sachlich, kühl* Der Strick hängt von ihm herab wie ein Nabelstrang –

Prolog zum Hörspiel *Der Turm*

Vor vielen Jahren hat Pablo im Turm gelebt. Draußen in der Welt ist er jedoch den Turm nie richtig losgeworden. Der Turm lebt mit einer dumpfen Schwere in ihm fort. Die Flucht hilft Pablo nichts. Nur wenn er es wagt, noch einmal tief in den Turm einzudringen und sich mit seiner Vergangenheit auseinanderzusetzen, kann er sich vielleicht befreien.

So kehrt er zurück und begehrt Einlaß.

Das ist als dringe er in sein eigenes Inneres ein.

Da ist der Direktor und die Verwalterin. Unter ihren Händen ist er aufgewachsen. Von ihnen ist er dressiert worden zu einem Artisten in der Zirkusvorstellung des Turms.

Da ist Carlo, eine brüderliche Figur, im Turm zurückgeblieben.

Da ist Nelly, das Gespenst der Liebe.

Nelly ist tot, vom Zauberer in den Tod getrieben.

Der Zauberer, in ihm verkörpert sich alles Todessüchtige. Der Zauberer, scheinbar beschäftigungslos, ist die stärkste Macht des Turms.

Auch der Löwe ist tot. Der Löwe, das war das Wilde und Unbändige. Der Zwerg, krumm und verwachsen, spielt jetzt den Löwen. Früher hat Pablo als Balanceur auf dem großen Ball im Turm gelebt. Jetzt spielt er seine neue Rolle, die Rolle des Ausbrechers, des Entfeßlers.

Hier im Turm will er sich jetzt binden lassen. Restlos will er sich der Gewalt des Turms aussetzen.

Palbo tritt ein unter dem Namen Niente. Damit ist gesagt, daß er ein Nichts ist. Erst wenn er sich aus dem Turm befreit, gewinnt er sich selbst, gewinnt er seinen eigenen Namen.

Der Schatten des Körpers des Kutschers

Die Abendmahlzeit nehmen wir, wie alle anderen Mahlzeiten, am Tisch in der Küche ein. Trotz der Reichhaltigkeit des Geschirrs im Wandschrank wird mit einem Mindestmaß an Tellern, Trinkgefäßen, Schüsseln und Bestecken gedeckt, so daß ein etwaiges Vorgericht und ein etwaiges Nachgericht auf dem selben Teller wie das Hauptgericht, einem tiefen Teller aus weißem Porzellan, verzehrt wird. Als Eßwerkzeug wird nur ein Zinnlöffel verwendet, zu allen Gängen, sowie zum Umrühren im Becher, aus dem man sein Wasser, sein Bier, seinen Wein oder Kaffee trinkt. Auf die Reinlichkeit der Tischplatte wird, im Gegensatz zum Fußboden, der mehrmals täglich von der Haushälterin gescheuert wird, kein Wert gelegt; so ist die Platte noch voll von Mehl und Teigklumpen, und von getrockneten Brotkrumen und Fleischfäden vorhergegangener Mahlzeiten. Dies ist die Ordnung in der die Gäste um den Tisch sitzen; auf dem Schemel zur oberen Schmalseite des Tisches, nächst dem Herd, sitzt die Haushälterin; zu ihrer Linken auf der Bank vor der Fensterwand sitzt der Hauptmann, in einem schwarzen, weißgestreiften, altmodisch geschnittenen Gehrock, ebensolchen Hosen, einer grauen Weste, die, trotz sorgfältiger Pflege, einigen Flecken im Laufe der Jahre nicht entgehen konnte, einem weißen Hemd mit hohem Stehkragen und einer schwarzen, mit einer Perlennadel am Hemd befestigten Krawatte; links neben dem Hauptmann sitzt Herr Schnee, abends in seinen seidenen Hausrock gehüllt; links neben Herrn Schnee sitzt der Doktor, den Kopf mit dicken Verbänden umwickelt, ein Pflaster quer über der Nase und ein Pflaster auf der Oberlippe, einen Verband um den Hals, Verbände um die Handgelenke, unförmlich dicke Bandagen an den Beinen, sein Mund hart zusammengepreßt über dem Schmerz der seinen ganzen Körper zu erfüllen scheint und der ihm aus dem Mund ausbrechen will, seine Augen unter einer schwarzen Brille verborgen. An der anderen Schmalseite des Tisches sitzt der Hausknecht, die Mütze auf dem Kopf; ihm zur Linken an der anderen Längsseite des Tisches sitzt der Schneider, in seinem fadenscheinigen, zusammengeflickten Anzug, scheckig wie ein Harlekin, und jetzt, da er sich zu dieser Begegnung gesammelt hat, mit Bewegungen die so durchdacht sind, daß sie ständig über sich selbst hinaussteigen, große Bogen, verschnörkelte Arabesken und fuchtelnde Winkel beschreibend. Links neben dem Schneider sitze ich. Zu meiner Linken sitzt niemand; der Platz ist leer und wartet auf einen neuen Gast. (Die Familie, die das Zimmer neben der Küche bewohnt, nimmt an unseren Mahlzeiten nicht teil, sie führt ihren eigenen Haushalt.) In der Mitte des Tisches stehen die beiden Kochtöpfe, der eine mit Kartoffeln, der andere mit Rüben gefüllt. Die Hände, den Löffel haltend, heben sich jetzt von allen Seiten den Töpfen entgegen, die Hand der Haushälterin rot, gedunsen, walkig vom Spülwasser, die Hand des Hauptmanns mit polierten, gerillten Fingernägeln, die Hand des Doktors mit Verbandsschlingen zwischen jedem Fingeransatz, die Hand des Hausknechts fleckig von Dung und Lehm, die Hand des Schneiders zitternd, dürr, pergamenten, meine eigene Hand, meine eigene Hand, und dann keine Hand, in einem leeren Raum, der auf eine Hand wartet. Die Löffel senken sich in die Schüsseln und steigen, beladen mit Kartoffeln und Rüben, wieder daraus empor, laden die Last auf dem Teller ab und schwingen sich zurück in die Töpfe, füllen sich, leeren sich wieder über den Tellern, wandern weiter hin und her, bis jeder auf seinem Teller einen Haufen Kartoffeln und Rüben gesammelt hat, der seinem Hunger enspricht. Der größte Haufen befindet sich auf dem Teller des Hausknechts, doch der Haufen auf dem Teller des Schneiders ist fast ebenso groß, obgleich der Schneider nicht wie der Hausknecht den größten Teil des Tages im Freien und mit körperlich anstrengenden Arbeiten verbringt, sondern nur in der Stube über seinen Flicken hockt; dann folgt der Haufen auf dem Teller der Haushälterin, kaum, erst nach mehrmaligem genauen Vergleichen, von der Größe des Haufens auf Schnees Teller zu unterscheiden; danach der Haufen des Hauptmanns, der im Verhältnis zum Haufen auf dem Teller des Hausknechts schon klein ist; danach der Haufen auf meinem eigenen Teller, und diesen kann man gering nennen, doch im Verhältnis zum Haufen auf dem Teller des Doktors erscheint er immer noch groß. Die

Löffel heben sich jetzt, gefüllt mit Kartoffelbrocken und Rübenstücken, zu den Mündern empor, die Münder öffnen sich, der Mund der Haushälterin wie zu einem saugenden Kuß, indem sie den Atem schnaufend durch die Nase stößt; der Mund des Hauptmanns vorsichtig am künstlichen Gebiß manövrierend; Schnees Mund mit breit aufgezogenen, weißlich entblößten Lippen; der Mund des Doktors, zu einem mühsamen Spalt aufklaffend; der Mund des Hausknechts, vorstoßend wie ein Schnabel, die Zunge lang herausgestreckt und den Löffel erwartend; der Mund des Schneiders, gewählt aufklappend und sich erweiternd zur Maulstarre; mein eigener Mund, mein eigener Mund; und dann der leere Raum für einen neuen, noch unbekannten Mund. Während wir an unserem ersten Bissen kauen, die Haushälterin langsam, kreiselnd, mahlend, der Hauptmann mit dem Gebiß knarrend, Schnee schmatzend und tief über den Teller gebeugt, der Doktor würgend, ohne die Zähne zu rühren, mit der Zunge das Essen am Gaumen zerdrückend, der Hausknecht schlürfend, wuchtig mit den Armen auf dem Tisch liegend, der Schneider, auf den Teller des Hausknechts schielend, mit bebenden, wie Stränge vortretenden Kaumuskeln, mit der Zunge an dem vom Speichel aufgeweichten Brei schleckend, ich, ich, und dann der von dem ich nicht weiß wie er kauen wird. So essen wir schweigend; der Hausknecht, der Schneider und die Haushälterin laden sich noch einmal auf, holen aber die übrigen Esser ein, so daß wir alle ungefähr gleichzeitig fertig sind. Zwischen den Handhabungen des Löffels werden ab und zu die Zinnbecher mit der anderen Hand ergriffen; der Becher der Haushälterin ist mit Bier gefüllt, der Becher des Hauptmanns ist mit Wasser gefüllt, Schnees Becher ist mit dunkelrotem Wein, den er aus einer in der Tasche seines Hausrocks aufbewahrten Flasche eingeschenkt hat, gefüllt, der Becher des Doktors enthält einig Wassertropfen, der Becher des Hausknechts ist mit Bier gefüllt, der Becher des Schneiders ist mit Wasser gefüllt, wie auch mein eigener Becher, und womit würde der Unbekannte sein Glas füllen. Die Becher werden an den Mund geführt und die Flüssigkeit dringt in den Mund ein, füllt den Mund aus und gleitet durch die Kehle hinab, außer beim Doktor, der nur den Mundspalt, dünn wie eine Messerkerbe, an den Wassertropfen netzt. Während der Griff der Hand um den Löffel bei allen fast der gleiche ist und man sich mehr in der Art des Handhebens, bei der Haushälterin behält der Arm und die Hand eine nahezu feste Lage und es ist der Oberkörper der sich hebt und senkt, beim Hauptmann vollzieht sich die Hebelbewegung knackend im Armbogen, Schnees Hand führt den Löffel vom Handgelenk aus zwischen dem Teller und dem tief herabgeneigten Mund hin und her, die Hand des Hausknechts stößt den Löffel wie eine Kohleschaufel in den wie ein Ofenloch vor dem Teller aufgerissenen Mund, der Schneider ruckt und zuckt mit dem gewinkelten Arm wie eine aufgezogene Gliederpuppe, ich, ich merke in meinem Beobachten kaum wie ich esse, voneinander unterscheidet, so ist der Griff um den Becher bei allen mit starken Merkmalen versehen; die Haushälterin ergreift den Becher mit rundgewölbter Hand, sie schiebt ihre Hand unter den Becher und hebt ihn in ihrer Hand wie in einer Schale dem Mund entgegen, der Hauptmann legt seine verbogenen Finger mit den Spitzen um den Becher, hält den Becher wie im Zangengriff einer Vogelklaue, Schnee umtastet den Becher mit seinen langen, beinweißen Fingern und während er den Becher anhebt, regen sich seine Finger wie in einer melkenden Bewegung, der Doktor drückt den Becher zwischen die freie Hand und die Hand die den Löffel hält und in gemeinsamer Anstrengung klemmen die Hände den Becher dem Mund entgegen, der Hausknecht legt seine Hand wie einen Erdwall um den Becher und kippt den Becher in den herankommenden Mund, der Schneider, der, wenn er nicht trinkt, die Hand flach ausgestreckt als Deckel auf dem Becher liegen hat, klappt, zum Trinken, die Hand zur Seite, schnappt dann den Daumen herab und dann die Finger herum und befördert den Becher wie in einer Schachtel empor, ich selbst, ich fühle die kühle Zinnrundung im Innern der Hand. Folgende Zwischenfälle ereigneten sich während der Mahlzeit; zu Beginn, kaum daß wir Platz genommen hatten, war der Ruf der Krähe von den Feldern her zu vernehmen, es war ein einziger Ruf, mit demselben, an Harm erinnernden Klang wie zuvor. Als unsere Löffel auf den angefüllten Tellern zu schürfen begannen hörte man auch durch die Wand das

Klappern von Geschirr auf dem Tisch der Familie; der Säugling plärrte, beruhigte sich aber bald, wahrscheinlich wurde er von der Mutter an die Brust genommen; ein Geräusch als schlüge ein Zinnlöffel an einen Zinnbecher wurde deutlich nebenan, daraufhin war es mehrere Sekunden lang völlig still hinter der Wand, worauf ein anderes Geräusch erklang, wie von einem auf einen Körper hart niederfahrenden Riemen, mehrmals wiederholt, bis es wieder still wurde; bald darauf war das gewöhnliche Scheppern des Geschirrs wieder im Gang. Ein Hustenfall des Schneiders war, neben dem einmaligen erstickten Aufstöhnen des Doktors, das einzige was das Ebenmaß unserer Mahlzeit unterbrach; sonst ist nur noch das Erscheinen und Verschwinden eines schwarzen mittelgroßen Käfers zu vermerken; er fiel aus dem Rauchfang auf die Ofenplatte, hatte das Glück, auf die Beine zu geraten (wäre er auf den Rücken gefallen so hätte ihn die Hitze der Platte verkohlt) und lief eilig zur Ofenkante, von wo aus er zum Abwaschbecken hinabblickte. Seine vorgestemmten Beine suchten sich zum Ansatz des Abwaschbeckens hinab, der Körper folgte nach, und so glitt er in die Tiefe; ich richtete mich auf und sah ihn in einem der Löcher des Bodensiebes verschwinden. Welcher Tod, fragte ich mich, ist für einen Käfer der leichteste, oder mindest qualvolle, der Tod des Verbrennens auf einer Ofenplatte oder der Tod des Ertrinkens in einem Ausgußrohr. Den Kaffee nehmen wir in der Diele ein, nachdem die Teller, von den Gästen übereinandergestellt, von der Haushälterin zum Abwaschbecken getragen, und die Becher, von der Haushälterin aus der blauen Kanne gefüllt, von den Gästen durch die Küche getragen worden waren, und die Gäste aus der Zuckerschale, von der Haushälterin aus der Speisekammer herbeigetragen, ein Zuckerstück genommen und es in die Tasse gelegt, und die Gäste, mit einem Löffel, von allen, außer dem Doktor, vorher abgeleckt, in den Bechern rührend, die Schwelle überschritten und in der Diele Platz genommen hatten; die Haushälterin auf dem Stuhl vor der Nähmaschine, der Hauptmann auf seinem von Ziegelsteinen gestützten Sessel, Rücken an Rücken mit dem Sessel, auf dem sich Herr Schnee niedergelassen hatte, der Doktor auf dem Schirmständer, der Hausknecht auf einem Klappstuhl, den er unter der Treppennische hervorgezogen hatte, der Schneider ganz im Schatten auf dem Fußboden in der Nähe der Haustür und ich selbst auf der dritten Stufe der Treppe. Kaum hat jeder seinen Platz gefunden und die Kante des Bechers an die Lippen gesetzt und den schwarzen heißen Kaffee an die Zungenspitze rinnen gefühlt, so öffnet sich die Tür zum Zimmer, in dem die Familie wohnt, und der Vater tritt heraus, auch er in der Hand einen Zinnbecher, in dem er mit einem Zinnlöffel rührt, und nach ihm die Mutter, mit einem ebensolchen Becher und Löffel, und nach der Mutter der Sohn, in jeder Hand einen Stuhl tragend. Zwischen dem Stuhl der Haushälterin und den Sesseln des Hauptmanns und des Herrn Schnee stellt er die Stühle ab und schiebt sie unter den Vater und die Mutter, die sich auf den Stühlen niederlassen; dann wendet er sich um und geht in das Zimmer zurück und schließt die Tür hinter sich. Aus der Einförmigkeit der gemeinsamen Mahlzeit in der Küche entwikkelt sich hier in der Diele eine Vielfalt von Geschehnissen. Die Unregelmäßigkeit der Verteilung der Gäste im Raum schafft schon zu Anfang ein schwer überblickbares Muster in der Verkettung der Bewegungen und Laute. Die Haushälterin stellt den Becher auf der Nähmaschine ab und greift in die Schublade des Nähtisches, wo die Knöpfe zwischen ihren Fingern klirren; der Schneider zieht scharrend die Beine an und schlägt sie übereinander, dann entnimmt er seiner rückwärtigen Hosentasche die Pfeife und beginnt, sie mit Tabak, den er aus seiner seitlichen Hosentasche gezogen hat, zu stopfen; auch der Hauptmann greift in eine Tasche, in die Brusttasche seiner Weste, nimmt ein silbernes Etui hervor, klopft auf den Deckel, läßt den Deckel aufschnappen, wendet sich über die Rückenlehne des Sessels, reicht das Etui über Schnees Schulter, Schnee wendet sich ihm entgegen, läßt seine knöcherne Hand in großem Bogen in das Etui hineinstoßen, hebt eine Zigarette heraus, worauf der Hauptmann das Etui zurückführt, selbst eine Zigarette dem Etui entnimmt, das Etui zuklappen läßt und in die Brusttasche zurücksteckt. Dann greift der Hauptmann in seine Hosentasche und läßt die Hand mit einem Feuerzeug hervortreten; die Hand mit dem Feuerzeug schwingt sich über die Sessellehne, Schnee wendet sein Gesicht dem Feuerzeug entgegen, die Finger des Hauptmanns schlagen Feuer und Schnee saugt, mit der Zigarette im Mund, an der Flamme. Das über die Rückenlehne gewendete Gesicht des Hauptmanns liegt nahe an Schnees Gesicht, beider Augen sind seitwärts auf das Feuerzeug gerichtet und die Flamme spiegelt sich in ihren Pupillen; nachdem die Glut an der Spitze von Schnees Zigarette leuchtet und dieser eine Wolke blauen Rauches zwischen den Lippen hervorstößt, führt der Hauptmann die Flamme an die eigene Zigarette, und Schnee sieht ihm zu, wie er an der Zigarette saugt und wie auch diese Zigarette zu glühen beginnt und der Rauch aus dem Mund des Hauptmanns quillt. Der Vater beugt sich vor und ergreift die Säbelscheide, die noch vom Nachmittag, an dem der Hauptmann sich mit ihr beschäftigt haben mochte, her über der Sessellehne hängt; er hebt sie zu sich heran und befühlt sie; der Hauptmann wendet sich ihm zu, greift nach dem Gurt, an dem die Scheide befestigt ist, schiebt die Scheide weiter zum Vater hinüber, läßt den Gurt aber nicht los. Während sie Worte, die ich auf Grund der Entfernung und ihres leisen Sprechens nicht verstehen kann, miteinander wechseln, beugt sich der Vater noch weiter vor, und der Hauptmann beugt sich noch weiter dem Vater entgegen, den Gurt fest in der Hand, und der Vater streicht mit den Fingern über die Scheide, bis zum Gurt hinauf, und steckt den Zeigefinger in die Scheide. Auch Schnee wendet sich dem Säbel zu und von den Worten, mit denen er zum Gespräch beiträgt, unterscheide ich Rost und säubern. Die Mutter ist indessen näher an die Haushälterin herangerückt und auch zwischen ihr und der Haushälterin werden Worte ausgetauscht, von denen mir einige verständlich sind, wie Brei, einfädeln, lüften, der Junge aufs Kind aufpassen, später noch abwaschen, für den Sonntag, Futter geben, Brust geben, weh, drückt mir so. Die Haushälterin hat ein leinenes Hemd aus der unteren Lade des Tisches gezogen und beginnt, einen Knopf am Halsansatz anzunähen; Schnee nimmt aus der einen Tasche seines Hausrocks, aus der anderen ragt der Flaschenhals hervor, ein paar kleine Steine, wägt sie in der Hand und hält sie über die Säbelscheide, unter die Blicke des Hauptmanns und des Vaters; mit Schnees eigenem Blick sammeln sich die Blicklinien zu einem Strahlenbündel auf den Steinen; ich vernehme einige der

Worte aus der Folge der Sätze, die Schnee ausspricht, wie besonders, ausgetrocknet, durchsetzt, nur noch zwei, werde morgen versuchen, einmal tiefer, von dort aus, wieder nicht, doch noch, wenn man einmal, es könnte schon sein. Der Vater streckt die Hand, die er in die Säbelscheide gesteckt hatte, nach den Steinen aus und betastet diese, und von seinen Worten unterscheide ich, habe natürlich, vielleicht arbeiten, treibt sich nur herum, zu nichts nutze, werd ihn gleich fragen. Daraufhin wendet er sich zur Tür zum Zimmer der Familie und pfeift zwischen den Zähnen; drinnen im Zimmer ist ein Poltern zu hören, als würde ein Stuhl umgeworfen, die Tür wird aufgerissen und der Sohn erscheint, springt mit hochgezogenen Schultern über die Schwelle, läßt die Tür hinter sich offen stehen, springt durch die Diele, am Stuhl der Mutter und der Haushälterin vorbei, wobei er an die Lampe stößt und die Lampe mit wehenden Fransen hin und her schwingt, auf den Stuhl des Vaters zu. Der Vater hebt die Hand und befestigt seinen Zeigefinger im obersten Knopfloch der Jacke des Sohnes, den Becher mit dem Daumen, dem Mittelfinger, Ringfinger und kleinen Finger festhaltend, und zieht den Oberkörper des Sohnes zu sich herab. In dem von einer von der Decke herabhängenden Glühbirne erleuchteten Zimmer der Familie kann ich den Säugling auf der grünen Decke des Bettes liegen sehen, die Beine emporgestreckt und mit den Händen nach den Füßen tastend, manchmal einen Zeh ergreifend und wieder verlierend, den Kopf mit Anstrengung aufrichtend und wieder fallen lassend. Aus dem Gespräch, in das der Sohn hineingezogen wird, kann ich folgendes vernehmen, Worte des Vaters wie Frühe, Nutzen, Herrn Schnees Tätigkeit, lange genug zugesehn, einmal zeigen, Karren, Schaufel, Sand sieben, acht, neue Steine, wegschaffen, putzen, einreihen; Worte von Herrn Schnee ausgesprochen wie natürlich, vorsichtig sein, sorgfältig, verstehen was es geht, bisher dreitausendsiebenhundertzweiundsiebzig Steine, von Grund auf lernen, auch mit Lohn rechnen; eingefügte Worte des Hauptmanns wie besser, sehr wohl, nicht das schlechteste, zu meiner Zeit, viel geändert. Der Sohn blickt während der Verhandlungen nicht auf den Vater und nicht auf Herrn Schnee oder die hingehaltenen Steine, sondern hinüber zu mir; seine Haare hängen ihm über die zu Längsfalten gerunzelte Stirn, seine Lippen schaben an den Zähnen und die Haut zuckt um seine tief in den Höhlen liegenden, schwarz aus dem Weißen hervorstarrenden Augen. Die Mutter, die ihr Gesicht dicht über die Handarbeit der Haushälterin gebeugt hatte, richtet sich jetzt auf und biegt sich weit zur Seite, mit dem Arm nach dem Sohn ausgestreckt, sie zupft den Sohn am Saum der Jacke, Schnee knipst mit dem langen Nagel seines Zeigefingers an einen der Steine, der Hauptmann zieht die Säbelscheide zu sich heran und langsam gleitet sie durch die Hand des Vaters, die Mutter zerrt am Saum der Jacke des Sohnes, die Jacke ist von den Schultern des Sohnes hochgehoben, und unter der ziehenden Hand der Mutter rutscht die Jacke, mit den herabsinkenden Schultern des Sohnes, nach unten, bis der Saum der Jacke wie ein Rocksaum über seinen Knien hängt und die Schultern zu einer schrägen Ebene herabgeflossen sind. Der Hauptmann hat die Scheide des Säbels aus der Hand des Vaters herausgezogen, er hebt die Scheide und schlägt damit leicht auf die niederhängende Schulter des Sohnes, währenddessen hält die Mutter noch den Jackensaum des Sohnes fest und der Zeigefinger des Vaters ist noch im Knopfloch der Jacke des Sohnes verhakt. Aus dem Schatten unter der Treppe kommen Geräusche die auf eine Veränderung der Lage hindeuten und ich sehe jetzt daß der Schneider, wahrscheinlich kriechend, sich dem Hausknecht genähert hat und dies wahrscheinlich, weil der Hausknecht ihn mit einem Kartenspiel herbeigewinkt hat. Die Hand des Hausknechts verteilt die Karten mit klatschenden Schlägen auf dem Boden, so daß vor ihm ein wachsender Haufen liegt und ein anderer vor dem Schneider. Dann ordnen sie die Karten in der Hand, worauf der Hausknecht, tief von seinem Klappstuhl herabgebeugt, eine Karte hervorzieht und sie mit Wucht auf den Boden wirft, und der Schneider, hockend mit übereinandergeschlagenen Beinen, dieselbe Geste, doch ausführlicher, noch einmal vollzieht. Auf diese Weise geht es hin und her zwischen ihnen, und hinter ihnen, rücklings an den Schirmständer gestützt, ist der Doktor zu sehen, mit schmerzhaft verzogenem Gesicht, mit der einen Hand den Verband am Gelenk der anderen Hand abwickelnd. Zwischen den Kartenschlägen nehmen der Hausknecht und der Schneider hier und da einen Schluck aus dem Becher, den sie neben sich auf den Fußboden gestellt haben, auch der Hauptmann und Herr Schnee nehmen zuweilen einen Schluck aus dem Becher, den Schnee auf seinem einen Knie balanciert und der Hauptmann zwischen seinen beiden Knien festklemmt. Auch der Vater nimmt einen Schluck aus dem Becher, wobei er die Brust des Sohnes mit dem immer noch festgehakten Zeigefinger zu sich heranzieht, und auch die Mutter, die sich wieder vom Sohn abgewendet hat, trinkt aus dem Becher, den sie neben den Becher der Haushälterin auf die Nähmaschine abgestellt hat, und auch die Haushälterin unterbricht dann und wann ihre Arbeit und schlürft einen Schluck, und auch ich nehme einen Schluck aus dem Becher, dessen warme Rundung zwischen meinen Händen liegt. Die bloßgelegten Teile des Verbandes am Handgelenk des Doktors weisen Flecken von Blut und Eiter auf; er wickelt langsam weiter, während er das abgewickelte Ende zusammenrollt, und die Hand der Haushälterin mit der Nadel und dem Faden gleitet auf und ab, und die Mutter lehnt ihren Kopf zurück und gähnt mit weit aufgerissenem Mund, und der Zeigefinger des Vaters läßt das Knopfloch in der Jacke des Sohnes los, und Schnees Hand mit den Steinen senkt sich in die Tasche des Hausrocks zurück, und der Hauptmann hebt die Schöße seines Gehrocks und knöpft sich den Gurt mit der Säbelscheide um, und der Doktor löst, mit verzerrtem Mund, das letzte Stück des Verbandes vom Handgelenk und blickt auf die sichtbar gewordene flammend rote Haut, und der Hauptmann und Herr Schnee lehnen die Köpfe an die Sessellehnen, so daß ihre Hinterköpfe einander berühren, und der Schneider, nach dem ersten vollendeten Umgang des Spiels, mischt jetzt die Karten; und der Sohn schleicht rückwärts auf Zehenspitzen davon, auf die offene Tür zum Zimmer der Familie zu, und die Zähne der Haushälterin beißen den Faden ab, und die Mutter kratzt sich unter den Brüsten, und der Doktor verläßt seinen Platz und kommt auf die Treppe zu, mit der einen Hand das wunde Gelenk der anderen Hand umfassend, und der Schneider verteilt die Spielkarten, und die Haushälterin wühlt in den Knöpfen in der Lade und hebt einen neuen Knopf hervor, den sie an den Latz des Hemdes hält, und der Sohn erreicht, rückwärts gehend, die Türschwelle, tritt über die Türschwelle und zieht die Tür, rückwärts ins Zimmer gehend, vor sich zu, und der Doktor geht an mir vorüber, die knarrenden Stufen hinauf, ich rücke zur Seite, ich höre ihn leise stöhnen; in der ausgebuchteten Tasche seiner Jacke steht der Becher in dem der Kaffee gluckst.

Studie II (1952) von Peter Weiss folgt in seiner Ausgestaltung unmittelbar einer Serie von zwölf assoziativen Zeichnungen. Selbst die Ordnung unter den verschiedenen Bildern wurde beibehalten, um die innere Kontinuität zu bewahren. Das Geschehen liegt vollständig auf einer emotionalen Ebene. Wie Halluzinationen tauchen eine Reihe stark erotisch gefärbter Gefühle in verschiedenen Stadien auf. Die erste Szenerie drückt eine Ruhelage aus, die glitzernde Glaskugel in der Hand des Liegenden klingt über in ein Spiel mit Seifenblasen, die, zusammen mit den beiden im Hintergrund kämpfenden Figuren, eine innere Unruhe offenbaren. Die Seifenblasen verwandeln sich sodann in ein Glas, das zum durstigen Mund geführt wird, ihn aber nie erreicht. Das vierte Bild ist Ausdruck eines Unlustgefühls, es schlägt im nächsten Bild um in eine groteske und lächerliche Szenerie.

Wie ein Hampelmann hängt man im Dasein und die wechselnden Gefühle zupfen an den Fäden. Die heftige Diskussion in Bild 6 deutet ein Auseinanderklaffen, einen inneren Gegensatz an. Nach einer kurzen Ruhepause in Bild 7 klappert die kleine Schreibmaschine des Bewußtseins, während unförmige, groteske Figuren sich im Vordergrund hin- und herbewegen. Szene 9 wird von Müdigkeit und innerem Widerstand dominiert, doch dann, in Bild 10, erwacht wiederum eine fiebrige Begierde, die in dem zappelnden Tier im Vordergrund ihren Ausdruck findet, und in den beiden Gesichtern, die sich liebkosend in den Haaren der Frau bewegen. Bild 11 ist eine Art Wiegenlied, und das letzte Bild ist wie ein Ertrinken in Einsamkeit und Schlaf.

Durchgehend wurde die Absicht verfolgt, Körperteile von verschiedenen Personen derart in einem Bild zu arrangieren, daß sie zusammen neue, mehr oder weniger deformierte Gestalten bildeten.

In *Studie IV* (1954) von Peter Weiss wird ein Befreiungsprozeß geschildert. Der Protagonist bewegt sich durch verschiedene, für ihn bedeutungsvolle Räume, er schleppt etwas mit sich herum, das ständig seine Form verändert, sich zum Schluß jedoch als er selbst erweist. Es ist ein altes, verbrauchtes Ich, das von ihm abgefallen ist.

Der Film ist in einer harten Kontrastwirkung zwischen Schwarz und Weiß gehalten. In einem trägen Rhythmus wird die erste Empfindung: etwas mit sich herumtragen, so lange gesteigert, bis sie ihren Höhepunkt in der Konfrontation mit dem Vater und der Mutter erreicht. Fieberhaft versucht er, die traumhafte Situation zu verstehen. In einem Kästchen kramt er nach Papieren, als ob diese eine Erklärung beinhalten könnten. In seinen Händen jedoch werden sie bloß zerknüllt, er wirft sie zum Fenster hinaus. Das Geschehen, das bisher in einer abstrakten Geschlossenheit stattgefunden hat, wechselt jetzt für einige Sekunden in eine widerhallende Offenheit: er wird oben im Fenster sichtbar, während die Papiere an der Hauswand herniederschaukeln. Danach nimmt er seine Reise wieder auf; als er aber das Zimmer der Eltern verlassen hat, wandelt sich das alte, bedrückende Gefühl; es ist, als ob er sich aus einem Spinnennetz herausarbeitete; langsam macht sich ein Gefühl der

Erleichterung bemerkbar. Da hat nun auch das nächtlich schwarze Zimmer sein Aussehen verändert – befreit steht er in einem lichtdurchfluteten Bildhaueratelier, umgeben von unbearbeiteten Holzblöcken.

Beide, *Studie II* und *Studie IV* experimentieren auch mit den Möglichkeiten innerhalb einer neuen akustischen Welt. Die Filme werden begleitet von kreischenden, kratzenden, klirrenden Halluzinationsgeräuschen.

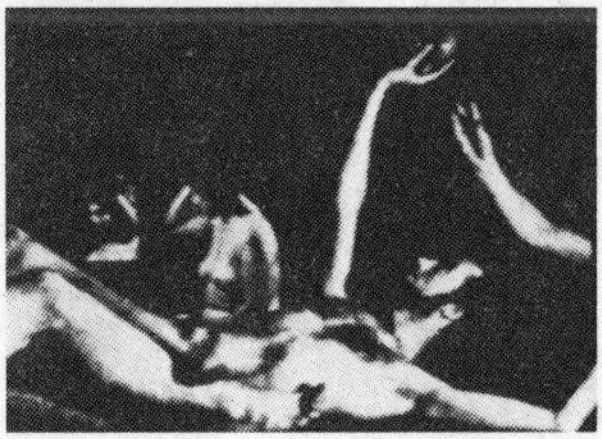

Szene 1

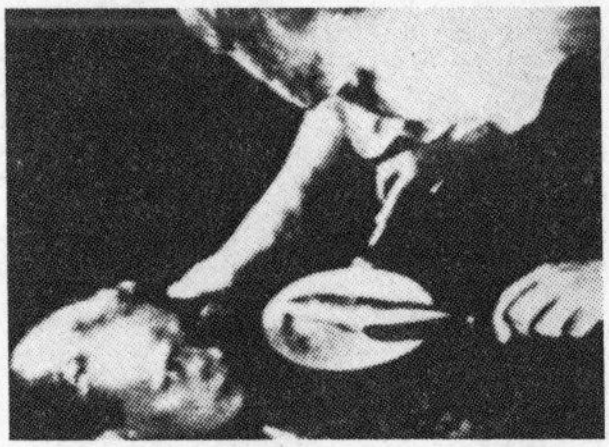

Szene 4

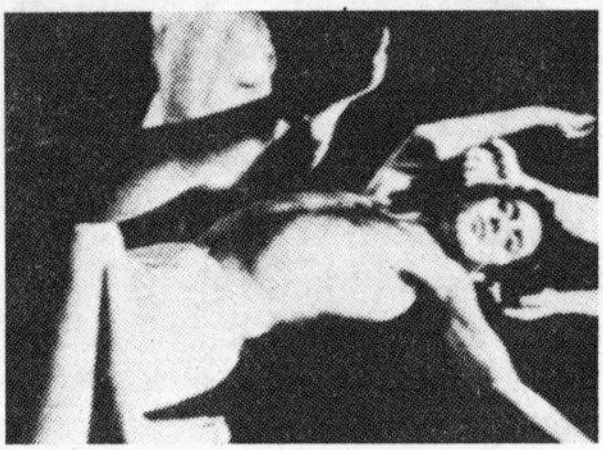

Szene 7

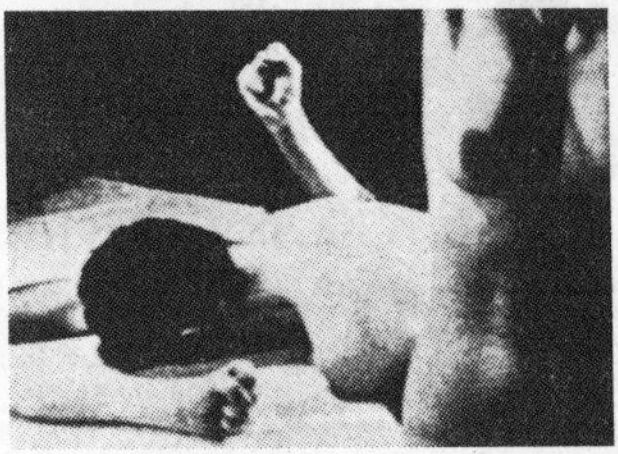

Szene 9

Szene 10

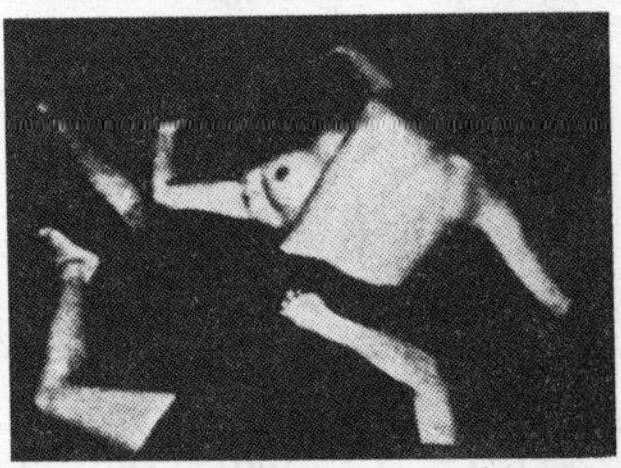

Szene 12

II

Abschied von den Eltern

Ich habe oft versucht, mich mit der Gestalt meiner Mutter und der Gestalt meines Vaters auseinanderzusetzen, peilend zwischen Aufruhr und Unterwerfung. Nie habe ich das Wesen dieser beiden Portalfiguren meines Lebens fassen und deuten können. Bei ihrem fast gleichzeitigen Tod sah ich, wie tief entfremdet ich ihnen war. Die Trauer, die mich überkam, galt nicht ihnen, denn sie kannte ich kaum, die Trauer galt dem Versäumten, das meine Kindheit und Jugend mit gähnender Leere umgeben hatte. Die Trauer galt der Erkenntnis eines gänzlich mißglückten Versuchs von Zusammenleben, in dem die Mitglieder einer Familie ein paar Jahrzehnte lang beieinander ausgeharrt hatten. Die Trauer galt dem Zuspät, das uns Geschwister am Grab überlagerte und das uns dann wieder auseinandertrieb, ein jedes in sein eigenes Dasein. Nach dem Tod meiner Mutter versuchte mein Vater, dessen ganzes Leben unter dem Zeichen unermüdlicher Arbeit gestanden hatte, noch einmal den Anschein eines Neubeginnens zu wecken. Er begab sich auf eine Reise nach Belgien, um dort, wie er sagte, Geschäftsbeziehungen anzuknüpfen, im Grunde aber, um wie ein verwundetes Tier im Versteck zu sterben. Er reiste als Gebrochener, konnte sich nur mit Hilfe zweier Stöcke mühsam bewegen. Als ich, nach der Mitteilung von seinem Tod in Gent, auf dem Brüsseler Flugplatz gelandet war, durchlebte ich beklommen den langen Weg, den mein Vater, mit seinen von Blutstockungen erschlafften Beinen, treppauf, treppab, durch Hallen und Korridore, hatte zurücklegen müssen. Es war Anfang März, ein klarer Himmel, ein scharfes Sonnenlicht, ein kalter Wind über Gent. Ich ging die Straße am Bahndamm entlang, auf das Hospital zu, in dessen Kapelle mein Vater aufgebahrt lag. Auf den Geleisen, hinter den kahlen, gestutzten Bäumen, rangierten die Güterzüge. Die Wagen rollten und klirrten oben auf dem Bahndamm, als ich vor der Kapelle stand, die einer Garage glich, und deren Türflügel mir eine Schwester öffnete. Darinnen lag, neben einem mit Blumen und Kränzen bedeckten Sarg, mein Vater auf einem tuchverhangenen Gestell, gekleidet in seinen schwarzen Anzug, der ihm zu weit geworden war, in schwarzen Socken, die Hände auf der Brust gefaltet, und im Arm das eingerahmte Foto meiner Mutter. Sein gemagertes Gesicht war entspannt, das kaum ergraute, dünne Haar lag in einer weichen Locke um seine Stirn, etwas Stolzes, Kühnes, das ich früher nie an ihm wahrgenommen hatte, prägte seine Züge. Vollendet waren seine Hände, mit den ebenmäßigen, bläulich schimmernden Muscheln der Fingernägel. Ich strich über die kalte, gelbliche, straffe Haut der Hand, während einige Schritte hinter mir die Schwester draußen in der Sonne wartete. Ich erinnerte mich an meinen Vater, so wie ich ihn zuletzt gesehen hatte, unter einer Decke auf dem Sofa im Wohnzimmer liegend, nach der Beerdigung meiner Mutter, sein Gesicht grau und undeutlich, von Tränen verwischt, sein Mund den Namen der Verstorbenen stammelnd und flüsternd. Ich stand gefroren, spürte den kalten Wind, hörte Pfiffe und Dampfstöße vom Bahndamm her, und vor mir war ein Leben völlig abgeschlossen, ein ungeheurer Aufwand von Energien zu Nichts zerflossen, vor mir lag der Leichnam eines Mannes in der Fremde, nicht mehr erreichbar, in einem Schuppen am Eisenbahndamm, und im Leben dieses Mannes hat es Kontorräume und Fabriken, viele Reisen und Hotelzimmer gegeben, im Leben dieses Mannes hatte es immer große Wohnungen, große Häuser gegeben, mit vielen Zimmern voller Möbel, es hat im Leben dieses Mannes immer die Frau gegeben, die ihn erwartete im gemeinsamen Heim, und es hat die Kinder im Leben dieses Mannes gegeben, die Kinder, denen er immer auswich, und mit denen er nie sprechen konnte, aber wenn er außer Hauses war konnte er vielleicht Zärtlichkeit für seine Kinder spüren, und Verlangen nach ihnen, und immer trug er ihre Bilder bei sich, und sicher betrachtete er diese abgegriffenen, zerknitterten Bilder abends im Hotelzimmer wenn er auf Reisen war, und sicher glaubte er, daß er bei seiner Rückkehr Vertrauen finden würde, doch wenn er zurückkam gab es immer nur Enttäuschung und die Unmöglichkeit gegenseitigen Verstehens. Es hat im Leben dieses Mannes ein unablässiges Mühen um die Erhaltung von Heim und Familie gegeben, unter Sorgen und Krankheiten hat er, gemeinsam mit seiner Frau, sich am Besitz des Heims festgeklammert, ohne je ein Glück unter diesem Besitz zu erfahren. Dieser Mann, der jetzt verloren vor mir lag, hatte nie davon abgelassen, an das Ideal des bestehenden Heims zu glauben, doch seinen Tod hatte er fern von diesem Heim, allein in einem Krankenzimmer, erlitten, und als er die Hand im letzten Atemzug zur Klingel ausstreckte war es vielleicht, um irgend etwas herbeizurufen, irgendeine Hilfe, irgendeine Erleichterung, angesichts der plötzlich aufsteigenden Kälte und Leere. Ich blickte in das Gesicht meines Vaters, ich lebte noch und bewahrte in mir das Wissen um die Existenz meines Vaters, sein Gesicht im Schatten wurde jetzt fremd, mit dem Ausdruck von Zufriedenheit lag er in seiner Entrücktheit, und irgendwo stand noch sein letztes großes Haus, über und über mit Teppichen, Möbeln, Topfgewächsen und Bildern gefüllt, ein Heim das nicht mehr atmete, ein Heim das er durch die Jahre der Emigration hindurch, durch ständige Übersiedelungen, Anpassungsschwierigkeiten und den Krieg hindurch, gerettet hatte. Später an diesem Tag wurde mein Vater in einen einfachen braunen Sarg, den ich bei der Begräbnisfirma gekauft hatte, gelegt, und die Schwester sorgte dafür, daß das Bild seiner Frau in seinem Arm stecken blieb, und zwei Dienstmänner trugen den Sarg, nachdem der Deckel festgeschraubt worden war, unterm unaufhörlichen Rollen und Scheppern der Güterzüge, zum Leichenwagen, dem ich in einem gemieteten Auto nachfuhr. Hier und da am Rand der Landstraße nach Brüssel zogen Bauern und Arbeiter, beleuchtet von der Nachmittagssonne, ihre Mütze vor dem schwarzen Wagen, in dem mein Vater zum letzten Mal durch ein fremdes Land reiste. Der Friedhof mit dem Krematorium lag auf einer Anhöhe außerhalb der Stadt, und die Grabsteine und kahlen Bäume waren von kaltem Wind umfahren. Im kreisrunden Saal der Andachtsstätte wurde der Sarg auf einen Sockel gestellt, ich stand daneben und wartete, und am Harmonium in einer Nische saß ein älterer Mann, mit dem Gesicht eines Trinkers, und spielte eine Psalmmelodie, und dann öffnete sich plötzlich im Mittelteil der Wand eine Schiebetür, und unmerklich hatte sich der Sockel mit dem Sarg in Bewegung gesetzt und glitt langsam, auf kaum sichtbaren, in den Boden eingelassenen Schienenstreifen, in die vierekkige, kahle Kammer hinter der Tür, die sich wieder lautlos schloß. Zwei Stunden später holte ich die Urne mit der Asche vom Leib meines Vaters ab. Ich trug den mit einem Kreuz gekrönten, nach oben zu sich erweiternden Kasten, in dem die Urne klapperte, an den befremdeten Blicken von Personal und Gästen vorüber, in mein Hotelzimmer, wo ich ihn zuerst auf den Tisch stellte, dann auf das Fensterbrett, dann auf den Fußboden, dann in den Schrank und schließlich in die Garderobe. Ich ging hinab in die Stadt, um mir in einem Warenhaus Papier und Schnur zu kaufen, verpackte dann den Kasten und verbrachte die Nacht im Hotel, mit den Überresten meines Vaters in der Garderobe versteckt. Am nächsten Tag traf ich im Elternhaus ein, wo mich meine Stiefbrüder und deren Frauen, mein Bruder und seine Frau, meine Schwester und ihr Mann zur Beerdigung, Testamentsvollstreckung und Verteilung des Inventars erwarteten. In den folgenden Tagen vollzog sich die endgültige Auflösung der Familie. Eine Schändung und Zerstampfung fand statt, voll von Untertönen des Neids und der Habgier, obgleich wir nach außen hin einen freundlich überlegenen Ton besten Einvernehmens zu wahren suchten. Auch für uns, obgleich wir uns längst davon entfernt hatten, besaßen alle diese angesammelten Dinge ihren Wert, und plötzlich war mit jedem Ding eine Fülle von Erinnerungen verbunden. Die Standuhr mit dem Sonnengesicht hatte in meine frühsten Träume hinein getickt, im Spiegel des riesigen Wäscheschranks hatte ich mich bei meinen nächtlichen Streifzügen im Mondlicht erblickt, in den Querleisten des Eßzimmertischs hatte ich Höhlen und Unterstände gebaut, hinter den mürben Samtgardinen hatte ich mich vor dem Fischer im Dunkeln verkrochen, und viele der Bücher in den breiten, hohen Regalen enthielten heimliche, verbotene Lektüre. Wir zogen und schoben an den Stühlen, Sofas und Tischen herum, gewaltsam brachen wir die Ordnung auseinander, die immer unangreifbar gewesen war, und bald glich das Haus einem Möbellager, und die Gegenstände, von der Hand unserer Mutter ein Leben lang gehütet und gepflegt, lagen in verschiedenen Zimmern zu fünf großen Haufen geschichtet, teils um übernommen, teils um verkauft zu werden. Die Teppiche waren zusammengerollt, die Bilder von den Wänden gehoben, die Gardinen von den Fenstern gerissen, die Schränke von Geschirr und Wäsche geleert, und die Frauen liefen auf und ab zwischen Dachboden und Keller, ergatterten hier noch eine Schürze, dort noch einen Kochlöffel, hier noch eine Schachtel mit zerschlissenen, verstaubten Schuhen, dort noch einen Kohleneimer, eine Gartenharke. Die Urnen von Vater und Mutter standen nebeneinander in der schwarzen, feuchten Erde des Friedhofs, und wir Geschwister hockten zwischen den Bruchstücken des zerstörten Heims, wir tranken die Flaschen aus dem Weinschrank des Vaters leer und brachen die Schreibtische auf, um Briefschaften und Dokumente zu sichten. Berge von Papieren wurden, auf Grund des testamentarischen Wunsches, zum Verbrennen aufgeschichtet, heimlich nahm ich einige vergilbte Blätter mit der Handschrift meines Vaters an mich, und ein paar Tagebücher mit den Notizen meiner Mutter. Die nackten Glühbirnen strahlten scharf in allen Zimmern und spiegelten sich in den schwarzen Fensterscheiben. Da war mir, als öffnete sich die Tür und meine Mutter erschiene, fassungslos in das geisterhafte Treiben ihrer Kinder starrend. In jedem von uns starb etwas in diesen Tagen, jetzt, nach der Plünderung, sahen wir, daß dieses Heim, aus dem wir ausgestoßen worden waren, doch eine Sicherheit für uns verkörpert hatte, und daß mit seinem Aufhören das letzte Symbol unserer Zusammengehörigkeit verschwand. In den tiefsten Schichten der Wandlungen, die dieses Heim durchlaufen hatte, lagen Räumlichkeiten, in denen ich aus mythologischem Dunkel zum ersten Bewußtsein erwachte. Ich stand im unteren Flur des Hauses und blickte abwechselnd durch eine der roten und eine der blauen Scheiben der Glastür in den Garten, wobei das Gesträuch, der Birnbaum, der Kiesweg, der Rasenplatz und die Laube einmal in feuriger Glut erschienen und dann wieder in unterseeischer Gedämpftheit. Ich war bei diesem Ausblick in meinen Grundzügen schon fertiggeformt, und nur wenn das Beobachtende und Kontrollierende in mir ermüdet und mein Bewußtsein den Halt verliert, steigen die Impulse aus der frühsten Epoche meines Lebens in mir auf, im Halbschlaf, im Traum, in Perioden des Niedergangs, erlebe ich wieder die Hilflosigkeit, das Ausgeliefertsein und die blinde Auflehnung aus jener Zeit, in der fremde Hände mich bändigten, kneteten und vergewaltigten. Als meine Mutter mir einmal erzählte, meine ersten Worte seien gewesen, was hab ich für ein schönes Leben, was hab ich für ein schönes Leben, hörte ich daraus den Klang von etwas Eingelerntem, Papageienhaftem, mit dem ich meine Umwelt unterhalten und verhöhnen wollte. Wie ein böser Geist war ich in dieses Heim gekommen, in einer Blechbüchse liegend, von meiner Mutter getragen, empfangen von wilden Kesselschlägen, vom beschwörenden Geschrei meiner Stiefbrüder. Am Rand eines Teichs hatte meine Mutter mich gefunden, zwischen Schilf und Störchen. Das erste Haus weist große blinde Flecken auf, ich kann den Weg durch dieses Haus nicht finden, ahne nur Stufen einer Treppe, ahne den Winkel eines Fußbodens, auf dem ich fertig abgegriffene, rotbraune Holzhäuschen aufbaue und grüne Schanzen, ahne einen kleinen Lastwagen, mit Modellkisten gefüllt, und der Gedanke an diese Kisten verursacht ein dickes, schweres Gefühl im Gaumen, ahne Briefmarken, die ich vor mir ausbreite, rosa und hellgrüne Briefmarken mit dem Gesicht eines Königs mit gezwirbeltem Schnurrbart, und meine älteren Brüder stürzen herbei und schreien, und die Mutter kommt und schreit und fegt die Briefmarken zusammen und wirft sie ins Ofenfeuer. Und da ist die Kante eines Kachelofens und die Lehne eines Sofas, und ich sitze auf der Lehne des Sofas und einer meiner Brüder kitzelt mich und ich falle rücklings an die Kante des Kachelofens und schlage mir ein Loch in den Kopf, und aus einer Flasche schüttet man eine Flüssigkeit in das Loch in meinem Kopf, und mein Kopf schäumt, und alle Weisheit rinnt aus meinem Kopf. Ich ahne einen Raum, der ist grün, der Fußboden grün, die Tapeten grün, die Gardinen grün, und ich sitze auf einem erhöhten Porzellangefäß von der Form einer Gitarre, und meine Mutter steht hinter mir und drückt ihren Zeigefinger tief in meinen Steiß oberhalb des Afters, und ich drücke, und sie drückt, und alles ist grün, und die Straße draußen ist grün, und die Straße heißt Grünenstraße. Die Straße im grünen Abendlicht war voll vom Rollen der hoch mit Fässern beladenen Wagen, die Hufe der schweren, zottigen Pferde schlugen Funken aus den Pflastersteinen, die Kutscher schnalzten mit der

Zunge, und ließen die Peitsche knallen, und von den Brauereien her schwelten die Wogen eines schweren, süßen Geruchs. Schmal und eingeklemmt zwischen Packhäusern und der Mauer eines Fabrikhofs lag unser hochgiebliges Haus, auf dessen Dachfirst ich mit dem Mond um die Wette ritt, und von dessen Schornstein ich mit einem Satz in den Himmel sprang. Einmal kam ein Mann über unser Dach geklettert, es waren Unruhen in den Straßen, und Schüsse krachten, und meine Brüder stürmten durch das Haus und riefen, jemand sei auf unser Dach geflohen, und von der Straße her warfen sich Männer in unser Haus, und die Männer hielten Gewehre in den Händen, und alle liefen in den Garten und ließen Taschenlampen aufflammen und schossen hinauf zum Dach, und vom Dach fiel der Getroffene zu den Männern im Garten hinab. Das Haus bleibt mir fremd, in seinem Innern finde ich mich nicht zurecht, doch den Garten nehme ich an mich, ich liege auf der Erde ausgestreckt unter den Büschen, fühle die trockene Erde unter den Händen, nehme die Erde in den Mund, lasse die Erde zwischen den Zähnen knirschen, befühle die weißen, runden Kieselsteine, nehme die Kieselsteine in den Mund, fühle ihre Rundheit und Sonnenwärme an der Zunge. Im Haus herrschte das Dumpfe, das Eingeschlossene, und meine Sinne waren gefangen. Hier draußen öffneten sich meine Sinne, und als ich in die Laube trat, trat ich in ein Reich das nur mir gehörte, mein selbstgewähltes Exil. Im schmalen Sonnenstreifen, der schräg durch das hochgelegene, von Efeu umspielte Fenster fiel, lenkte ich, zwischen aufgestapelten Gartenstühlen, Körben und Geräten mein Fahrzeug, den Leiterwagen, an der hochgestellten Deichsel, ich fuhr damit, schwamm damit, flog damit, vor mich hinsummend, vor mich hinmurmelnd. Dies ist wie ein Bild aus einem alten Märchenbuch, etwas Versunkenes steigt aus dem Bild auf, und etwas Erwartungsvolles. Das Abgeschiedene und Geheimnisvolle, das Verstecktsein mit mir selbst, mit meinen Spielen, das ist noch vorhanden und regt sich in dieser Stunde, es ist zu verspüren jedesmal wenn ich in meine Arbeit eindringe. Ich war mein eigener Herr, ich schuf mir selbst die Welt. Doch irgendwo lag die Vorahnung des Rufs, des Rufs der gleich erklingen, der über den Garten hin auf mich zurollen würde.

Irgendwo lag immer die Erwartung dieses Rufs, bis in den heutigen Tag dringt die Erwartung des Rufs vor, bis in den heutigen Tag dringt die Furcht, daß alles gleich zuende sein könne. Wenn es zum ersten Mal nach mir rief stellte ich mich taub, ich hielt den Ruf von mir ab, in meinem Alleinsein hatte ich meinen Namen vergessen, ich tat, als gälte der Ruf nicht mir. Doch dann wurde der Name wieder und wieder in mich hineingeworfen, bis er mich ganz ausfüllte, bis ich fast von ihm zerplatzte, und ich mußte antworten, mußte bekennen, daß der Name mich gefunden hatte. Ich versuchte oft, mich anders zu nennen, doch wenn der Ruf meines einzigen Namens auf mich zuflog, schreckte ich zusammen, wie eine Harpune schlug er in mich ein, ich konnte ihm nicht entgehen. Flüsternd rufe ich mich an mit meinem eigenen Namen, und erschrecke mich damit, es ist als käme der Name weit von außen her auf mich zu, aus der Zeit in der ich noch formlos war. Und dann fühle ich die rasende, ohnmächtige Wut, das Antoben gegen etwas Unangreifbares, gegen etwas unendlich Überlegenes, und dann wird mein Gestammel von einer unsichtbaren Hand erstickt. Da ist das Gesicht meiner Mutter. Ich flog zu diesem Gesicht empor, gehoben von ihren Armen, die alle Räume durchmessen konnten. Das Gesicht nahm mich auf und stieß mich von sich. Aus der großen, warmen Masse des Gesichts, mit den dunklen Augen, wurde plötzlich eine Wolfsfratze mit drohenden Zähnen. Aus den heißen, weißen Brüsten züngelten, wo eben noch tropfende Milchdrüsen waren, Schlangenköpfchen hervor. Früher als das Gesicht waren die Hände da. Sie packten mich, rissen mich in die Höhe, schüttelten mich, sprangen mir an die Ohren und ins Haar. Alles dröhnte und wogte um die Gestalt meiner Mutter. Ich versuchte, ihrer Gewalt zu entgehen, indem ich die Augen schloß und die Lippen über meine Stimme zusammenpreßte. Doch dann konnte ich es nicht länger ertragen, mußte die Augen aufreißen, mußte nach dem Gesicht der Mutter schreien, mußte bestätigt sehen, daß es noch da war. Um die Mutter war alles unbeständig, kochend, wirbelnd. Doch neben ihr stand Auguste, fest umrissen, mild und bleibend. Auguste war von Anfang an alt, uralt. In ihrem schwarzen, eng geschnürten Kleid, ihren von Spülwasser aufgeweichten, rötlich verschwollenen Händen, stand Auguste deutlich im Raum, und alle Dinge in ihrer Nähe gewannen an Leuchtkraft. In der Mutter herrschte das Wilde und Unbändige, in Auguste das Duldende, Demütige. Wenn die Mutter auf sie einschrie beugte Auguste sich tief über die weiße Kartoffelschüssel mit dem blauen Rand, und die Kartoffelschalen ringelten sich über ihre Hände. Wenn die Mutter genug gewütet hatte, schlug Auguste sich selbst zur Strafe ins Gesicht, oder hieb mit einem Kleiderbügel auf ihren eigenen Körper ein. Die Mutter verschwand, aber Auguste blieb da, mit Tränen in den Augen blickte sie mich an, sie streichelte meine Hände, als sei ich es, der getröstet werden müsse, und aus der Schublade des Küchentischs nahm sie einen Teller der Nachspeise, den sie von der Mahlzeit her für mich aufbewahrt hatte. An Augustes Hand ging ich hinaus auf die Straße. Die Entdeckung der Stadt ist verbunden mit dem Druck von Augustes Hand. Vor mir steigen die Straßen auf, mit ihren knirschenden, eisenbeschlagenen Rädern, mit ihrem Dunst von Teer und Malz und feuchtem Staub, mit ihren Packhäusern, an deren Fassaden die Ketten der Hebebäume rasseln, und in deren Lasträumen zwischen Kisten und Säcken Gestalten sich im ungewissen Licht bewegen. Immer tiefer drangen wir ein in die Gassen, Arkaden und verborgenen Plätze, vorbei an rußgeschwärzten, zerschorften, bekritzelten Mauerwänden, bis wir durch Torgewölbe und hinab über ausgetretene Treppen an die Deichanlagen und in den Hafen gerieten, wo die Maste der Schiffe vor dem rauchigen Himmel standen, wo die Wasserreflexe auf den Bordwänden flimmerten, wo schwarze und gelbe Gesichter sich aus den runden Luken streckten und fremdartige Worte riefen, wo die Wimpel an den straffen Takelagen flatterten und die Lastkräne kreischend ihre langen Hälse drehten. In meinen Träumen tauchten zuweilen Bilder aus diesen Wanderungen auf, erstmalige Eindrücke, die ihre gläserne Durchsichtigkeit und Schärfe bewahrt haben, sie zeigen Standorte, oft ohne erkennbares Ereignis, reglos und verschwiegen, an denen ich plötzlich meine eigene Existenz empfunden hatte. Da ist eine breite, sandige Allee, die Häuser zu den Seiten liegen weit zurückgeschoben, mit steilen Stufen die zu den Türen emporführen, und im Sand sind Spuren von Rädern, vielleicht ist eben ein Wagen vorbeigefahren, jetzt aber liegt die Allee still und leer, und brütet in der Mittagswärme, und ist erfüllt vom Bedeutungsvollen und Einzigartigen meines Daseins. Da ist eine Straße, die sich von einer Anhöhe herabsenkt, es ist gegen Abend, die Farben leuchten aus der rosaschimmernden Dämmerung hervor, ich schwebe die Straße hinab, mit hohen, weiten Sprüngen, und die Schaufenster der Läden gleiten vorüber, ihr Halbdunkel mit Schätzen angefüllt. Hinter den rötlich glänzenden Scheiben erkenne ich geschnitzte Göttergestalten und kunstvolle Schiffsmodelle, Schreine mit ziselierten silbernen Schlössern, Kästchen und Muscheln und Perlen besetzt, seidene Tücher mit feuerspeienden Drachen, lackierte Fächer, goldrote Vogelfedern und tiefblaue Schmetterlinge, gewellte Dolche mit Elfenbeingriffen, rostige Seeräubergewehre, nagelbeschlagene Gurte und Schaftstiefel mit Sporen, einen weißen Schwan mit hochaufgerecktem Hals, einen Pferdekopf mit wehender Mähne, einen nackten schwarzen Frauenleib, Perlenketten, Armreifen, Sägefische, Alligatoren und Affen, und in der Tiefe einer Werkstatt, zwischen seinem Lederzeug, Meister Stahlhut am Amboß, Nägel im Mund, mit dem Hammer auf die Schuhsohle schlagend, sein warziges Gesicht beleuchtet vom Schein der Kristallkugel. Ich stand mit Auguste am Ufer des Flusses, ein Schleppzug fuhr vorüber, flatternde Wäsche auf einem der Kähne, und ein kleiner, weißer, bellender Hund, und aus ihrer Handtasche, aus brüchigem, schwarzem Leder, nahm Auguste ein Stück Schokolade und steckte es mir in den Mund, es schmeckte seifig nach dem Innern der Tasche. In einem Tunnel standen wir, und über uns rollte die Eisenbahn, und an der feuchten Wölbung der Wand klebten vergilbte, von Blasen aufgetriebene Anschläge, die Auguste murmelnd entzifferte. Von allen Seiten betrachteten wir den steinernen Riesen auf dem Marktplatz und fragten uns nach der Bedeutung des Zwerges, dessen Kopf und Arme zertreten zwischen den Füßen des Riesen lagen. Die Mutter wußte alles, konnte alles, bestimmte alles, Auguste wußte nie mehr als ich, alles sahen wir mit dem gleichen Erstaunen. Wir versuchten, einander die wasserspeienden Schlangen an den Dachrinnen zu erklären, die Gestalten der Heiligen an der

Domfassade, die Inschriften in den Portalen und die Könige und Ritter auf ihren grünfleckigen Pferden, wir suchten und tasteten uns durch die Passagen und klobig überbauten Höfe, wir sahen die Tauben um die Türme fliegen und folgten den marschierenden Soldaten zum Takt der blitzenden, schmetternden Instrumente. Einmal gerieten wir in eine Menschenmenge, die sich auf einem Platz angesammelt hatte. Alle Menschen blickten zu einem großen Haus empor, an dessen Mauer hoch oben ein Mann kletterte. Jemand äußerte das Wort, Fassadenkletterer. Ich fragte Auguste, was das sei, Fassadenkletterer. Sie wußte es nicht. Mir aber schien es eine Art von Beruf zu sein, eine seltene und überaus schwierige Aufgabe, der man sein ganzes Leben widmen mußte. Ich fühlte, wie mir der Schweiß in den Handflächen ausbrach, ich fühlte Schwäche im Magen und in den Kniekehlen, und einen Kitzel in den Fußsohlen, und ich wußte, daß dies alles dazugehörte, ich verstand, daß die Furcht der eigentliche Anlaß zu dieser Leistung war, daß man mit der Anspannung des Kletterns die Furcht überwinden wollte. Die Begegnung mit dem Fassadenkletterer weckte in mir die Vorahnung einer Berufung, es war als blickte ich in meine eigene Zukunft hinein als ich atemlos, mit verkrampften Fingern und Zehen, den Bewegungen des Mannes an der Mauer folgte. In diesem Augenblick, unter dem klaren blauen Himmel, aus dem es hell und blechern von einem Flugzeug surrte, wurde der Grund gelegt zur Sehnsucht nach einer selbständigen Leistung. Und da war ich schon verstrickt ins Dasein, war schon mitten drinnen in der Masse des Lebens und trieb auf das Dudeln und Brausen des Jahrmarkts zu, in wachsendem Gedränge, der Boden war weich von Konfetti und Papierschlangen, in Buden wurden heiße Würstchen, Brezeln und gesponnener Honig ausgeboten, Trompetenstöße, Schüsse und Orgelläufe wurden immer greller, Ellbogen stießen mich, Füße streiften mich, und dann war alles eine einzige kreiselnde Bewegung von Leibern, ein einziges Johlen und Brodeln von Stimmen, und ich gehörte dazu, trieb umher zwischen den Gesichtern, Hüten und Armen, zwischen den schwankenden Trauben bunter Ballons, zwischen den großen, knatternden Fahnen, zwischen den wunderbar bemalten schnurrenden Karussellen, und auf die heisere

Frage aus dem Kaspertheater, Seid ihr alle da, antwortete ich Ja im Chor unzähliger Stimmen, und als Kasper mit seiner Keule auf den Polizisten einhieb, schrie ich mit im kollektiven Gelächter, und ich sah die Schlangenbeschwörerin auf der Estrade, in ihrem Trikot aus schwarzen schillernden Schuppen, und den größten Mann der Welt, und den Zauberkünstler dem Tauben aus dem Frack flogen, und alles war flüchtig, und alles kam wieder in veränderter Form, und die Zeltbahnen wogten und flüsterten geheimnisvoll im Wind, und die Masken in den Schießbuden rissen die Mäuler auf, und auf schwarzen Samtkissen lagen goldene Orden, und über dem rotierenden Karussell hingen klappernde Ringe, die man während der Fahrt zu durchstechen suchte, und in einem Miniaturbergwerk hackten ruckhaft kleine Gestalten gegen Stollenwände, und Karren, von steifbeinigen Pferden gezogen, rückten auf Schienen heran, und Schaufeln hoben sich über die Karren, und weiter rückten die Karren, und Körbe senkten sich durch Schächte hinab, und Karren neigten sich über die Körbe, und auf stiegen die Körbe und schwenkten sich über vorrückende Züge, und alles rüttelte und ruckte, bis das Werk plötzlich verstummte, und alles hielt inne mitten in einer Bewegung, Arme verharrten in der Luft mit hocherhobener Hacke, Pferde erstarrten, Körbe blieben hängen im Schacht, bis mit einem Ruck alles weiterging, alles weiterruckte, alles weiterzuckte, alles weiterhoppelte, alles weiterzottelte, alles weiterhackte, alles weiterknackte. Und auf einem Feldstuhl daneben saß ein Alter mit weißem Bart und breitrandigem Schlapphut, starr und versunken lehnte er an seinem mechanischen Kasten, taub für alle Fragen die man an ihn richtete. Im Gewirr von Balkengerüsten stieg ich in einem kleinen Wagen auf, und die bunte Brandung des Lebens schlug hinter mir zurück, immer mehr entfernte ich mich von dem Gedröhne und Getriebe, bis nur noch das Rollen der kleinen, stämmigen Räder auf den Schienen zu hören war, und höher und höher geriet ich, bis die Kuppel erreicht war, von der aus ich den ganzen Jahrmarkt und die Stadt weithin überblicken konnte. Nur einen kurzen Augenblick hielt sich der Wagen in der Schwebe, ehe er in die Tiefe kippte, doch dieser Augenblick genügte, um mich ein ekstatisches Gefühl von Freiheit erleben zu lassen. Da lag das Meer der Dächer mit den rauchenden Schornsteinen, da lag das glitzernde Wasser des Flusses, da lagen die Schiffe im Hafen, die Frachtboote und die großen Passagierdampfer, da lagen die Docks und die Werften, da wölbten sich die Brücken mit den dampfenden Zügen, und auf den Türmen leuchtete das hellgrüne Kupfer und blitzten die goldenen Wetterfahnen. Dann kam der Sturz, durch immer neue Gefälle, durch atemraubende Kurven, bis zur letzten Kluft mit dem Becken, dessen Wasser um den hineinschießenden Wagen aufsprühte. Wenn es Abend wurde trieb ich im Festzug durch die Straßen mit, schwamm langsam mit im Strom der Menge die Allee hinab, sah über mir das Laubwerk der Bäume herbstgelb zurückgleiten, fühlte den Wind auf der schweißfeuchten Stirn, hielt vor mir in der erhobenen Hand den Stab mit dem Lampion in dem die Kerze brannte, und sang das Lied mit, das immer wieder in Wogen vor mir und hinter mir aufstieg, Laterne Laterne Sonne Mond und Sterne. Und unter der Circuskuppel, von Trapez zu Trapez schleuderte sich ein Luftwesen, überschlug sich, stieß schrille, tollkühne Rufe aus, kam aus der Höhe auf mich herabgeflogen, mit ausgebreiteten Armen, steil wehendem schwarzen Schopf, nah vor mir fing sie sich wieder auf und riß sich empor, ein Windzug, erfüllt von eigentümlich betäubendem Duft, sauste über mich hin. Ihr verzücktes Lächeln in ihrem gelbbraunen, schrägäugigen Gesicht, ihr geller Vogelschrei brannte sich für immer in mich ein. Bald, bald würde ich ihr nachreisen, würde mit ihr kreuz und quer die Circuskuppel durchfliegen, bald, bald, nur noch kurze Zeit, ich gehöre dir, muß nur erst lesen und schreiben lernen, muß nur schnell durch die Schuljahre hindurch, bald, bald bin ich bei dir, und sehe dein verzücktes Lächeln wieder, und höre deinen wilden Ruf.

Der große Traum des Briefträgers Cheval*

Die unbestimmbare, beim ersten Anblick unförmliche Masse unten in dem am Abhang liegenden Garten. Ein aufgetürmter Termitenbau, wie aus Sekreten zusammengeleimt. Steine, Muscheln, Wurzeln, Moose. Übergossen mit grauem Teig, zerknetet, zerwühlt, überall das Gefühl der Hand, die diese Brocken zusammengefügt hat, Brocken wie mit Speichel getränkt. Man umfaßt erst dies Ganze, dieses verworrene Gebilde, ahnt erst die heimliche Ordnung die die Bewegungen der Hand leitet. Der Blick tastet über die verschlungenen Formen, entdeckt Gesichter, Gestalten, Glieder, Tiere, doch zuerst nur als Andeutungen. Die Grundmasse des Traums. Die erste Begegnung. Hier entsteht etwas. Eine Welt von Gedanken. Ein Murmeln, ein Selbstgespräch mit Traumstimme. Worte. Traumworte, eingeritzt in das Fließende, Worte, kaum deutbar, zersprungen, zerfasert. Die Wirklichkeit eines Ich ist im Entstehen begriffen. Mein Ich, das ist meine Imagination. Ich träume. Aus Impulsen, Gedanken, errichte ich Formen. Alles verschlungen, verworren, überladen mit Eindrücken aus der Tageswelt. Abbildungen aus alten, zerfledderten Zeitschriften, orientalische Architekturen, indische, balinesische Tempel, präkolumbianische Skulpturen, afrikanische Dschungel. Doch diese Bilder verlieren sich schon, es bleibt nur der Bautrieb innen in meinem Traum, es bleibt nur der Trieb des Schmückens, des Umschmelzens. Kunstgeschichte, Geographie, Etnographie werden schon zu leeren Begriffen. Dies hier ist meine eigene, innerste Welt. Ein Dorf im Süden Frankreichs. Ein Landbriefträger. Alles was außen ist gerät in Vergessenheit. Nur der Traum besteht. Nur seinem Traum hält er die Treue. Und hier seine absolute Sicherheit. Nur die innere Stimme. Das lebendige Innere. Die Windungen des Gehirns. Die Gedärme. Das Herz. Die Lungen. Das At-

* Der Landbriefträger Ferdinand Cheval, geboren 1836, gestorben 1924, in Hauterives, Dôme, Südfrankreich. Sein Bauwerk begann er 1879 und er beendete es 1922. Die letzten Jahre seines Lebens verbrachte er damit, sich ein Grabmal auf dem Friedhof von Hauterives zu erbauen. Auch dieses Grabmal hat denselben traumassoziativen Stil wie sein Hauptwerk.

men. Das Strömen. Der Puls. Der Organismus mit seinen Regungen. Das Geschlecht. Das Suchen nach weichen Gliedern, daran zu tasten, sie zu liebkosen. Brüste, Hüften, Schöße. Sich an sie zu schmiegen, sich in sie hineinzudrängen. Die innere Welt, ich liefere mich ihr aus. Jetzt bin ich in ihr, sie umschließt mich. Hier bin ich durch irgendein Tor, irgendeine Öffnung hineingeraten, in das Innere der Gedanken, in das Innere der Impulse. Überall drehen, senken sich die Formen, steigen an, breiten sich aus, werden zu Ornamenten, Gewächsen, Früchten, haben Augen, strecken Glieder aus, schieben sich vor, ziehen mich tiefer hinein in Gänge, Schächte, Alkoven, Erinnerungen noch an Tropfsteinhöhlen, Gartengrotten, etruskische Grabmäler, Aquarien, und dann alles verwandelt zu einem Einmaligen, Unvergleichbaren. Ich bin im Innern eines Traums. Verstehe die Sprache dieses Traums. Verstehe die Formeln, die Symbole, die Hieroglyphen dieses Traums. Jede kleinste Einzelheit hat ihren Sinn. In jeder kleinsten Einzelheit drückt sich das Einmalige dieses Lebens aus. Wurzeln und Fasern, Verwurzelung mit Ursprung, Geburt. Frühste Kindheit mit Gnomen, Feen, sonderbaren Kühen, Kälbern, Hasen, Fischen, Vögeln. Steinbrocken, Formbrocken, immer nur an etwas erinnernd, an Gestalten, Wesen. Oder Gestalten, Wesen, schon wieder verschwimmend in den Brocken. Alles von innen nach außen gestülpt, von außen nach innen gestülpt. Die Proportionen dieses Gebildes unübersichtlich. Überall Einblicke. Plötzliche Sammelplätze phantastischer Erscheinungen, Anhäufungen von Traummaterial, Ideenherde, ein Getümmel von mikrokosmischen Zusammenfügungen. Formbrocken aneinandergereiht in seriellen Variationen. Das Thema eines Gesichts oder eines Körperteils immer wieder verwandelt, übereinandergelagert, eingenistet in Nischen, chinesischen Schreinen, Bekken, Galerien. Gruppen von Brocken auf altargleichen Vorsprüngen geordnet. Heiligtümer. Alles ist wertvoll, dient einer Anbetung. Einer Anbetung des Lebensstroms. In diesen Ansammlungen runder, verschliffener Steine saugt der Blick sich fest, sucht nach Gestaltungen, findet die immerwährenden Abwandlungen. Schmelztiegel eines schöpferischen Prozesses, Sammelpunkte konzentrierter Augenblicke in denen man den unendlichen Reichtum innerer Motive empfindet. Und dann, mit einer Wendung des Blicks, die Begegnung mit großen Figuren. Da stehen sie wartend, lauschend, die Gesichter starr, schwer, zeitlos. Tief drinnen im Gewirr der Gedankenbänder, an das Dunkle, Ungeformte gelehnt, oder daraus hervortretend, oder in das Geröll hineingegraben. Dumpfe, vereinfachte Profillinien. Eine Hand erhoben zur Schulterhöhe, zu einem Gruß, oder um Einhalt zu gebieten, oder um sich festzuhalten, oder um sich abzustoßen im erstarrten Augenblick dieser Zusammenballung dieser Gefühle in diesem träumenden Leib dieses Briefträgers. Alles geschieht in seinem Innern. Er ist in sich drinnen, er träumt und er baut das Geträumte. Die Gestalten seines geheimen Lebens. Der primitive Mann, der Steinzeitmann mit seinen Beschwörungen. Er errichtet diese Reliefs, diese Skulpturen, um den Augenblick seines Lebens festzuhalten, den Augenblick zwischen Geburt und Tod. Sein Material Sand, Staub, Steinbrocken, mit Lebenssaft vermengt. Seine Hände wühlend im Lehm. Seine murmelnde Stimme, dichtend in dunklen Versen. *Sur cette terre comme l'ombre nous passons.* Ritzt mit der Hand das Gedichtete in die Verdichtungen, und überwindet hier sein schattenhaft kurzes Leben, hebt es aus Ursprung und Vergehen hinaus und überliefert es der Natur, läßt es als monströses Gebilde im Garten der Welt liegen, der allmählichen Verwitterung unter größeren Zeitläufen ausgesetzt. Die zehntausend Tage, die dreiundneunzigtausend Stunden dieses Traums sind zu einem einzigen Augenblick geronnen, zu einem Augenblick, der ein ganzes Lebenswerk in Erscheinung treten läßt. In unbeirrter Folgerichtigkeit gräbt, wühlt, schaufelt, mauert er an seinen Visionen, festigt sie mit seinem plasmaartigen Arbeitsmaterial, kratzt, schabt, schleift an ihnen in unermüdlicher Hingabe. Das gestrichelte Linienspiel seiner Fingernägel, seines Messers, seines Spachtels an den erschaffenen Figuren. Abdrücke seiner Hände im getrockneten Lehm. Vertiefungen vom Druck seiner Daumen. Die Ausdauer beim Nachzeichnen und Nachkneten dieses Traums, den er träumt, kommt aus Quellen, die tief unter seinem individuellen Dasein liegen. Er ist wirksam, wie sein Traum wirksam ist. Er wächst mit seinem Traum. Er berechnet nicht. Seine Vernunft ist ausgeschaltet, er folgt nur der Stimme, die tief in ihm wuchert, und was diese Stimme ihm einflüstert, ist ihm einzig gültige Wahrheit. Das Flüstern der Traumkraft ist zu hören zwischen diesen kühlen, zerschorften, bröckelnden Steinwänden, es ist ein Flüstern in allen Sprachen, ägyptisch, babylonisch, indisch, provenzalisch, und viele, die später hier eintraten, ließen etwas von ihren Stimmen hier, und sie gaben etwas von sich diesem Traum hinzu, das wertvollste was sie geben konnten, ihren Namen. Im blinden Drang, sich mit diesem Traum zu verschmelzen, haben sie ihr Ich mit den Zeichen ihrer Namen in die Texturen der versponnen Ebenen eingepflanzt, überall ist das Traummaterial bereichert worden mit den geritzten, geschriebenen, gemalten Namen der Eingetretenen. Die Bildwände, die Leiber der Göttinnen und Dämonen, die Köpfe und Bäuche der Tiere sind überwoben mit Schriftzeichen und Daten, und dieses Linienspiel ergänzt und bestätigt das Entstandene. Diese Wirrnis von ineinander hineingreifenden, einander unlesbar machenden, einander auslöschenden Namen gibt dem Material seine Vollendung. Dieses Werk ist ein Stück Natur, es wächst ohne Zweck, nur weil es lebt und wachsen muß. Es entfaltet sich blütenhaft, verzweigt sich, schlägt neue Triebe. Seine Schönheit ist unbewußt und schmeichelt niemandem. Die Masse dieses Werks ist ganz in sich geschlossen. Schweigend und schwer liegt sie in der Tiefe des Gartens. Wächst auf als Formation zwischen Gebüsch und Bäumen in ihrem erdigen, sandigen, steinernen Wachstum, verwandt dem Geröll, dem Gezweig ringsum. Das Naturhafte, die Verwandtschaft der einzelnen Formen mit dem unbearbeiteten Stein ist überall bewahrt. Was an körperlichen Wesen im Reichtum der Strukturen hervortritt, weist auf seine Abhängigkeit vom rohen Bruchstück hin. Aus dem Stein ist nur hervorgehoben, was schon im Stein war. Oder der Stein ist belassen in seiner embryonalen Rundung, aus der alles werden kann. Alles ist nur Unterlage für die fließende Phantasie, will immer wieder neue Deutungen aufkommen lassen. Aus Flecken entstehen Gesichter, in den Schatten glaubt man Gestalten, Zeichen zu erkennen, die sich gleich wieder verlieren. So hat er das Material zu seinem Bau gesammelt, auf seinen Wegen als Landbriefträger, dreiunddreißig Jahre lang, die Steine, die Lavastücke, die Fossilien, die Felsbrocken, mit ihren ausgewaschenen Rändern, Adern, Schichtansätzen, Vertiefungen, Löchern, Buckeln, hat sie aufgehoben, betrachtet, Anregungen in ihnen gefunden, hat sie in seine lederne Tasche gelegt, zu den Briefen, schwer an ihnen getragen, hatte seinen Blick ständig über den Boden gleiten lassen, auf seiner einzigen Suche. Seine Augen, ständig zur Erde gesenkt, zusammengekniffen, spähend, wachsam. Seine Gegenwart im Innern dieses Gebildes so stark, weil dies Gebilde kein Kunstwerk ist, sondern nur Ausdruck einer Seele. Seelenlabyrinth, Gefühls-, Gedankengrube. Man wird nicht vor ein Kunstwerk gestellt, um es zu betrachten, um es zu beurteilen, sondern man gelangt tief in das Phantasieinnere eines Menschen hinein. Andere tragen diesen Traum, der ein Leben lang dauert, in die Irrenhäuser, versinken dort in der Dumpfheit ihrer Einkerkerung, diesem Briefträger aber gelang es, seinen Traum zu materialisieren und damit sein Leben zu retten. Alle seine analen, obszönen Regungen sind in diesem Traum enthalten. In diesem Traum ist das Innere der Gedärme zu spüren, er wühlt in Kotmassen, knetet an den schweren Trauben des Kots, alles fließt von Kot, windet sich, schlängelt sich, erhärtet sich schließlich zu trächtigen Säulen, Böschungen, Spiralen, Gehängen. Und daraus hervor stoßen sich die großen Phalluspilze, gebogen, aufragend, geil. Und in langen Reihen die Weiberbrüste, geschwollen, lockend, mit zärtlich gezwirbelten Spitzen. Und eingekerbt in den weichen Brei des Grundmaterials die Spalten der Schöße, mit aufgewölbten Lippen, die Schöße aller Erdgöttinnen, furchtbar fruchtbar, umzingelt von gehörnten Tierköpfen. Es ist aber alles in Verwandlung begriffen. Was eben noch als Impuls aus Gedärm und Eingeweide aufstieg und seine Form diesem Gedärm und Eingeweide entnahm, entwikkelt sich schon weiter in märchenhaften Variationen. Was eben noch als Exkrement quoll, steht jetzt da als Architektur eines Zauberreichs. Du befindest dich im Innern des Körpers, innen in den Zellen und Geweben, vor deinem Blick öffnen sich Kreuzgänge, Pfeilerhallen, Treppengerüste, Kammern und Abstiege, wie man sie in einer mikroskopischen Erscheinungswelt wiederfinden kann. Neben den Nischen, die mit den Schätzen gesammelter Steinchen gefüllt sind, und um die sich die Schleier von Spinnweben legen, als ähnlich vollendeter Bestandteil wie das geschriebene Netz der Namenszeichen, befinden sich in einer Höhlung die Werkzeuge des Träumenden, ein verkrusteter Blecheimer auf einem Wandbrett, zwei verkrustete, von Metallringen zusammengehaltene Holzkrüge, eine verkrustete Schaufel und ein verkrusteter Schubkarren, die Stangenknäufe abgegriffen von seinen Händen. Staub grau lagernd über allem, Staub von Lehm, Sand, Stein. Höre ihn atmen, murmeln, höre ihn seine Sprüche sprechen. Versuche, die Texte zu entziffern, Texte, durchdrungen von Worten, die von draußen, von seiner Außenwelt her, in ihn eingedrungen sind, Worte, die plötzlich verdeutlichen, daß dieser Mann Bürger eines französischen Dorfes war, daß es draußen, in den Außenschichten seines Lebens Begriffe wie Gottesfurcht, Vaterlandsliebe, Pflichterfüllung für ihn gab. Das Widerspruchsvolle solcher Inskriptionen gehört mit in diesen Traum hinein. Er, ein Mann, der treu sein Amt ausführt, der ein wichtiges Verbindungsglied zwischen den Menschen ist und ihre Briefe zwischen ihnen hin und herträgt, bückt sich überall auf seinen Wegen, um Bruchstücke der Erde mit in seine Ledertasche zu legen. Er, verheiratet, fest ansässig in einem Dorf, zugehörig einer Nation, kramt diese Bruchstücke der Erde bei sich zuhause aus, zum Leidwesen seiner Frau. Er ist besessen von seinem Traum, er lebt völlig in seinem Traum, nach außen hin aber will er diesem Traum eine Nützlichkeit geben, er schreibt in die Fassade, daß er mit diesem Bau die Ausdauer und Tüchtigkeit eines Landmannes beweisen will, seht nur, Jahrzehnte arbeite ich, einziger Mann, an diesem Monument. An diesem Monument zur Verherrlichung der Natur. Oder zur Verherrlichung einer pantheistischen Idee. In den Augen seiner Nachbarn ist er ein harmloser Verrückter, man hat sich an ihn gewöhnt, er mauert da unten an seiner Gartengrotte, als Kind hat man ihn schon da schaufeln, schaben und schleifen gesehen, als Erwachsener sieht man ihn immer noch schaufeln, schaben und schleifen, neue Generationen sehen den Alten da unten, zwischen dem Gebüsch, den Birnenbäumen, schaufeln, schaben und schleifen. Die Hartnäkkigkeit, in der er in seinem Werk lebt, die absolute Notwendigkeit der Schöpfung dieses Werks, weiß er sich nicht anders zu erklären als mit Vernunftsgründen. Er ist so bescheiden, so sehr gebunden an die Vorstellungen einer praktischen, ökonomisch gesinnten Dorfwelt, daß er den Fleiß als einzigen Ausdruck seines Genies rechnet. Die Tatsache, daß er dreiunddreißig Jahre lang am Bau ist, ist ihm genug. Dies tröstet ihn. Er will sich nicht rechtfertigen als Künstler. Seinen Nachbarn, die ihn verlachen, hält er nur seinen Bauernfleiß vor, in Gestalt der Texttafeln, zum Sprechen ist er zu scheu geworden, kennt nur noch sein murmelndes Selbstgespräch. *Heureux l'homme libre brave et travailleur. Le rêve d'un Paysan.* Die Größe dieses Baus wird einem erst bewußt, wenn man, aus dem Gang mit dem kleinen grau verstaubten Karren kommend, nach draußen tritt, und den Blick empor und zu den Steinen wendet. Man war im Unübersichtlichen, in der Traumtiefe, man hatte sich umhergetastet zwischen Säulen, Andachtsstätten, Opferplätzen, Turmgewinden, Höhlungen, Nestern, man hatte sich bewegt in den Abgründen eines Tierdaseins, einer Vorgeschichte der Menschheit, nun sieht man die Hüllen eines mächtigen, wuchtigen Organismus aufragen. Als man sich diesem Organismus zum erstenmal näherte, als man ihn da in der Tiefe des Gartens liegen sah, konnte man ihn noch gar nicht fassen. Man konnte ihn mit nichts vergleichen, fand nur entfernte Ähnlichkeiten mit Sandburgen, spielzeughaften Grotten, verschrobenen Lustschlößchen, hatte keinen Begriff von seinem Inhalt, seiner wirklichen Ausdehnung, er schien fast klein unter den hoch ihn überragenden Tannen. So wie der Baumeister in seinen Tafeln seinen Fleiß erwähnt, so mißt er auch sein Werk mit äußeren Maßstäben, er macht uns darauf aufmerksam, daß die östliche Fassade sechsundzwanzig Meter lang, die nördliche Fassade vierzehn Meter lang, die südliche Fassade zehn Meter lang, die Höhe variierend zwischen acht bis zehn Metern. Doch diese Maße besagen nichts vor dem wuchernden Reichtum jedes kleinen Stückes und vor der Auflösung des Außen und Innen; was er Fassade nennt, ist kaum zu finden, alles dreht und windet sich hinein in Öffnungen, die in die Tiefe führen. Was einem drinnen begegnet, ist hier draußen schon eingelassen in Nischen, Gewölbe und Säulenhintergründe, vorbereitende Tagesreste in der Form von Miniaturbauwerken, Tieren und menschlichen Gestalten, die kleinen Figuren wie Abdrücke flüchtiger Begegnungen, jemanden den man beim Vorübergehen in einer Tür stehen oder aus einem Fenster blicken sah, mit undeutlichem, verwischtem Gesicht. Wieder das Widerspruchsvolle, das eigentümlich Blinde in der Einstellung dieses Baumeisters. Ein Bauwerk von sechsundzwanzig Meter Länge, das kann doch jeder aufführen, in einer Zeit kürzer als dreiunddreißig Jahre. Er weiß nicht, was das für ein ungeheures Werk ist, das unter seinen Händen aufwächst, er hat keine Erklärungen, und vielleicht ist es wahr, wie es die Nachbarn glauben, daß dieser Schöpfungsprozeß nur Ausdruck ist für eine Geisteskrankheit, und er will sich verteidigen, es sind jedenfalls sechsundzwanzig Meter, und für ihn sind diese sechsundzwanzig Meter eine Riesenhaftigkeit, weil jeder Meter Hunderte von Metern feinster Umringungen enthält, darüber kann er aber nichts aussagen, er ist nicht Künstler, er ist nur Träumender, und ein Träumender kann, innen, in seinem Traum, seinen Traum nicht erklären. Tempel der Natur, Grotte der Feen nennt er sein Werk, und jetzt verlieren sich schon wieder die Ansprüche, die sich an die Vernunft, die äußeren Normen halten wollen, er spürt nur die innere Stimme, deren Folgerichtigkeit mit keinen logischen Worten erklärt werden kann, er spürt, um was es bei diesem Bau geht, er spürt das unaufhörliche Pochen einer Idee die gestaltet werden muß, er spürt das Netz innerer Zusammenhänge, seine ganze Schöpfung webt er aus diesen inneren Zusammenhängen hervor, ohne Anspannung, mit der schlafwandlerischen Sicherheit eines Mediums. Er ist dreiundvierzig Jahre alt, als er mit dem Bau beginnt, und er weiß, warum er plötzlich beginnen muß, in der Reife seines Lebens, dieser Augenblick des Wissens, dieser Augenblick der Eingebung, dieser Stoß, so stark, so einfach, so überzeugend, er geht auf seinem alltäglichen Weg und stolpert, er stolpert über einen Stein, ein Stein hat sich ihm in den Weg gelegt, er bückt sich, betrachtet diesen Stein, er hebt den Stein auf, dreht und wendet ihn, der Stein ist von sonderbarer, bizarrer Form, körperhaft, maskenhaft, fratzenhaft, ein Stück Skulptur, von Wasser und Wind und von den Bewegungen der Erde gemeißelt, ein Stück Schmuck, ein Geschenk, und die Auffindung dieses Steins ist die Auffindung eines alten Traums, jetzt ist er da, der Traum, klar und erreichbar, nachdem er lange in Vergessenheit geraten war, wie hatte er ihn nur vergessen können, den Traum, den er einmal in seiner Jugend träumte, diesen leuchtenden Traum vom Feenpalast, diesen Traum, der ihn auf Jahre hin verfolgte, diesen Traum, dessen Formenpracht sich in ihn eingeätzt hatte, diesen Traum von dem wunderbaren, unerreichbaren Bauwerk, und jetzt mit einem Mal weiß er, er kann dieses Bauwerk nach seinem einzigartigen Vorbild errichten, er weiß, es wird ihm gelingen, er weiß, er wird den Rest seines Lebens diesem Bau widmen. Verzaubert trägt er diesen ersten Stein zum Palast seines Traums mit sich. Ich weiß nichts über das Leben dieses Mannes, doch seine kurzen Bemerkungen über den Unwillen seiner Frau angesichts der herbeigeschleppten Steine deuten auf eine Entfremdung hin, vielleicht befand er sich in der Krise der Lebensmitte, war vielleicht auch etwas sonderlich, war grüblerisch und vereinsamt geworden auf seinen langen Wanderungen mit der Posttasche. Der versunkene Jugendtraum lag in ihm, gärend und bedrückend. Das plötzliche Wiederaufflammen des alten Idealbildes veränderte sein ganzes Leben, gab ihm plötzlich ein Feuer, eine innere Glut, und aus dem unscheinbaren Briefträger Cheval wurde ein Seher, ein Visionär. Während der Jahrzehnte seines Bauens blieb er der verkannte, etwas verschrobene Dorfbewohner, niemand dachte daran, daß hier ein Monument des Ausdruckswillens geschaffen wurde, er selbst wußte nichts von Architektur, von Formgesetzen, modernen Kunstbestrebungen, er folgte nur seiner Intuition, und so wie Zellen sich vervielfältigen, wie Blätter an Zweigen keimen, wie Kristalle sich aneinander gliedern, so wuchs dieses Werk, in sich enthaltend das Wunder aller natürlichen Proportionen. *La vie est un océan plein de tempêtes entre l'enfant qui vient de naître et le vieillard qui va disparaître.* Die zweite Hälfte seines Lebens verbringt er mit der Verwirklichung seines ozeanischen Lebenstraums. Ich kann ihn mir denken, wie er abends in der Laube sitzt, die er vor seinem Bau errichtet hat, der Laube mit der steinernen Bank, dem steinernen Tisch, unterm Blättergehege, wie er sein Werk betrachtet. Sein mageres Bauerngesicht, die spähenden, zusammengekniffenen Augen, der herabhängende Schnurrbart. Die verarbeiteten, knöchernen Hände gefaltet. So erhebt sich das Werk, hier im Mittelstück der Hauptwand, in den grottenartigen Gefügen, die ersten gefundenen Steine, wie Reliquien hervorgehoben, in einer kaskadenhaft fließenden Masse, umgeben von Rundbögen, von quellenden Lavaströmen und fruchtartigen Formen, überall von kleinen, vorlugenden Wächtern bewacht. Weiter aufsteigend Brunnen, Giebel, Zinnen, Pagoden, Treppen, versteinertes Gezweig, versteinertes Blattwerk, korallenhaft knorplig, körnig, glitzernd und flimmernd von eingesetzten Steinchen, Muscheln. Widderköpfe, Leopardenköpfe, Schlangen, Lianen, Palmen, Adlerhäupter, Wingen, Tauben, Bären, Elefanten, Engel, Heilige. Dies alles wächst, läßt sich entziffern und gleich wieder anders deuten. Gekleidet in eine Hülle aus hellen Steinen eine lebensgroße geisterhafte Gestalt, halb Weib, halb Mann, ohne Gesichtszüge, die Arme hinter sich ins Dunkel des Grotteninnern gestützt. Diese Gestalt ist wie eine Priesterin, die Priesterin eines Opferkults, und ich spüre, wie wenig ich erst vom Innern dieses Bauwerks erfahren habe, nur als Besucher vom Außen bin ich darinnen umhergegangen, umhängt mit der Rüstung meiner Zivilisationswelt. Eine Weile habe ich mich dieser Traumwelt ausgeliefert, nun aber ist es schon wie nach dem Erwachen, und ich kann mich kaum mehr an die Bestandteile dieses Traums erinnern, ahne nur noch von fern seinen unerschöpflichen Reichtum. Einen Reichtum, der nirgends mit starken Farben prahlt, der sich verbirgt unter erdfarbenen, steinfarbenen Tönungen, der vom Auge das Erkennen der feinsten Schattierungen verlangt. Neben diesem Werk, mit seinem Gewirr von sonderbaren Flecken, Volumen, Punkten, Rillen, Formkontrasten, Unregelmäßigkeiten und Andeutungen verblaßt alles was heute in der spontanistischen, tachistischen Kunst erstrebt wird. Außer der hervortretenden Verwandtschaft mit Werken eines Klee, eines Wols, eines Michaux, wird das meiste im Vergleich eitel und selbstbetrügerisch. Man wirft wahllose Materialmengen hin, denen man eine Selbständigkeit zuspricht, der die menschliche Hand nur wie ein Werkzeug unterworfen ist. Eigentlich aber sitzt man fest in einem Naturalismus, in einem Kopieren, man bildet ab, was jede zersprungene, zerschlissene, fleckige Mauerebene, jede zerschabte und bekritzelte Pissoirwand, jeder Plankenzaun mit aufgelösten, zerborstenen Resten übereinandergeklebter Anschlagspapiere überzeugender ausdrückt. Artifiziell und ästhetisierend errichtet man in den Salons nur Abklänge aus der Welt des Zerfalls, des Zerbröckelns, aus der Welt der Schutthaufen und Gerümpelplätze. Man will herankommen an das Zufällige, das Ungeordnete, das Unbewußte, und dann rahmt man es ein und stellt es auf Sockel und übergibt es der Organisation eines kommerziellen Apparats. Von all dem ist hier nichts zu spüren. Dieses Werk lebt schweigend. In Verborgenheit. Es stellt sich nicht aus. Es verharrt in der Erde aus der es hervorgewachsen ist. Man muß zu ihm wandern wenn man es sehen will. Man geht einen Gartensteig unter Weinranken hinab, man geht an Büschen, Bäumen vorbei, man ist in einer ländlichen Gegend, unterhalb eines Dorfs am Berghang, Hunde bellen, Hähne krähen, ringsum die Regungen eines alltäglichen Lebens. Und jetzt, wenn man im Innern dieses Gebildes geweilt hat, und aus dessen kühler Dunkelheit hervorgetreten ist und es umschreitet, faßt man erst ganz, wie es für sich lebt, in seiner Geschlossenheit, seiner barbarischen Üppigkeit, seiner stummen Abweisung. In seinem eigenen Garten, in seiner eigenen Erde erbaut der Briefträger sein Formgebilde, es ist verwurzelt mit diesem Garten, mit dieser Erde, hier wird es bleiben, bis es von den Naturkräften einmal zurückverwittert ist zu seinem Urzustand aus Sand und Gestein. Eigentlich ist ihm die Außenwelt völlig gleichgültig. Er hat sich in seinem Traum verschanzt, sein Traum ist seine Festung, draußen, hinter der Gartenmauer, ist das Dorf, der Alltag, hier drinnen baut er sich in immer dichteres Filigranwerk ein. Er will nicht mehr verstanden werden, vielleicht sind die frommen Sprüche an den Außenwänden nur ein Hohn, nur eine Ablenkung. Vielleicht verspottet er den Besucher nur, da er ihm seinen Fleiß vorhält, vielleicht verlacht er ihn oben hinter den Schießscharten seiner höchsten Traumhöhen. Denn neben dem meditierenden, dem verborgenen, dem unterirdisch wühlenden Cheval gibt es noch einen anderen Cheval, ein Cheval, der Don Quichotte ähnlich ist, ein Cheval, der von Ritterburgen träumt, von Heerführern, von gefangenen Prinzessinnen, von einem Leben in Größe und Herrlichkeit. Er verhöhnt den Beschauer, wenn er ihm einredet: ich bin nur ein einfacher Bauer. Er will seine Ruhe haben. Genie ist Fleiß, ritzt er in die Wand. Doch er weiß, sein Genie ist nicht Fleiß. Sein Genie ist Hellsichtigkeit. Sein Genie ist, daß er die ganze Welt, mit allen ihren Erscheinungsformen, in sich, vor sich, um sich aufsteigen lassen kann. Drei große Wächter stellt er in den Türflügel der Hauptwand. Drei Riesen, abschreckend, steil aufgerichtet, mit der Wand verwachsen, auf Schultern und behelmten Häuptern Befestigungsblöcke tragend, zwischen sich hervorbelfernde Köpfe von Raubtieren mit gebleckten Zähnen, drei Riesen, die langgezogenen Körper mit Steinschuppenpanzern bedeckt, die Arme, seltsam verkürzt, wodurch die Leiber noch länger erscheinen, in die Höhe gestreckt, hinein ins Gemäuer, hinein in die Gruppen von Penistürmen, die kleinen runden Gesichter starr geradeaus gerichtet, mit dem düster unheimlichen Ausdruck von Wahnsinnigen. Er gibt ihnen Namen, Der große Verteidiger Galliens, Der große griechische Weise, Der große römische Eroberer, in diesem Dreiklang verkörpert sich sein Machttraum, sein Traum von seiner eigenen übermenschlichen Größe. Dem Schutz dieser Riesen unterstellt er sein Bauwerk. Zwischen diesen Riesen, in ihrer Kniehöhe, stehen zwei weibliche Figuren, in stilisierter Haltung und vereinfachter Ausführung. So wie jede Einzelheit in diesem Werk vielschichtig ist und sich von Assoziation zu Assoziation weiterleiten läßt, so sind auch diese beiden, fast identischen, Gestalten, die er Druidinnen nennt, und denen er die Namen Veleda und Ineze gibt, nur Unterlage für die ausschweifende Phantasie. Ihre Stellung und Körperformung entspricht ägyptischen Plastiken, arabische Schriftzeichen umgeben sie. Und es sind mütterliche Figuren, Liebesideale, die Arme halten sie erhoben, wie um den Meister zu begrüßen, oder um seine Liebkosungen entgegenzunehmen. Diese idealen Frauen kehren überall wieder, hier als Eva mit den Schlangen des Paradieses, dort als Königin der Welt, hier als Herrscherin der Grotten, dort als Turmengel, hier als Venus, dort als geflügelte Sphinx, hier als heilige Jungfrau, dort als primitive Tempeldienerin.

Beim Umschreiten des Baus stößt man überall auf Motive, an denen seine Phantasie Nahrung gefunden hat, Motive, die er seinem eigenen Gemäuer einverleibt hat und die als parallele Themen mitwirken, die Säulen vor den Grabkammern der Pharaonen, die babylonischen Torbögen, die Moscheen des Islam, die Tempel der Hindu, die Pyramiden der Inka, die Paläste aus Tausendundeiner Nacht, die algerischen Zitadellen, die frühgeschichtlichen Vasen und Urnen, die mittelalterlichen Schlösser, die antidiluvianischen Schnecken, die exotischen Tiere, die tropischen Pflanzen, die heidnischen Götter und die Gruppen der Propheten und Evangelisten, die die Wallfahrer zum Heiligen Grab, und die Gralsgrotte, und die Labyrinthe und die Katakomben, alles ist im Gebäude seiner Seele verwahrt und verarbeitet. Und in allen diesen Tagen, beim Nachsinnen über das Werk des Briefträgers Cheval, wird das Erlebnis dieser Begegnung reicher und sinnvoller. Ich verändere und erweitere mich an dieser Begegnung, so wie man sich bei den seltenen Begegnungen mit großen, vollendeten Werken verändert und erweitert.

Der Trubel der Außenwelt versinkt beim Gedanken an das schweigende Monument des Briefträgers Cheval in der Tiefe des südfranzösischen Gartens.

Biot, 28. Juli bis 4. August 1960

Fluchtpunkt

Ich konnte es dem Krieg zuschreiben, der Mutlosigkeit, an der auch Hoderer und Kurz zugrunde gingen, ich konnte es der Unfähigkeit zur Arbeit zuschreiben, die mich manchmal überkam, doch im Grunde war es der Wunsch, mich der Verbannung und Verdammnis auszuliefern, der mich dazu trieb, im Winter wieder in die Wälder zu fahren. Ich hatte in den Straßen die Plakate zur Werbung von Waldarbeitern gesehen, und weil dies das letzte war, wozu ich taugte, meldete ich mich bei der Vermittlungsstelle an. Der Mann am Schalter betrachtete zweifelnd meine Hände, doch da man in den Wäldern Leute brauchte, teilte er mich einer abfahrtsbereiten Gruppe zu. Ich erhielt die nötigen Ausrüstungsgegenstände, Unterkleider aus grober brauner Wolle, mit langen Ärmeln und langen Hosenbeinen, eine gepolsterte Weste von mittelalterlichem Schnitt, ein Paar Stiefel, eine Schirmmütze mit Ohrenklappen, dicke Handschuhe, eine Bogensäge, einen Fuchsschwanz, eine Schneeschaufel, eine Axt und ein Kerbeisen. Ich nahm die Kleider mit, packte zuhause meinen Rucksack und schloß die letzten Arbeiten ab. Ehe ich das Licht löschte, stand ich, den Rucksack umgeschnallt, an der Tür und blickte in das Zimmer, das mich ein Jahr lang beherbergt hatte. Das Zimmer lag verödet da, voll toter Gegenstände, zu denen ich die Beziehung verloren hatte. Später, auf der Reise, und im Wald am Ende der Welt, erschien mir dieser Raum zuweilen, mit seinen grauen Wänden, seinem Bett, seinem Bücherregal, seinen Anhäufungen von Bildern und Zeichnungen. Im Wartesaal der Arbeitsvermittlung setzte ich mich zu den Reisegenossen. Unsere Bewegungen hatten sich den klobigen Kleidungsstücken angepaßt. Wir saßen breit vorgebeugt auf der Bank, mit schweren Schultern, die Arme auf den Knien, spuckten auf den Holzboden und äußerten hier und da ein rauhes Wort. Das Feuer krachte im eisernen Ofen. Die harten Hände der Männer befühlten die Sägeblätter, die Schneiden der Äxte. Sie wogen eine Axt oder ein Kerbeisen am Griff. Sie wußten mit den Werkzeugen umzugehen. Sie kannten die Wälder. Sie sprachen von leichten und schweren Wäldern, von Wäldern, in denen die Stämme kerzengrade aufwuchsen, und von Wäldern, die vom Unterholz verfilzt waren, und in denen man zwischen Dornen und Felsbrokken an den Baum herankriechen mußte. Sie blickten den Wäldern entgegen mit Gesichtern, in denen die Stirnen, Augen und Münder von Mühen und Entbehrungen abgenützt waren. Wir erhielten dampfenden schwarzen Kaffee in Blechnäpfen. Spielkarten wurden hervorgezogen. Die fettigen, abgegriffenen Karten wurden mit regelmäßigen, nachdrücklichen Gesten auf den Tisch geworfen. Zuschauer stützten sich auf die Schultern der Spielenden und beugten sich über sie, in einer trägen Zusammengehörigkeit. Der Vormann kam und rief zum Aufbruch. Das Gepäck wurde auf ein Lastauto geladen, wir krochen hinauf und fuhren durch die Stadt zum Bahnhof. Die Schaufenster und bunten Reklametexte leuchteten durch die Schneeflokken. Die Stadt versank im Schnee und wir drängten uns im verrauchten Abteil des Zuges zusammen. Die Skatspieler hatten einen Koffer zwischen sich auf den Knien liegen, klatschend fielen die Karten. Zwei Männer verhakten ihre Zeigefinger ineinander und maßen ihre Kräfte, sie schnauften und zerrten und ihre Gesichter schwollen rot an. Ein anderer war schon als Spaßmacher bekannt und jedes seiner Worte wurde mit grölendem Gelächter aufgenommen. Einzelne Worte traten aus den gemurmelten Gesprächen hervor. Arbeitsarten wurden genannt, Arbeitsplätze, Lohnziffern. Die Worte hatten den Geschmack von Kohle, Holz, Öl, Eisen, Sand. Ein Streichholz flammte über einem Pfeifenkopf auf. Rauch wurde eingesogen und ausgepafft. Lichter zuckten an den Fenstern vorbei. Die Räder des Zuges hämmerten, schwirrten. Einer, der Heizer gewesen war, nannte das Wort Valparaiso. Eine Hand kratzte eine entblößte haarige Brust. Ein Mund verzehrte ein Stück Brot, auf dem Heringe lagen, ein Heringsschwanz hing aus dem Mund heraus, auf der Zunge lag ein Stück Petersilie. Manche schliefen ein, streckten die Beine aus, atmeten schwer, schnarchten. Sausend, singend fuhr der Zug nordwärts. Gegen Morgen stiegen wir auf einer entlegenen Station aus und warteten auf die Kleinbahn, im dicht fallenden Schnee, zwischen tief verschneiten Bäumen. Zusammengeschart lehnten wir aneinander in den leise rieselnden Flocken, halbschlafend im Stehen, blinzelnd durch den Schnee auf unsern Augenlidern, atmend durch den Schnee auf unsern Lippen. Lautlos tauchte der Zug im Schneegestöber auf. Wir legten uns auf die Holzbänke und streckten uns auf dem Boden aus, und unter uns ratterten die Räder und knirschten die Achsen, unter uns sang das Räderwerk der Welt. Dann weiter im Lastauto, das sich mit klirrenden Schneeketten durch die Eiszeit wühlte, immer tiefer hinein in eine Landschaft von weißen Bergen und Wäldern. In der Dämmerung nahm uns ein Schlitten auf, eine flache offene Fähre, die uns über die gefrorene Dünung in den Abend führte. Nichts war zu hören als das Klingeln der Pferdeschelle und das Schaben der Kufen. Die ersten Sterne schimmerten auf, bald knisterte und sprühte der Himmel von ihnen. Ein Stern wuchs vor uns an und wurde zu einem Fenster. Wir traten in die Hütte, in der ein Weib am Herd stand und das Feuer schürte. Der lange Tisch war mit Blechtellern gedeckt und das Weib, eine urweltliche Gestalt, trug dampfende Schüsseln auf. Wir teilten den Raum mit der Köchin. Wir waren zwölf Mann auf den zweistöckigen Pritschen und hinter einem Bretterverschlag in der Ecke lag die Frau. Die Luft war ein heißer Brei. Die rauhen Decken klebten an unsern Leibern. Ich stieg aus den rasselnden Holzspänen der Matratze und ging hinaus vor die Hütte. Während ich pißte, sah ich den Orion schräg über dem Horizont, das Schwert gegürtet. Steil und leicht stieg der Rauch aus dem Schornstein und die Bäume trugen ihre Last von Schnee. Trotz der Betäubung von Müdigkeit und Hitze konnte ich nicht einschlafen. Ich starrte in die Ofenglut und hörte die Schlafenden an den Bäumen der Wälder sägen. Sie kannten den Griff der Werkzeuge in ihren Händen. Ihre Arme und Rückenmuskeln waren Anstrengungen gewöhnt. Sie hatten Kohle geschaufelt, Felsen gesprengt, Straßen gebaut, Schienen gelegt. Sie waren zuhause im Wald und zuhause in dieser Nacht. Gegen Morgen regte sich der Körper der Köchin. Sie kroch aus ihrem Holzverschlag hervor, stapfte zum Ofen, warf Scheite in die aufflammende Glut. Das Wasser im Kessel begann zu sieden, der Speck schmorte in der Pfanne. Von den Schlafplätzen richteten sich die Männer auf, mit knackenden Gelenken, gähnend, die verbrauchte Luft aus den Lungen stoßend. Lehmig schwankten die Leiber in Unterkleidern aus den Schatten hervor, stülpten sich Hosen und Jacken über, stiegen in die Stiefel und setzten sich an den Tisch. Niemand wusch sich. Die Karbidlampe summte. Die Köchin trug Schüsseln voll dampfender Kartoffeln und Bohnen auf, Speck schwamm in fetter Tunke auf den Blechtellern. Es war noch dunkel, als wir, vom Vormann geführt, den Weg zum Arbeitsplatz antraten. Über meinem Rücken hing die Bogensäge, im Gürtel steckte die Axt, in den Händen trug ich den Fuchsschwanz, die Schaufel und das Kerbeisen. Hintereinander stampften wir durch den hohen Schnee. Die Sägeblätter hakten sich an den Kleidern fest. Der Schnee drang in die Stiefel ein. Manchmal gab der Boden unter mir nach und ich sackte bis zur Brust in den Schnee. Beim Hervorkriechen geriet die Axt zwischen meine Beine und die Bogensäge rutschte über die Arme herab. Wir wühlten uns bergauf. Die Kleider waren von Schnee und Eis verkrustet. Über den Körper floß der Schweiß. Als wir die Anhöhe erreicht hatten, begann der Morgen zu grauen. Am Waldrand wurden die Arbeitsreviere, deren Grenzen an Kerben in den Stämmen kenntlich waren, verlost. Aus den Büschen am Abhang hatte jeder sich einen drei Meter langen Zweig zu schneiden, nach dessen Maß die gefällten Stämme zu zersägen waren. Der Vormann zeigte mir, wie ich die Säge am Baum anzusetzen hatte. Er schaufelte den Schnee zur Seite, ließ sich aufs Knie nieder und führte die Säge mit gleichmäßigen, mühelosen Bewegungen hin und her. In einem horizontalen Schnitt drang sie, nah über dem Wurzelansatz, ins Holz. Als der Stamm zur Hälfte angesägt war, erfuhr ich den Sinn des kleinen Eisenkeils, den man uns gegeben hatte, und der an einer Schnur wie ein Amulett um meinen Hals hing. Der Keil wurde mit einem Axthieb in den Spalt getrieben und verhinderte, daß die Säge vom Gewicht des Baumes festgeklemmt wurde. Der Vormann erklärte mir, wie der gefällte Baum abzuholzen sei, erinnerte mich daran, daß ich darauf zu achten hatte, daß sich das Sägeblatt nicht bog, und ließ mich allein. Die übrigen Arbeiter hatten sich weithin über den Waldrand verteilt. Sie waren im verschneiten Gehölz nicht zu sehen, nur das Schaben ihrer

Sägen war zu hören, auch das erste Aufschlagen eines gefällten Stammes. Schneeflocken fielen weich und leise klingelnd. Bald mußte ich beide Hände benutzen, um die Säge hin- und herzutreiben. Ständig wollte sich das Sägeblatt abbiegen. Als es im Holz festsaß, schlug ich den Keil tiefer ein. Mit Hilfe des angestemmten Fußes und unter der Anspannung aller Muskeln gelang es mir, das Blatt zu lockern, doch nach einiger Zeit war es wieder festgefahren und der Keil mußte weiter in den Spalt getrieben werden. Ein stöhnender Laut drang plötzlich aus dem Stamm, als wäre eine Sehne gerissen, und ein Zittern war im Holz zu vernehmen. Halb liegend ließ ich die Säge rasend hin- und herfahren, der Schweiß strömte aus allen Poren, das Blut hämmerte in den Schläfen und ich fauchte zum Takt der Armbewegungen. Es krachte im Baum und ich sah, daß der Spalt sich erweiterte. Ich blieb liegen und sägte weiter, während der Stamm sich langsam neigte und am Fuß zerbarst und in einer Wolke von Schnee herabkam. Dröhnend schlug er auf, das Geäst bohrte sich tief in den Schnee. Die hohen Zacken des geborstenen Stumpfes federten pfeifend hin und her und Holzsplitter umflitzten mich. Der zerfledderte Stumpf, dieses Schandbild des Laien, mußte glattgesägt werden. Die tief eingerissenen Kerben am Stamm drohten mit Lohnabzug. Ich hatte unversehrte Stämme zu liefern, für Kleinholz sorgten andere. Das Entzweigen des Stammes wurde teils mit der Axt, teils mit der Säge ausgeführt. Um an die Ansätze der Äste heranzukommen, mußte ich auf den Stamm klettern. Ich versuchte, breitbeinig auf der glatten Rinde Fuß zu fassen und holte mit der Axt zum Schlag aus. Ich verfehlte das Ziel und der Schwung der Axt riß mich vom Stamm herunter. Das Gezweig hatte die Fähigkeit, mich festzuhalten und mich mit scharfen Spitzen anzugreifen. Schnee drang durch Ärmel und Kragen in das Hemd. Die Versuche des Entholzens wurden weitergeführt. Ich kletterte auf den Stamm, rutschte ab, kletterte wieder hinauf. Die Schneide der Axt blieb im Astansatz stecken, mußte losgerüttelt werden. Die Axt sauste am Holz vorbei, streifte meinen Schuh, mein Knie. Allmählich gelang es mir, die Äste vom Stamm zu entfernen, und das grüne Gezweig lag zu den Seiten des Stammes ausgebreitet, mit harzigem Geruch. Nach zahlreichen Stürzen, nach Schlägen in die Luft und nach ein paar Schlägen, die tief in die Sohle meiner Stiefel drangen, lehnte ich ermattet am bloßgelegten Stamm. Als ich stillstand, um mein Brot zu essen und den heißen Kaffee aus der Thermosflasche zu trinken, bildeten sich Eiskristalle auf den nassen Kleidern. Ich sah die Kerbe, die ich in meinen Stiefel geschlagen hatte, und ich stellte mir vor, ich hätte den Fuß getroffen und würde hier verbluten und langsam vereisen. Die Arbeitsgenossen waren fernab. Die Geräusche der Sägen und Axtschläge drangen durch die fallenden Flocken. Du mußt dich in Bewegung halten, sonst erfrierst du, dachte ich. Doch die Mattigkeit war so groß, daß ich mich auf den Stamm setzte und eine Weile die Gefahr vergaß. Ich geriet, halb schlafend, in die Erinnerung an ein Erlebnis aus den Jahren in England. Freunde hatten mich zum Ausflug zu einem Gestüt eingeladen. Sie hatten mich gefragt, ob ich reiten konnte und ich hatte es bejaht, obgleich ich nur einmal als Kind auf einem breiten Jahrmarktsgaul im Kreis geritten war. Jetzt tänzelte ein nervöses Pferd unter mir, ich verlor die Steigbügel und klammerte mich an den Zügeln fest, es glückte mir jedoch, mich am Ende der Gruppe zu halten, so daß man nicht sah, wie ich vornüber und hintenüber rutschte und mit den Füßen in der Luft ruderte. Wir trabten durch eine Waldung auf die Felder zu. Ich hielt die Zügel straff an mich gerissen und das Pferd schlug mit dem Hals aus, um mich abzuwerfen. Ein Gewitter zog sich am Himmel zusammen und es begann zu regnen. Bei einem heftig einsetzenden Donnern ging mein Pferd durch, sprang seitwärts vom Weg ab und stürmte im Galopp über den Acker. Ich gab dem Pferd erst freie Zügel und lenkte es dann in einem weiten Halbkreis zum Weg zurück, auf dem die Freunde erschrocken warteten. Als ich den Feldweg erreichte, sprang ich ab, wie ein tollkühner, erfahrener Reiter. Nach kurzer Rast stieg ich wieder auf und nun trabten wir durch den rieselnden Regen. Ich saß entspannt im gleichmäßigen Trab, den Bewegungen des Pferdes angepaßt. Plötzlich warf das Pferd den Kopf zurück und schlug mich mit den kurzgeschorenen Borsten der Mähne unters Kinn. Betäubt ritt ich weiter, bis einer meiner Begleiter aufschrie und auf mich zeigte. Mein Hemd und meine Jacke waren von Blut durchtränkt, das an meinem

Hals herabrann. Ich spürte keinen Schmerz, nur eine weiche Mattheit. Ich riß mich aus dem Bild des stillen Verblutens heraus. Meine Kleider knirschten von Eis. Meine Hände waren erstarrt. Schnee lag auf meinen Schultern. Ich schlug mit den Armen um mich, stampfte hin und her, um die Füße zu erwärmen. Bald hing ich wieder schwitzend am Stamm und zersägte ihn. Nachmittags, als es zu dämmern begann, und die andern weit entfernt mit ihren Äxten pochten, bearbeitete ich die Stammstücke mit dem Kerbeisen. Mein Körper war eine dampfende, pumpende Maschinerie. Mein Rücken glühte. Mit weit ausholenden Hieben stieß ich das Kerbeisen in der Längsrichtung des Stammes unter die Rinde. Unter den abgedeckten Fladen trat das glatte weiße Holz zutage, mit seinem würzigen Geruch. Ohne Pause bewegte mein Körper sich vor und zurück. Das Kerbeisen legte das Fleisch des Baumes bloß. Mit dem Haken an der Rückseite des Eisens wälzte ich die Stöcke herum. Als die Pfeife des Vormanns das Ende des ersten Tagewerks ankündigte, lag das verarbeitete Holz zu einem Stoß geschichtet. Ich stellte die Werkzeuge aneinander und verdeckte sie mit Tannenzweigen. Aus dem dämmrigen Grau des Waldes kamen die Arbeiter hervor und wir machten uns auf den Heimweg. Im Wirbel der Schneeflocken glitten wir bergab. Die Hütte war unser Heim. Das Weib hatte das Essen angerichtet. Wir nannten sie Schwester. Ihr breiter, prähistorischer Leib war tabu. Einige scherzten mit ihr, fragten sie nach ihrem Liebsten. Sie antwortete nicht, lächelte nicht einmal. Die Ausdünstung des Schweißes mischte sich mit den Dämpfen vom Herd. Unsere Münder wässerten sich, unsere Nasen witterten. Wir warfen die nassen Kleider und Schuhe ab. Die Haut war heiß, die Muskeln brannten. Der Geruch von nasser Wolle lag dick in der Luft. In Unterkleidern und Socken saßen wir an dem langen Holztisch, zurückgelehnt in dumpfer Betäubung. Verspätete Mitglieder der Gruppe stapften herein, wie große Eisvögel, von Flocken umstoben. Das Wohlgefühl nach einer vollbrachten Leistung füllte mich. Speck und Kartoffeln wurden aufgetragen. Ich aß, wie ich nie zuvor gegessen hatte. Ich fühlte, wie der Körper die Nahrung aufnahm und verarbeitete, wie die Nahrung sich im Körper verteilte und ihn schwer machte. Einer sagte, nach einer solchen Mahlzeit muß man sich mit dem Stemmeisen aufrichten. Beim Kaffee wurden die Spielkarten hervorgezogen. Die Skatspieler sammelten sich in einer Ecke, die Zuschauer beugten sich über sie, Kupfermünzen klirrten auf dem Tisch. Andere blätterten in einem Stoß uralter Wochenzeitschriften. Auch ich nahm eins der Hefte vor, las von Luxusjachten und Rivierahotels, vom armen Waisenknaben, der Millionär wurde, vom hilfreichen Bernhardinerhund und vom Chirurgen, der sich in die Krankenschwester verliebte. Andere Literatur gab es nicht. Andere Literatur war nie geschrieben worden. Wir lasen in den vergilbten, von Speiseresten verklebten Blättern, unbeholfen buchstabierten wir uns durch die Worte, wie die Generationen von Verbannten vor uns. Hier und da entstand ein Gespräch. Ich vernahm irgend etwas von irgend jemandem, der jemanden kannte, der auf besondere Art spucken konnte. Er spuckte, ohne daß er dabei die Zigarette mit ausspuckte. Die Vorstellung dieser Art des Spuckens nahm mich eine Weile in Anspruch. Dann geriet ich in lange Lohnberechnungen, aus denen hervorging, daß ich mit dem heutigen Takt der Arbeitsleistung nicht einmal die Kosten für Essen und Logis bestreiten konnte. Jeder der andern hatte an diesem Tag schon eine Reihe von Bäumen zur Strecke gebracht. Nachts, als ich auf der Pritsche lag, konnte ich wieder nicht einschlafen. Hinter dem Verschlag knirschten die Sägespäne unter dem Leib der Frau. Die Ofenglut schwelte im Dunkeln. Die Luft war ein Berg. Wir lagen im Berg, durch den man sich fressen mußte, um ins Schlaraffenland zu kommen. Der Berg war aus Bohnen, zerkauten Kartoffeln und Speck. Die Reisegefährten lagen ermattet im Berg und schnarchten, die Nase, den Hals voll von Bohnen, Kartoffeln, zermatschtem Speck. Die Schlafenden murmelten und röchelten und rechneten, sie schnarchten und sägten sich tiefer in den Berg hinein. Am nächsten Tag brannten meine Muskeln im Wundfieber. Die Gelenke waren geschwollen, die Hände voller Blasen. Der Weg durch den Schnee wurde wieder bewältigt. Im Morgengrauen grub ich die Werkzeuge hervor und kroch an meinen zweiten Stamm heran, grub und wühlte mich an das Holz, sägte, hieb und biß mich hinein, fällte es, warf mich darüber, schwitzend, dampfend, fluchend, bis wieder das duftende nackte Fleisch vor mir lag. Unaufhörlich läuteten die Kristallglocken des Schnees. In dem feinen eintönigen Klingeln überwältigte ich meine Bäume. Jede Bewegung stach und siedete in mir. Wütend setzte ich die Säge an, ließ ich die Axt schwingen, stieß ich das Kerbeisen unter die Rinde. Meine Zähne und Schneiden glühten. Ich war weit hinter den andern zurück. Ihre Axthiebe, das Scharren ihrer Sägen war kaum mehr im Nebel der Schneeflocken zu hören. Von Tag zu Tag stieg der Schnee höher an. Manchmal half mir der Sturmwind beim Fällen. Besessen arbeitete ich am Baum, daß er mir nicht entzwei gerissen würde. Ich lag am Fuß des Stammes, der sich über mir neigte, mein Bewußtsein hatte sich in den Stamm übertragen, ich spürte dessen Gewicht auf dem Sägeblatt, ich spürte die Kraftspannung im Holz, spürte das Bersten und Wimmern, und manchmal, im Sturm, setzte ich die Säge nur an und der Stamm begann schon zu fallen, ich sägte noch, als der Stamm mit peitschenden Zweigen neben mir niederschlug. Ein paar Männer lagen mit Fieber in der Hütte, einem war der Fuß erfroren, der andere lag nur und heulte und wurde von uns anderen als Simulant verhöhnt. Die Kranken wurden zur Stadt zurückgeschickt, wir Überlebenden kämpften weiter. Urweltliche Pferde kamen und schleppten die gefällten Stämme zu Tal. Die Pferde, schwimmend im Schnee, glichen Meerwundern, mit ihren schwarzen langmähnigen Häuptern, ihren glitzernden Augen und schnaubenden Nüstern. Die Fuhrleute stammten aus Niflheim, sie waren in zottige Felle gekleidet und ihre Gesichter waren unter verkrusteten Bärten verborgen. Sie stießen unverständliche Kehllaute aus und schliefen nachts am Leib ihrer Zugtiere. Jeden Abend saßen wir um den Tisch. Die Skatspieler ließen die Karten klatschen und die Blätter der Zeitschriften raschelten in unseren Händen. Schläfrig stammelten unsere Stimmen. Wir waren wie Sägen und Äxte, die das Sprechen lernten. Unsere Stimmen brachten das Wort Kino hervor, oder das Wort Tanzabend, und die Augen saugten sich in unbestimmter Ferne fest, und erst wenn jemand mit der Hand vor ihnen fuchtelte, rissen sie sich los. Wir lachten über den Spaßmacher, wenn er hinausging zur Latrine und sagte, ich bin im Kontor, wenn das Telephon für mich läutet. Der Gedanke an ein Telephon hier am Ende der Welt rief immer wieder Gelächter hervor. Wir konnten rufen, he Langer, Telephon für dich, und dann bogen wir uns vor Lachen. Nur an den Sonntagen regten sich Ahnungen eines anderen Lebens in uns. An den Sonntagen lagen wir auf den Pritschen und dehnten und streckten uns, und gähnten, hörten dem trägen Summen der Fliegen am Fenster zu. In der Leere und Untätigkeit der Sonntage blickten wir verstohlen zur Schwester hinüber, die stumm am Tisch saß und sich Karten legte, das dunkle Gesicht mit den breiten Backenknochen, den schrägen Augen, niedergebeugt. Einförmig wie das Summen der Fliegen umkreisten unsere Gedanken ihre schweren Brüste und Hüften. Ein paar fuhren auf Skiern den mehrstündigen Weg zur nächsten Ortschaft, um dort eine Weile im Café zu sitzen und Zeitungen zu lesen und Radio zu hören und um am Abend müder zurückzukommen als nach der Arbeit im Wald. Wir saßen am Tisch und brüteten vor uns hin, umschlossen von den Wäldern. Der Schnee lag über uns. Unsere Lippen regten sich flüsternd und murmelnd, rechnend am Wochenergebnis der Arbeit. Die Fliegen summten an der Fensterscheibe und Striche auf fettigen Papieren wurden zusammengezählt. Ich sah die kargen zerschlissenen Gestalten um den Tisch sitzen, sah die verblichenen Farben der Kleidungsstücke, die Maserung der Tischplatte, die Kerben darin, die blaue Kaffeekanne mit ihren Rostflecken, die Pfeife im Aschenbecher, die müden gefalteten Hände. Die Krankheit, in der ich aufgebrochen war, war vergangen. Ich war wach und sah mich zwischen den Arbeitern in diesem Sibirien. Ich hatte mich an die Hütte und an die Arbeit gewöhnt, und die anderen Bedürfnisse kehrten zurück. Und wieder stieß ich bei den Genossen auf Widerstand und Ablehnung und auf ein stumpfes Mißtrauen vor allen Veränderungen. Ich hatte vorgeschlagen, daß man uns Bücher schicken sollte, doch niemand wollte Bücher lesen. Man äußerte sich wegwerfend über Bücher und sagte höhnisch, Bücher seien nur für Stubenhocker und Studierte da. Ich ließ mir selbst Bücher kommen. Ich bot sie einigen zum Lesen an, doch sie blätterten kaum darin. Sie ließen mich lesen ohne Spott, weil ich ihnen zeigte, daß ich wie sie arbeiten konnte, doch sie schüttelten den Kopf über mich und fragten mich, was ich davon hätte. Auch, daß ich schreibend über einem Heft saß und manchmal zeichnete, verstanden sie nicht. Sie hätten mich verachtet, wenn ich nicht morgens mit ihnen in den Wald und abends mit ihnen aus dem Wald gestiegen wäre. Als ich von dem Mangel an den einfachsten Bedingungen der Wohnlichkeit und Hygiene sprach und sagte, daß nur für den Fraß gesorgt sei, mit dem man uns den Mund stopfte, sahen sie mich mißtrauisch an und antworteten, daß sie gut verdienten, besser als viele andere. Sie hatten nichts an der Regierung und der Gesellschaftsordnung ihres Landes auszusetzen. Literatur und Kunst war für sie nicht da, weil sie noch nicht einmal begonnen hatten, nach menschenwürdigen Lebensbedingungen zu suchen. Daß ich mich, nach den ersten Tagen der Erschöpfung, wusch, war ihnen lächerlich. Als ich mir den Hals ausspülte, tat einer, als würde ihm vom Geräusch des Gurgelns übel. Sie hielten den Schmutz und den Schweiß auf der Haut für eine wärmende Schutzschicht. Sie lebten von Gelegenheitsarbeiten und kannten nicht den Begriff der Weiterbildung. Doch sie kannten vieles, was ich nicht kannte. Sie wußten über die Beschaffenheit von Werkzeugen Bescheid, sie konnten verschiedene Holzsorten voneinander unterscheiden, sie wußten die Namen von Reedereien und Baugesellschaften, sie waren über die verschiedensten Arbeitsmethoden und Lohnverhältnisse unterrichtet. Ich fragte mich manchmal, was sie von ihrem Leben erhofften, und was sie erfreuen konnte, doch ich erhielt keinen Aufschluß darüber. Sie berichteten von Saufgelagen, von der Anzahl der konsumierten Branntweinflaschen, vom Preis, den sie für die Flaschen zu erlegen hatten, doch ihre Gesichter erhellten sich nicht dabei. In den Beschreibungen von Arbeitsplätzen wurde nur alltäglich Nützliches erwähnt, und ihr Blick war dabei ohne persönliche Anteilnahme. Diese Angehörigen eines reichen verschonten Landes lebten noch in äußerster Kärglichkeit. So wie der Knecht und die Mägde auf dem Bauerngut trugen sie an der alten Unterlegenheit der Häusler. Daß sie freie Arbeiter waren, bedeutete für sie nicht, daß sie eine Zugehörigkeit empfanden für die Güter, die sie erzeugten. Sie arbeiteten gleichgültig, nur auf den Lohn bedacht. Sie hatten ihre Gewerkschaften und glaubten, daß ihre

Macht damit gesichert sei. Nie kam ihnen der Gedanke, daß sie betrogen waren. Sie trugen an der Überlieferung, daß Bildung und Kunst ein Luxus war. Sie hatten sich eine harte, rohe Sprache angewöhnt, weil diese Sprache zu der harten, rohen Arbeit gehörte, zu der sie gezwungen waren. Beim Saufen lockerte sich für kurze Zeit alles, was unentwickelt und unbefriedigt in ihnen war, und sie polterten und grölten, gerieten in Streit und schlugen um sich, um dann in eine verblödete Dumpfheit zu sinken. Und wenn wir dann vor unsern Näpfen saßen, breit vorgebeugt, schmatzend, schlürfend, und wenn wir uns zurücklehnten und rülpsten und uns den Mund mit dem Handrücken abwischten, und wenn wir dann auf die Nacht warteten, sie über den Spielkarten, den zerlesenen Zeitschriften, ich über dem Heft, mit dem Bleistift kritzelnd, verging der kleine Unterschied einer Bildung, eines stärkeren Bewußtseins, in dem ich glaubte, von ihnen abgesondert zu sein, und die Nacht war gleich für uns alle.

In meinem Zimmer in der Stadt waren sie mir gegenwärtig, diese Männer, die nichts vom Dasein erwarteten, die den Tag hinnahmen wie er kam. Noch jetzt bemühte ich mich, sie kennenzulernen. Warum sagte ihnen das Farbspiel eines Sonnenuntergangs nichts, oder der blendende Nachthimmel, oder dieses leise singende Fallen von Schneeflocken. Warum zuckten sie wegwerfend mit den Schultern, wenn ich versuchsweise auf eine Einzelheit hinwies, die mich beeindruckt hatte. Und was sah ich denn anderes als sie, in dem weißen Rauch, der aus dem Schornstein der Hütte stieg, in den zerbeulten Töpfen auf dem Tisch, in den schwarzen zottigen Pferden, in dem rötlichen Morgengrauen über den Schneehängen, in den Bewegungen der Hände mit den Spielkarten, in dem urzeitlichen Gesicht unserer Köchin. Daß ich mir Zeit nahm, die Erscheinungen in mir nachzuzeichnen und mir bewußt zu machen, entsprach das nicht nur meiner alten bürgerlichen Geborgenheit und Muße. Konnte ich nicht lange an meinem Werkplatz im Wald stehen und die aneinandergelehnten Geräte betrachten, weil mir meine Arbeitsresultate im Grunde gleichgültig waren, weil es mir nichts ausmachte, daß ich kaum ein Minimum von Lohn erreichte und daß ich eine Arbeitsstunde verlor. Lag mir nicht dieses Gefühl von Beschütztheit im Blut, im Gegensatz zu den Arbeitsgenossen, die in ärmlichen Verhältnissen aufgewachsen waren und schon früh zum Broterwerb beitragen mußten. Und was lag denn in meinem Bild von dem rauchenden Schornstein, dem Werkzeugbündel, dem Kartenspiel, den im Schnee schwimmenden Pferden, das nicht in dem Bild lag, in dem die gleichen Dinge sich den Gefährten zeigten. Rauch war Rauch, Pferd war Pferd, Schnee war Schnee, und nichts anderes. Ich sah die Dinge, tastete ihre Formen nach, zeichnete sie auf, beschrieb sie mir. Sie sahen die Dinge auch, aber sie waren ihnen selbstverständlich, sie brauchten darüber nicht nachzudenken. Der Schornstein rauchte, weil ein Feuer im Herd brannte, die Pferde waren da, um das Holz zu Tal zu schleppen, Schnee fiel, weil Schnee fallen mußte. Das Beobachten, das Aufzeichnen des Erfahrenen, war meine Arbeit. Für mich erhielten die Dinge erst einen Wert, wenn ich sie mir deutlich gemacht hatte. Die anderen lebten einfach mit den Dingen. Ich wußte, warum manche Perioden grau und stumpf waren, in diesen Perioden lag etwas vor meinen Sinnen und dämpfte sie. Diese Perioden waren tot, obgleich ich doch da war. Ich war da wie alle andern auch, in einem farblosen alltäglichen Dasein. Ich sah in die Gesichter in der Stadt. Ich fuhr in einer Straßenbahn und alle Gesichter starrten leer vor sich hin. Wir fuhren über die hohe Wölbung der Westbrücke. Die Sonne versank und die Strahlen stießen hinter langgestreckten schwarzen, rot und golden umrandeten Wolkenbänken hervor. Fächerförmig stiegen violette Wolkenstreifen in den blaugrünen Himmel auf und die Strahlen der Sonne brachen in die Fenster des Gefängnisgebäudes unten auf der Insel ein. Eine goldene Glut füllte die Halle hinter den Gitterstäben, und drinnen saß vorgebeugt eine riesenhafte Gestalt mit einem Löwenhaupt. Langsam glitten wir an diesem Schauspiel vorbei, und es war mir, als müsse ich rufen, seht doch, was hier vor sich geht, seht diese Farben, dieses Licht, doch da waren wir schon wieder in die Schatten der Straßenschluchten geraten, und kein Gesicht hatte sich umgewandt. Und was wäre denn anderes zu erwähnen gewesen, als daß die Sonne unterging.

Das Gespräch der drei Gehenden

Es waren Männer die nur gingen gingen gingen. Sie waren groß, sie waren bärtig, sie trugen Ledermützen und lange Regenmäntel, sie nannten sich Abel, Babel und Cabel, und während sie gingen sprachen sie miteinander. Sie gingen und sahen sich um und sahen was sich zeigte, und sie sprachen darüber und über anderes was sich früher gezeigt hatte. Wenn einer sprach schwiegen die beiden andern und hörten zu oder sahen sich um und hörten auf anderes, und wenn der eine zuende gesprochen hatte, sprach der zweite, und dann der dritte, und die beiden andern hörten zu oder dachten an anderes. Sie gingen mit festen Schuhen, doch ohne Gepäck, trugen bei sich nur was in den Taschen der Kleidungsstücke lag, was mit schnellem Griff gezeigt und wieder verwahrt werden konnte. Da sie einander ähnlich waren wurden sie von den Passanten für Brüder gehalten, sie waren aber keine Brüder, waren nur Männer die gingen gingen gingen, nachdem sie einander zufällig begegnet waren, Abel und Babel, und dann Abel und Babel Cabel. Abel und Babel waren einander auf der Brücke begegnet, Babel, der Abel entgegenkam, hatte sich umgedreht und Abel angeschlossen, und im Park war Cabel zu ihnen gestoßen und hatte sich ihnen angeschlossen, und seitdem gingen gingen gingen sie nebeneinander her.

Ich glaube, diese Brücke ist neu, ich habe sie vorher nie gesehen, sie muß über Nacht erbaut worden sein, eine schwierige Arbeit, die lange Vorbereitungen und einen großen Aufwand an Kräften fordert. Pontons wurden angeschleppt und Kähne mit Bohlen, die Pontons wurden verankert, die Bohlen ausgelegt und festgeschraubt, nach sorgfältigen Berechnungen und mit Hilfe einer ausgewählten Mannschaft. Baumeister, Ingenieure, Werkleute, Mitglieder der Stadtverwaltung wußten schon seit Monaten von der Brücke, als die Leute noch von den freien Ufern einander zuriefen. Ruderboote fuhren damals hin und her durch die Stromschnellen, auch eine flache offene Fähre. Bin oft mit der Fähre gefahren, eine Weile des Stillstehns und trotzdem ein Weiterkommen, im blauen Wasser, unter Wolken und Möwen. Der Motor der Fähre puffte, die Vibrationen drangen vom Bootsdeck in die Schuhsohlen, die Beine hinauf, in den Körper, wie bei einem schnellen regelmäßigen Gehen. Das Gesicht des Fährmanns war von glänzenden weißen Stoppeln bedeckt, die Haut war dunkel gebräunt und von tiefen Rissen und Furchen durchzogen. Er wohnte in einem Schuppen drüben am Ufer, neben dem Pfahl, an dem die Fähre vertäut lag. Während der Überfahrten sprach ich mit ihm, seine Worte waren undeutlich, weil er immer eine Pfeife zwischen den Zähnen hielt, eine kurze stämmige Pfeife, mit Draht und Isolierband geflickt. Bei unserm letzten Gespräch schien er von der geplanten Brücke noch nichts zu wissen. Wenn ich ihn recht verstand, so sah er eine lange Zukunft vor sich auf seiner stampfenden, die Wellen durchschneidenden Fähre, in der blauen Luft, im Wind und im Regen, und viele Nächte in seinem Schuppen, mit dem Blick durch das Fenster auf den Pfahl mit dem straffgespannten Tau. Es ist möglich, daß er die Fähre selbst in jungen Jahren gebaut hatte, nicht allein, sondern mit Hilfe anderer Bootsbauer, vielleicht war er nur Handlanger, jedenfalls wußte er, aus wieviel Brettern die Fähre zusammengefügt worden war, und wieviel Spanten und Bolzen zu ihrer Fertigstellung nötig waren. Sie war seitdem oft ausgebessert und geteert worden, Wasser sickerte trotzdem ständig ein, jeden Morgen mußte er pumpen. Wenn die Turmuhr vom Schloß eine volle Stunde schlug fuhr er vom Ufer, an dem sein Schuppen lag, zum anderen Ufer hinüber, gleichgültig ob Fahrgäste eingestiegen waren oder nicht, ob Fahrgäste am gegenüberliegenden Ufer warteten oder nicht. Vom gegenüberliegenden Ufer kehrte er gleich zurück, und kamen Leute noch von fern gelaufen, so wartete er nicht, er wartete nur an seinem Standort, und die Leute drüben mochten rufen und pfeifen soviel sie wollten, er kam erst als die Stunde wieder voll war.

Die Brücke besteht seit langem. Ich fuhr einmal in einer schwarzlackierten rot gepolsterten Kutsche über die Brücke, und neben mir saß meine Braut, und erbrach auf ihr weißes Kleid, weil die Brücke auf den Pontons schwankte und die

Teilstücke des Fahrdamms sich hoben und senkten. Der Kutscher vor uns auf dem Bock hob gerade die Peitsche, die mit einer weißen Schleife verziert war, da rutschte das Pferd aus, brach in die Knie und blieb im Gewirr der Riemen liegen. Vom Anprall des Wagens hinter uns, in dem die Eltern meiner Braut saßen, wurden wir nach vorn geworfen, ein Bersten von Holz war zu hören, ein Wiehern, ein Poltern von Hufen, und das andere Pferd, das sich losgerissen hatte, brach im Galopp zwischen den Reihen von Automobilen durch, ein Schimmel, über und über rot gesprenkelt, wie der Brautschleier, der aus dem Fenster wehte. Ein Deichselarm der Kutsche hinter uns hatte die Rückwand unseres Wagens durchbohrt und ragte mit zersplitterter Spitze aus der Polsterung. Der Kutscher lief seinem entsprungenen Pferd nach, mit flatterndem Lodenmantel, die Peitsche schwingend, und aus den stehengebliebenen Automobilen streckten die Insassen ihre Köpfe. Das gestürzte Pferd lag auf der Seite, reglos, die Beine steif von sich gestreckt, außer dem geknickten Vorderbein, über dessen blutige Knochenstümpfe unser Kutscher sich beugte. Mit schräg verdrehten Augen blickte das Pferd zu ihm auf, den Kopf geduldig an die Deichsel gelehnt, die Nüstern und Ohren zitternd, und im dunkelbraunen Fell um Stirn, Augen und Nase schimmerten wellenförmige Linien und Wirbel. Der Boden schaukelte, die Wellen gingen hoch, der Wind pfiff, und unter dem Gewicht der stockenden Fahrzeuge und herbeigeeilten Zuschauer sank die Brücke. Polizei und Feuerwehr kamen herbei, von weit her am Getön der Sirenen kenntlich, brachten Seile mit, Kräne, Bahren und Werkzeuge, und Männer in Helmen und Gummijacken umknieten das Pferd, lösten es aus den Zügeln, spannten es fest unter dem Hebearm des Transportwagens, und das Pferd ließ alles mit sich geschehn, leise schnaufend, ein wenig Schaum vor dem Mund, und Beamte trieben mit Trillerpfeifen und heftigen Bewegungen ihrer weißen Handschuhe den Verkehr wieder an. Als das Pferd unter dem Lastkran langsam zum Wagendeck hinübergeschwungen wurde, drehte es erstaunt den Kopf nach dem Kutscher um, und sah ihn wahrscheinlich zum letzten Mal, und während es, seitwärts liegend, festgeschnallt wurde, kamen vom Park her Polizisten mit dem andern eingefangenen Pferd zurück, es bäumte sich auf, und die Polizisten hingen ihm, mit hochgerissenen Beinen, am Halfter. Der Schaft der Deichsel wurde aus der Rückwand unserer Kutsche gezogen, wir stiegen ein zu den Eltern meiner Braut, ich drängte mich zwischen sie, nahm meine Braut auf den Schoß, die beiden Kutscher spannten das rotgesprenkelte Pferd in die Deichseln, kletterten auf den Bock, hielten die Zügel straff gespannt, und die Kutsche, in der wir gesessen hatten, wurde hinten am Feuerwehrwagen befestigt, und so konnte alles weiterrollen, auf der schwimmenden Brücke, im Seewind, unter kreischenden Möwen. Das Polizeiauto führte die Prozession an, dann kam der rote Wagen mit dem gefallenen Pferd und der Mannschaft zu seinen Seiten, es folgte die leere Kutsche im Schlepptau, holpernd und hin- und herschaukelnd, und schließlich unser Gefährt, mit zwei Kutschern auf dem Bock, eng nebeneinander, in hellgrauen Mänteln, die Kragen breit über die Schultern zurückgeschlagen, hellgraue Zylinder auf den Köpfen, ich glaube mit Federbüscheln daran, und während ich nichts sah, weil sich der Schleier meiner Braut über mein Gesicht legte, flogen wir von einem Ruck in der Kutsche zurück, und dann zeigte es sich, daß das Pferd, nachdem es die Brücke verlassen hatte, schnaubend und Funken aus dem Pflaster schlagend, die Herrschaft über den Wagen übernommen hatte, und das Polizeiauto, das neben uns herfuhr, trieb mit seiner wieder ertönenden Sirene seinen Lauf noch an. Ich hielt meine Braut mit den Armen umschlungen, rechts von mir beugte sich ihr Vater weit aus dem Fenster, und ihre Mutter beugte sich links noch weiter hinaus, doch während der Vater um Halt schrie, schrie die Mutter um schnellere Fahrt, der Hut, mit Geblüm und Spitzen garniert, war ihr vom Kopf geflogen, ihr Haar hatte sich aufgelöst, sie warf sich vor und zurück, das Gesicht in wilder Freude verzerrt, mit schrillen Rufen das Pferd anspornend, und die Fahrzeuge vor uns stoben zur Seite, die Fußgänger flohen vom Gehsteig in die Parkanlagen, in denen ein Blasorchester musizierte, und erst hier auf dem Platz, den wir einige Male umkreisten, kamen wir zum Stillstand, nachdem zwei Polizeiwagen, von rechts und links drängend, das Pferd zwischen sich eingeklemmt hatten, und dies geschah vor dem Portal des

Hotels, in dem das Zimmer zur Hochzeitsnacht gemietet war, der Portier stand schon bereit, uns zu empfangen.

Gestern fuhr ich noch auf der Fähre, und der Fährmann erzählte mir von seinen Söhnen, er hatte sechs Söhne, morgens, als ich hinüberfuhr, erzählte er mir von drei Söhnen, und abends, als ich zurückfuhr, erzählte er mir von drei andern. Der erste Sohn war klein und rund, ich weiß nicht, ob es der älteste war, jedenfalls war es der erste, den er erwähnte. Er hatte rote Backen und rotes Haar, kurze feiste Arme und aufgeblähte Händchen. Den Mund hielt er offen, er hatte sehr kleine scharfe Zähne und eine spitze Zunge, seine Nase war ausgestülpt, und wenn es regnete, regnete es ihm in alle Öffnungen des Gesichts. Der zweite Sohn war lang und dünn, seine Augen lagen tief in den Höhlen, sein Schädel war kahl, die Schläfen eingesunken. Er hatte nur einen Arm, den andern hatte der kalte Brand gefressen. Mit seiner übriggebliebenen Hand war er jedoch vielen, die noch beide Hände besaßen, im Skatspiel, vielleicht auch im Klavierspiel, überlegen. Der dritte Sohn war von riesenhaftem Wuchs, er trug einen gesträubten Schnurrbart und borstiges Haar, seine Brust war tätowiert und konnte, wenn er sie dehnte, eine eiserne Kette sprengen. Seine Arme waren voller Narben, denn er durchstieß sie mit Nadeln und Messern, und sein Schlund und seine Magengrube waren gegerbt von Schwertern, die er hineinsteckte und herauszog. Der vierte Sohn schien der Beschreibung nach älter zu sein als der Fährmann, was damit erklärt werden konnte, daß er sein Stiefsohn war, den seine Frau in die Ehe mitführte. Dieser Sohn hatte keine Zähne und bewegte sich nur mühsam an Krücken. Wenn er überhaupt Worte hervorbrachte dann stotterte er, und niemand hatte Geduld, ihn anzuhören. Er machte sich jedoch ständig bemerkbar indem er mit der Krücke auf den Tisch schlug oder, wenn man ihn in der Dachkammer eingeschlossen hatte, auf den Boden klopfte. Der fünfte Sohn war der Liebling aller. Auch er war dick, viel dicker als der erste Sohn. Er war so dick, daß er sich kaum bewegen konnte, er verbrachte seine Zeit liegend, auf dem Sofa, auf dem Fußboden, im Bett, wo überall große Kissen für ihn bereitlagen. Dem Fährmann tränten die

Augen als er von diesem Sohn sprach. Er sagte, wenn ich ihn nicht mißverstand, daß er ihm jeden Tag etwas mitbrachte wenn er von der Arbeit nachhause kam. Er wohnte damals mit seiner Familie noch in einem größeren Haus auf der Anhöhe über dem Ufer, dort wo jetzt das Telegrafenamt liegt. Er kam mit einem Fisch, einer Kirsche, einer Schnecke, einem Blumenkohl, immer mit einer Abwechslung, die er beim Eintreten mit der Hand hinterm Rücken versteckte, während der Sohn, als er draußen die Schritte hörte, ungeduldig fragte, was er ihm heute mitgebracht habe. Was hast du mir heut mitgebracht, was hast du mir heut Schönes mitgebracht, rief der Fährmann mit weinerlich verstellter Stimme, und es war einer der seltenen Augenblicke, in denen er die Pfeife aus dem Mund nahm. Auf Zehenspitzen ging der Fährmann an das Lager seines Sohnes heran, indem er ihn aufforderte, zu raten, und weil der Sohn immer falsch riet, war die Überraschung immer groß, und dann bereitete er das Geschenk eigenhändig am Herd oder am Anrichtetisch zu und servierte es ihm auf einem besonderen Teller, auf dessen Boden ein Zwerg mit einer roten Zipfelmütze abgebildet war. Natürlich war dieser Leckerbissen nur eine Beigabe, denn die Mutter hatte das Hauptgericht schon gekocht und gewürzt, doch ehe alle an das Verzehren der Mahlzeit gingen, sahen sie dem eingebetteten Sohn zu, mit Kopfnicken und ermunterndem Lachen, wie er sein Vorgericht verzehrte. Nur der sechste Sohn sah nicht zu, er mußte oft von den andern Brüdern mit Gewalt zurückgehalten werden, weil er sich mit einem Messer auf den Dicken stürzen wollte. Das Gesicht des sechsten Sohnes war von großer wenn auch von Pocken zerfressener Schönheit. Er hatte langes seidiges schwarzes Haar, das ihm bis über die Schultern hing. Er trug einen goldenen Ring im linken Ohr und ein paar billigere Ringe an den Fingern. Auf seine Kleider achtete er nicht, sie hingen ihm in Fetzen um den Leib, und überall leuchtete die gelbe Haut hindurch. Dieser Sohn schlief nie im Haus, sondern in einer Kiste draußen im Hof, die er mit Stacheldraht umspannt hatte. Auch er war groß, ging aber gebückt und schleichend, barfuß, oder in zerlumpten Fußlappen. Der Fährmann nannte mir auch Namen, vielleicht waren dies Namen der Söhne, und so hieß der erste Jam, der zweite

Jem, der dritte Jim, der vierte Jom, der fünfte Jum, der sechste Jym.

Die Brücke ist seit langem da, wir fuhren einmal über die Brücke, auf dem Weg zum Standesamt, eine Frau und ich. Sie war eines Nachmittags zu mir hinaufgekommen, ich erkannte sie nicht gleich wieder, hatte auch ihren Namen vergessen. Sie stand lächelnd da und wollte eintreten, und ich führte sie in die Küche, ihr Leib war vorgewölbt. Du bist dick geworden, sagte ich, in einem Versuch des Wiedererkennens, und sie lächelte nur zur Antwort. Sie setzte sich, saß mit gespreizten Beinen vor mir, hielt mir ihren Bauch hin, lächelte siegesgewiß. Sie ergriff meine Hand und legte sie auf ihren Bauch und ich fühlte die Bewegungen des Kindes. Auf alle Fragen die ich stellte lächelte sie nur mit ihren trockenen gesprungenen Lippen und ihr Bauch war ihre einzige Antwort. Ich hatte die Stunde vergessen in der wir, wie sie mir später erklärte, in der Treppenhalle der Wissenschaftlichen Akademie, hinter dem Schalter des Wachtmeisters, unter der gipsernen Kopie der Nike von Samothrake, einander umarmten. Unvergängliche Stunde, deren Schuld ich jetzt auf dem Weg war, vor dem Sachwalter des Bürgermeisters zu begleichen, und wir traten in einem holzgetäfelten Raum vor eine hölzerne Schranke, hinter uns zwei gemietete Wachtleute als Zeugen, und der Beamte klopfte auf einen hohlen Schrein, dreimal, und blickte auf den schwangeren Bauch meiner zukünftigen Gemahlin, und zwang uns ins Knie auf einem hölzernen Schemel, und wir hielten uns am Holzgeländer fest, und er verlas seine Sprüche, die dumpf in der Holzkammer pickten, und dann schrieben wir in ein dickes Buch, das er uns hinhielt, unsere Namen, für alle Ewigkeit.

Dort, glaub ich, fuhr der Fährmann vorbei, im letzten Wagen der Straßenbahn, am Bremsrad, er hielt das Rad in den Händen und drehte es hin und her, sicher war er es, der da im Gedränge stand, nur er hat solch einen breitrandigen, von Sonne und Regen verwalkten Hut, nur er hält die kurze dicke Pfeife so fest im Mund. Nachdem man ihm die Fähre genommen hat, muß er sich das Steuerrad in der Straßenbahn suchen, und so steht er, breitbeinig, den Rücken der Fahrtrichtung entgegengewandt, und sieht vor sich die Straße wegfließen, mit Automobilen im Schaum des Kielwassers treibend, mit dichten Zügen von Schwimmern rechts und links im Dampf und Gewoge. Ich habe ihn einmal besucht, als er noch im Haus auf den Uferhöhen wohnte, wenn ihr euch erinnert, so lagen früher Lauben, Fischerhäuser, Scheunen und Ställe auf den Hügeln, mit Höfen und Viehweiden, auch einem Gehölz. Drüben wohnten damals Kleinsiedler, hatten Ziegen, Hühner, Schweine, und als Kinder fuhren wir sonntags manchmal von der Innenstadt auf der Fähre hinüber und schnitten uns Ruten aus den Haselsträuchern, während meine Eltern, die Mutter mit dem Sonnenschirm, der Vater mit seinem Spazierstock aus Bambus, auf den Feldwegen gingen. Obgleich das Ufer zur Stadt gehörte waren wir dort wie auf dem Lande, Heuwagen kamen von den Feldern und auf einer Wiese grasten Kühe, langsam nebeneinander hergehend, immer der Richtung des Sonnenuntergangs entgegengewandt, abends sich in einer gemeinsamen Bewegung hinlegend, parallel zueinander. Ich machte mir Gedanken darüber, warum sie immer die gleiche Richtung einhielten und ich kam darauf, daß dies einer natürlichen Ökonomie entsprach, in einer Reihe grasten sie das Feld in seiner ganzen Breite ab, und ließen kein Büschel übrig, und wenn sie den äußersten Rand des Feldes erreicht hatten, war das Gras hinter ihnen wieder aufgewachsen, und der Fährmann, der die Kühe besaß, trieb sie zu einem neuen Beginnen, das für die Kühe nur ein Fortsetzen war, zurück. Sie kauten das Gras in sich hinein, mit wälzenden Mäulern, starrten dabei mit ihren dunklen Augen vor sich hin, ließen den Schwanz an die Flanke schlagen, hoben zuweilen den Schwanz steil auf, stellten sich breitbeinig, ließen dampfendes goldfarbenes Wasser aus sich herausströmen, ließen braunen würzigen Dünger zu breiten Fladen aufklatschen, kauten, legten sich hin, kauten weiter, standen wieder auf, beugten den Kopf tief ins Gras, packten es mit der Zunge, rupften es ab, schoben es ins Maul, kauten und verarbeiteten den grünen Brei zu weißer Milch, die die Frau des Fährmanns, während die Kühe kauend stillstanden, die Köpfe gehoben, über das Wasser hinwegstarrend, zuweilen tief aus dem Hals brüllend, ihnen aus dem Euter molk. Bei dieser Beschäftigung sahen wir ihr zu, und vielleicht ließ sie uns an die Zitzen fassen und einen Strahl herauspressen, ich erinnere mich nicht deutlich, es ist lange her. Jedenfalls folgten wir ihr, ein paar Kinder aus der Stadt, in das Haus, wir trugen ihr den Eimer und durften in der Küche aus Holzbechern trinken, die sie in die Eimer getaucht hatte. Der Rand des Bechers lag dick an der Unterlippe und die Milch drang warm und fett in den Mund und schmeckte nach Gras. An der Wand hing eine weiße Uhr, mit großen verschnörkelten Ziffern und Zeigern, mit einem hin- und herschlagenden Pendel und zwei Ketten mit Gewichten, in der Form von Tannenzapfen. Der Fährmann saß am Tisch und hatte eine Zeitung vor sich ausgebreitet, er sprach das Gelesene halblaut vor sich hin und saugte an seiner Pfeife. Seine Frau sah uns zu, wie wir die Milch tranken und wischte sich die Hände an der Schürze ab. Der Fährmann beachtete uns nicht, und wenn er uns auf der Fähre sah, wollte er uns nicht wiedererkennen, soviel wir ihn auch nach seinen Kühen fragten, und nach den Tonzwergen, die in seinem Garten standen.

Bericht über Einrichtungen und Gebräuche in den Siedlungen der Grauhäute

Bei der Ankunft bietet sich dem Reisenden zunächst ein einziges, ineinander verschlungenes Gewühl von Lebewesen dar, die in unaufhörlicher Folge von überall hervor- und nach allen Richtungen hinwegströmen. Seinen ersten Überblick gewinnt er von seinem Standort aus, der sich ein paar Stufen erhöht am Rand einer langgestreckten Bodenfläche tief zwischen steil aufragenden steinernen Bauwerken befindet. Vor ihm auf der Ebene, und an den Steinen der ringsum abzweigenden Schluchten, verschieben sich die Bewohner dieser Siedlung, dicht gedrängt, mit ihrem schlenkernden Gang, ihrer schweren Bekleidung, in Reihen nebeneinander und hintereinander, und auf dem mittleren Teil ihrer glatten gebahnten Wege fließen endlose Züge kleiner Gehäuse in entgegengesetzten Richtungen aneinander vorbei. Während diese Vehikel, voll sitzender und stehender Lebewesen, gleichmäßig schnell, mit gewahrten Abständen zwischeneinander, die Hohlgänge entlangziehen, durchdrängen die Gehenden einander ständig in aufeinander zukommenden Fluten, drehen und winden sich aneinander vorbei, überholen einander, verweilen, werfen sich quer durch das Getriebe oder brechen sich seitwärts aus. In ihren dahinrollenden Gehäusen, die teils durchsichtig, teils vielfarbig verschalt sind, die vorn runde Augen und breite Mäuler aufweisen, die grollen, brummen, heftig aufschnauben, verharren die Insassen in einer Haltung von Gleichmut oder Müdigkeit, zusammengesunken, einzeln, die Hand an einen Griff geklammert, zu zweit, aneinandergelehnt, oder in dichten Gruppen, Arm in Arm aneinanderhängend. Selbst wenn ein Anrucken oder Einhalten sie schüttelt oder in eine eingekeilte Schräge versetzt, behalten sie den Gesichtsausdruck von Geborgenheit und Halbschlaf. So sind die ausgestampften Mittelflächen ihrer Wege für die langsam vorwärtsgleitenden Zellen errichtet, während die festen, aus riesigen Blöcken aufgetürmten Bauwerke ihre Wohnstätten ausmachen. Die Außenwände sind mit Reihen von Öffnungen durchsetzt, hinter deren durchsichtigem Stoff hier und da die

Einwohner auftauchen, entweder hin- und hergehend, mit Gegenständen beladen, einander Gegenstände überreichend, oder sitzend an Gestellen und Formationen, von denen die Räumlichkeiten durchwuchert sind, und an denen sie die Handhabungen ausführen, die zu ihrem Tagewerk gehören. In den unteren Höhlungen der Bauten befinden sich zumeist, hinter spiegelnden Abschirmungen, unter der Bestrahlung des kunstvoll gesammelten Lichts, Anhäufungen der Dinge, die sie zu ihrer Ernährung, Kleidung und Einrichtung benötigen, sowie zahllose andere Einzelheiten, zu verschiedenen Gattungen gesondert, manchmal auch in Überfülle durchmischt, die ihren übrigen Bedürfnissen des Anfassens, Betrachtens und Verwahrens entsprechen, und locken den Vorübergehenden an, und der Beobachtende nimmt wahr, wie zwischen den aufgelagerten Dingen hinter den reflektierenden Trennungshäuten und den Vorbeikommenden Beziehungen entstehen, die oft so stark sind, daß der eben noch vorwärtsschwankende Körper sich zurückstemmt, zur Seite dreht, und so verweilt, den Blick auf ein bestimmtes Objekt gerichtet. Durch auf- und zuklappende Eingänge finden Erweiterungen des großen durchmischten Strömens statt, indem sich Einzelne immer wieder aus den Reihen lösen und sich zu den angesammelten Dingen hineinbegeben und dort mit deren Hütern Gesten und Wortsignale ausführen, über vollgeladene Erhöhungen hinweg, oder unterhalb aufgetürmter Zusammenstellungen, oder in Kreisgängen zwischen Aufgehängtem oder Ausgebreitetem, bis der Eingetretene, nach abgeschlossenen Unterhandlungen, bei denen eine Menge von Handgriffen ausgeführt wird, teils in die Kleidung, an die Brust, die Hüften und Schenkel, zueinander hin und einander überkreuzend, teils im Zusammenhang mit einem glitzernden reich verzierten Instrument, das angeschlagen wird, um den stattfindenden Austausch und das Zusammensein zu bestätigen, wieder nach draußen tritt, den erworbenen Gegenstand, daß kein fremder Blick ihn mehr treffe, sorgfältig verhüllt in den Armen tragend. Dies sind Vorkommnisse, die der Reisende erst allmählich der Vielfalt entnimmt, wenn er den ersten betäubenden Eindruck überwunden hat, einer einzigen riesenhaften Auflösung, einem gesetzlosen unaufhaltsamen

Zerrinnen beizuwohnen, und es sind Vorkommnisse, die schon von späteren Erfahrungen überprüft worden sind, denn in der ersten Stunde steht er nur still, mit den Händen hinter sich einen Halt am Gestein suchend, um nicht einzuknicken in den zitternden Knien, angesichts dieses Krals, in den er sich eingeschlichen hat, um zu dessen Erforschung beizutragen; er steht reglos zwischen den klobig vorbeistampfenden Ortsansässigen und versucht, sich zu erinnern, was seine Lehrmeister ihm geraten haben, ohne jedoch auf anderes zu kommen als auf die Sagen, die bei uns im Umlauf sind, und in denen vom Blutdurst und von der Rachsucht der Bewohner dieser Gegend die Rede ist. Seine Kleidung ist ihm noch ungewohnt, auch entdeckt er abweichende Einzelheiten in ihrem Schritt, die einen aufmerksamen Betrachter mißtrauisch machen könnten, doch etwas von der Einheitlichkeit dieser kreisenden Menge von Lebewesen geht schon auf ihn über, und er stellt sich vor, wie sein Körper sich der leicht vorgebeugten Haltung anpassen und sein Gesicht diese gleichmäßige starre Beherrschtheit annehmen könnte, und er entwickelt, in der ersten Stunde schon, die Mimikry, die ihm das Dasein hier ermöglicht, die er in der Folge noch zu vervollständigen sucht, die ihm ein gewisses Maß von Sicherheit gibt, jedoch nie so viel, daß er sich nicht ständig der Gefahr die ihn umgibt bewußt wäre, und daß er die Vermessenheit seines Unterfangens vergäße. Vielleicht spricht er sich bei seinem Beginnen sogar eine größere Fähigkeit zum Aushalten zu, als er sie später findet, und in der Erregtheit der Ankunft vergißt er die Schwäche, unter der seine Muskeln eben noch nachgeben wollten, und die Gedanken an die bevorstehenden Schwierigkeiten werden bedeutungslos neben der Feststellung, daß er jetzt endlich, nach langen Vorbereitungen, hier ist, endlich mit eigenen Augen sieht, was nur wenige Reisende vor ihm sahen und mangelhaft mitteilten, und die Aufgabe die er sich gestellt hat, ein Bild dieses Lebenskreises aufzuzeichnen, erscheint ihm noch durchführbar. Einen Augenblick lang glaubt er, in dem Durcheinanderfließen gewisse Muster zu erkennen, er glaubt, etwas zu fassen von dem Gegensätzlichen, das überall das Muster durchzieht, das überall aus einem Sich-Annähern und Voneinander-Wegstreben von zwei Teilen, von einem Kommen und Gehen, einem Auftauchen und Verschwinden besteht, er sieht dieses Sich-aneinander-Vorbeidrängen, dieses Sich-aneinander-Reiben, diese ständige Drohung des Zusammenstoßens, dieses nahe Ausweichen, dieses reihenweise Aufeinander-Zukommen, dieses Sich-aneinander-Vorbeischieben in eng verketteten Massen, er hört das Geräusch der hart besohlten Füße auf dem steinernen Boden, dieses Klappern und Schlürfen, und das Raunen der Stimmen, und das Knurren und Fauchen der tierisch geformten Gehäuse, er sieht die Soge die hier und da in den Hauptströmungen entstehen und Wogen von Lebewesen einziehen in Maueröffnungen, Bodenschächte und heranrükkende, gleich weitertreibende Tragschalen, so wie an anderen Stellen lebendige Reihen aus Ausflüssen hervorquellen und das Gegengewicht wieder herstellen; er sieht das unaufhörliche Heranfließen und Wegfließen, das sich zu dieser Stunde unter dem roten Licht der eben auftauchenden Sonne abspielt, er glaubt, das ständig Wiederkehrende im Rhythmus der Bewegungen zu entdecken, er läßt sich durchsetzen von diesem gemeinsamen Puls, diesem gemeinsamen Atmen, er läßt sich überwältigen von den Ausmaßen dieser Siedlung, deren Kreuzwerk von Laufgängen zwischen den unregelmäßig aufgetürmten Wohnblöcken verschwindet, und steigt, die Zusammenhänge aus der Sicht verlierend, von seinem Ausgangspunkt herab in das Gedränge, wo er genug damit zu tun hat, sich mit den nächstliegenden Vorgängen zu befassen. Geschoben und gestoßen gelangt er vor eine der breiten Maueröffnungen, will eintreten, stößt sich an der harten unsichtbaren Scheidewand, tastet sich daran entlang und gerät, von andern mitgezogen, durch die zurückweichende Klappe hinein in eine der Kammern, in denen die von draußen Kommenden an den dargebotenen Gegenständen entlanggehen, sich hier und da zu ihnen hinabbeugen, sie befühlen, beklopfen, beriechen, hochheben, drehen, versuchsweise an sich drücken, wieder absetzen, andere wählen, und oft zu den zuerst gefundenen zurückkehren, um diese noch einmal zu behorchen und zu befragen. Diese Vorbereitungen finden unter dem Austausch ihrer hart hervorgestoßenen zischenden schnalzenden und pfeifenden Mundlaute statt, wobei die Bewacher, die in diesen Höhlungen ihren

Posten eingenommen haben, eine zugleich untergebene wie bemeisternde Funktion ausüben. Der Reisende unterscheidet, daß die Wortsignale der Eingetretenen einen fragenden Klang und die der Wächter einen antwortenden Klang besitzen, er lernt bestimmte oft wiederkehrende Laute kennen, so wie die Zustimmung, die auch von einem Nicken des Kopfes ausgedrückt werden kann, und die Verneinung, die einem mehrmals wiederholten hastigen Hin- und Herdrehen des Kopfes entspricht. Einzelne Ausrufe prägen sich ihm ein, obgleich er noch weit davon entfernt ist, ihren Sinn zu verstehen, halblaut versucht er, sie nachzusprechen, was kaum zu hören ist in jenem wechselvollen Geräusch, das hier, von zusammenschlagenden, aneinander geriebenen, angekratzten oder angezupften Gegenständen erzeugt, zuweilen auch von hervorgejammerten, herausgeschrienen Mundlauten begleitet, aus unsichtbaren Quellen in den Raum dringt und ihn mit einer fortwährenden Beschwörung überlagert. Da er sieht, daß zahlreiche Besucher gleich ihm an den ausgelegten Dingen entlanggehen, ohne sich für irgendeines endgültig zu entscheiden, verläßt ihn die Furcht vor dem Entdecktwerden, die ihn beim Eindringen durch die zurückschnellende Wandklappe überkam, er nimmt sich Zeit und erwidert den fragenden Ruf eines Wärters mit dem schnell erlernten Kopfschütteln. Was hier ausgestellt ist dient weder der Ernährung, noch der Bekleidung, auch scheint es weder das Sitzen noch das Liegen zu erleichtern, vielleicht sind es Abbilder von Tieren oder Früchten, aus einem harten glänzenden Material angefertigt, das schwer erscheint, sich beim Anheben jedoch als fast gewichtlos zeigt. Da die Kraftsammlung, mit der er zum Heben ansetzt, die Hand mit dem ergriffenen Gegenstand hoch in die Luft wirft, findet er sich von lachenden Gesichtern umgeben, und dieses Lachen erinnert ihn in der Mimik an das unsere, nur ist es von schallenden polternden Tönen begleitet, die wir nicht kennen. Er hält dieses Gedröhn für die Vorbereitung eines Angriffs und wagt nicht, die verzogenen Münder und Backen mit dem Ausdruck des Gelächters in Zusammenhang zu bringen, in Erwartung des Kommenden setzt er den Gegenstand vorsichtig nieder, wendet sich ab und geht langsam weiter, bereit, die Hände der Ansässigen gleich am

Arm und auf der Schulter zu spüren, doch es geschieht nichts, alle wenden sich wieder ihren eigenen Beschäftigungen zu, und ein paar kurze Wortzischer die sich an ihn richten erwidert er mit einem Nicken oder Schwenken des Kopfes. Es zeigt sich ihm schon bei diesem ersten Besuch einer Höhle, daß er es mit einem Geschlecht von Sammlern zu tun hat. Was hier aneinandergereiht ist, setzt Reihen fort, oder gliedert sich in Reihen ein, die den Eintretenden etwas Bestimmtes bedeuten, sie versenken ihren Blick in die einzelnen Stücke, heben den Kopf, schließen die Augen, und manchmal tritt eine Läuterung des Gesichtsausdrucks ein, der dann mit einer bejahenden oder verneinenden Bewegung des Kopfes beendet wird, und einige sind wie Blinde wenn sie ein solches Stück an sich nehmen, sie ertasten es mit den Fingerspitzen, sie führen es an ihre Lippen, drücken es an ihr Ohr, ihre Stirn, ihren Hals, und ehe sie sich entschließen, es mit sich fortzutragen, können sie noch in einem geflüsterten Zwiegespräch verweilen, in dem ihnen die Antworten aus irgendwelchen Öffnungen des Dinges, die dem Uneingeweihten verborgen bleiben, zukommen. Jetzt, auf dem Wege zum Verwalter, pressen sie es an sich, als besäßen sie es schon, und manche zeigen in diesem Augenblick eine solche Gier, einen solchen an Wut grenzenden Eifer, daß sie unwillkürlich mit den Ellbogen ausstoßen und um sich blicken, als gälte es, Gegner, die ihnen das Gefundene abspenstig machen wollten, zu überrennen. Bei den folgenden Handhabungen richtet sich die Aufmerksamkeit darauf, daß der Gegenstand sorgsam umwickelt und umbunden wird, so daß er von Unbehörigen nicht mehr erkannt werden kann, und nur noch sein neuer Besitzer weiß, was sich unter dem formlosen Knäuel verbirgt. Dieses Verstekken geht in einer abseits gelegenen Umschrankung vor sich und wird von einer eigens dazu bereitstehenden Kraft ausgeführt, während Erwerber und Hüter danebenstehen, Anweisungen geben und, mit ständigen Seitenblicken auf das Verfahren, untereinander den Gebrauch abmachen, der zu den Grundordnungen des hiesigen Zusammenlebens gehört. Mit ineinandergreifenden Bewegungen der Arme und Hände stellen sie das Prinzip des Gebens und Nehmens dar, beide sind in dieser Handlung zugleich Geber und Nehmer, beide sind Sammler, beide bereichern ihre Sammlung durch Austausch, indem der Übernehmer des Stückes aus den Verwahrungsstellen in seiner Kleidung, oder aus einem mitgebrachten Beutel, oder aus einem andersartigen aufklappbaren oder aufschnürbaren Behälter runde Marken und dünne Bilderblätter hervornimmt und sie dem Verwalter des Stückes überreicht, welcher ihm im selben Augenblick eine schnell angefertigte Zeichnung oder Beschreibung des Stückes in die Hand drückt, was mit dessen Überführung schon gleichbedeutend ist, denn der Erwerber betrachtet das umschnürte Bündel jetzt als Eigentum, während die runden, leicht erscheinenden Marken, die er abgab, hart klirrend in die Aufnahmeschale eines neuen Besitzers fallen, und die Bilderblätter sich knisternd zu den bereits gesammelten Bildern legen, worauf das schrille Abschlußsignal im glitzernd aufgetürmten Überbau des Sammlungsschreins ertönt, und das umhüllte Ding in die ausgestreckten Hände des neuen Behüters gelegt wird. Für den Reisenden gilt es, wie er auch in seinen Vorstudien erfuhr, in den Besitz dieser runden harten Marken, dieser knisternden Bilder zu gelangen, und zu diesem Zweck trägt er in seiner Kleidung ein paar der glänzenden Metallstücke und durchsichtigen Steine, die, wie unsere Lehrer behaupten, in diesen Regionen als Tauschobjekte begehrt sind. Seine Vorsicht sagt ihm jedoch, daß er nicht hier, im Getriebe rings um die ausgestellten Gefäße, Figuren oder Gewächse, und auch nicht im Winkel, wo man die Dinge versteckt, und auch nicht draußen, im offenen Krater zwischen den hohen Bauten, eins der wertvollen Stücke irgend jemandem, dessen Blick ihm begegnet, zum Tausch anbieten kann, sondern daß er erst die passende Stelle, den passenden Anwärter ausfindig machen muß. Er folgt dem Sammler, der seine Neuerwerbung dicht an sich drückt, durch die Wandklappe hinaus in die nach wie vor hin- und herströmende Flut von Lebewesen, er bemüht sich, den Träger des Dinges, dessen Aussehen er schon vergessen hat, nicht aus den Augen zu verlieren, er geht hinter ihm, paßt sich seinem Gang an, erlernt diesen schwerfälligen Schritt, dieses Sich-Wiegen in den Hüften, dieses Vorbeugen der Schultern, er sieht, wie der vor ihm Gehende zuweilen seitwärts auf das Ding das er trägt niederblickt und mit Einverständnis betrachtet, wie er es mit den Händen befühlt, wie er es mit dem Arm deckt, wie er die freie Hand davorlegt, um es vor Stößen zu schützen, und dabei vergleicht der Reisende dieses Gesicht mit den Gesichtern, die wir kennen, er versucht, herauszufinden, ob die Sehwerkzeuge darin, mit den darüber ausgebreiteten Haarbüscheln, das vorstoßende Riechorgan, die Öffnung für die Nahrungsaufnahme und das Ausstoßen der Laute, der seitwärts angebrachte verknorpelte Hörtrichter, das Knochengerüst unter der Profillinie, die hervortretenden Muskeln und Sehnen, sich von unserem eigenen organischen Bau unterscheiden, was er bei dieser unvollständigen flüchtigen Untersuchung verneinen muß, nur glaubt er, in der Hautfarbe das Grau zu erkennen, das den Bewohnern dieser Gegend bei uns ihren Namen gibt, doch auch dies ist ungewiß, denn wenn er jetzt seine eigene Hand betrachtet, so erscheint sie ihm in derselben schmutzigen Bleichheit, die die Farbe des Himmels und des aufgetürmten Gesteins widerspiegelt, und die auch von dem glühenden Klumpen der Sonne nicht erwärmt werden kann. In auftauchenden und vorbeigleitenden weiblichen Gesichtern sind der Grauheit jedoch oft ein paar starke Farben hinzugefügt worden, noch ohne Möglichkeit des näheren Betrachtens nimmt der Reisende diese Münder wahr, deren Lippen mit rotglänzenden gewölbten Blättern ausgelegt sind, diese Augen, durch schwarze Fassungen vergrößert, grün und blau ummalt, diese Wangen, rötlich und bräunlich bestäubt, und das Haar, soweit es sichtbar ist unter dem vielfältig gestalteten Kopfputz, geölt, gekräuselt, zu Flechten geschwungen, die Ohrläppchen von Ringen durchzogen oder mit aufblitzenden Steinen behängt. Die sackartige, oft in der Mitte zusammengeschnürte Umhüllung der Körper läßt beim weiblichen Geschlecht die Beine frei, die beim männlichen von den schlauchförmigen Tüchern verborgen werden, an die der Reisende sich zu gewöhnen versucht. Diese Hülsen sind es, die ihren Gang behindern, die die Bewegungen der Knie und Hüften einengen, während die Beine der weiblichen Bewohner sich freier bewegen unter dem offenen Umhang, dagegen erschweren sich diese wieder das Gehen, indem sie, um größer zu erscheinen, ihre Füße an den Hacken aufstelzen, mit Riemen hochbinden, und auf Zehenspitzen balanzieren. Auf den ersten Anblick wirken ihre Beine nackt, zeigen sich dann aber von einer dünnen durchsichtigen Schicht überzogen, unter der die Regungen der Fersen, der Waden und Kniegelenke zu beobachten sind. Bei seinem Blick in das Gewirr der Beinpaare, die auf den glattgeschliffenen, dicht aneinandergelegten viereckigen Steinplatten des Weges herankommen und verschwinden, verliert der Reisende den Verfolgten aus der Sicht, er sucht noch eine Weile zwischen den klumpigen vermummten Körpern, und hier und da glaubt er, ihn wiederzuerkennen, es ist aber jedesmal ein anderer, der gleich ihm ein verpacktes Bündel oder einen Behälter an sich drückt, und den Inhalt vor den Blicken der Vorübergehenden bewahrt. Er läßt sich schieben und zur Seite drücken, er dringt neben andern vor durch die Gegenströmungen, er treibt mitten in den unendlichen Reihen die Gehflächen entlang, ohne sich dem regelmäßigen Muster der Steinfugen anzupassen, tritt manchmal auf eine Ritze, manchmal auf eine Ebene, wie all die andern vor ihm, neben ihm und hinter ihm, tritt auf die Schatten, die die Sonne an die Füße der Gehenden legt, zertritt die Schatten, so wie sein eigener Schatten zertreten wird, und läßt sich mitziehen von einem Strom der seitwärts ausweicht, einem roten Gehäuse zu, das eben heranschwimmt, er läßt sich hineindrängen, hineinheben durch die pfeifend aufklaffende Wand, hängt drinnen im Rippenwerk, im Gestänge, zwischen zusammengepferchten Körpern, sein Gesicht jetzt nah zwischen anderen Gesichtern, grauen und bemalten, und schon zischt die Öffnung wieder zusammen, und rüttelnd und schnaufend bewegt sich das Bauwerk weiter, voll aneinandergelehnter Lebewesen, die in gleichmäßigem Schwung vor- und zurückschaukeln. Hinter den durchsichtigen Wänden gleiten die andern Gehäuse vorbei, mit ihren weichen lebendigen Lasten, und mit sicherer Haltung und leichten Wendungen finden sie ihren Weg, ohne aneinander zu rühren, sie kreisen, im Zug der endlosen Herde, um die Rundung, auf deren Mittelplan und Saumpfaden die Massen der Fußgänger wogen, und die umstellt ist von den durchbrochenen Turmbauten, aus deren Innenräumen Lichtbündel flimmern, und auf deren hartverkitteten Außenwänden sich Nachformungen von Blitzen, Blüten, Sternen und Kometen in bunten

Feuern regen, sie kreisen langsam, lauernd, bebend in ihrer zurückhaltenden Kraft, fast schnuppernd, leckend aneinander, schwenken ein in eine der Seitenschluchten, aus denen ihnen eine gleichartige Herde entgegenkommt, breitmäulig, mit aufgesperrten Augen, rasselnd, scheppernd, bläulich dampfendem Atem ausstoßend, sie gleiten vorbei aneinander, liegen Seite an Seite, und auf den erhöhten Wegkanten werfen die Vermummten sich Schritt für Schritt einander in den Rücken und zwischeneinander hindurch, vorgebeugt, schlenkernd, die Köpfe drehend, die Münder öffnend und schließend, und in den Steilwänden strecken sich die leuchtenden spiegelnden Reihen der Einblickslöcher hin, mit Gegenständen, Figuren, Gesichtern angefüllt, und immer wieder tauchen dazwischen die Zeichen auf, nebeneinander und übereinander gestaffelt, mit ihren Bögen und scharfen Winkelungen, ihren Unterschieden in Größe und Dicke, ihren zusammenhaltenden Schlingen und abgrenzenden Keilen, diese Zeichen, die nichts anderes bedeuten können, als eine Schrift, eine Schrift jedoch, aus der die Sinnbilder von Gesten und Naturformen nicht mehr zu erraten sind. Auch innen in seinem Gehäuse sieht der Reisende die Zeichen, auf klappernden Schildern, oder auf die Wandflächen gemalt, und hier und da im Gedränge zieht ein Insasse Bündel von dicht mit Schriftzeichen besetzten Blättern aus der Kleidung hervor, und der Reisende versucht, vorsichtig über eine Schulter gebeugt, etwas von der Leseart dieser aus zahlreichen Feldern verschiedener Größe zusammengefügten Texte zu fassen. Es bleibt unersichtlich, in welcher Ordnung die Felder zueinander gehören, ob sie überhaupt zueinander gehören, ob sie nicht jedesmal ein geschlossenes Ganzes bilden, mit eigenem Anfang, eigenem Ende, und er sieht, wie der Blick des Lesenden unruhig über das Blatt gleitet, hier und da verweilt, sich von oben nach unten senkt, von unten wieder aufsteigt, von der einen Seite zur anderen schwingt und wieder zurückfährt, und nur vor den hier und da eingelassenen Bildern verweilt. In diesen Bildern ist mit überraschender Genauigkeit das Aussehen von Gesichtern, Körpern, Bauwerken und allerlei Arten von Gegenständen festgehalten, sie sind wie graue Spiegelungen wirklicher Erscheinungen, und der Reisende meint schon, es bewege sich in ihnen, und es stelle sich auf der Fläche das Gesicht des Lesenden, oder ein anderes in der Nähe Stehender, oder ein Ausblick durch die Öffnung der Zelle dar, doch es bleiben feste unveränderliche Abdrücke, irgendwo eingefangen und dem Blatt einverleibt. Da der Reisende sich nah an den Lesenden beugt, um zu untersuchen, von welcher Richtung her er eins der Teilstücke entziffert, ob von oben nach unten, ob von rechts nach links, oder umgekehrt, trifft ihn der Blick im hastig umgewandten Gesicht, und diesmal ist nichts von einem Gelächter in den Zügen vorhanden, die Haarbüschel über den Augen haben sich eng aneinander geschoben und die dazwischenliegende Haut zu ein paar Wulsten gepreßt, die straffgespannten Lider geben nur einen Schlitz der Augen frei und zerren scharfe Kerben fächerförmig in ihren Winkeln zusammen, senkrechte Falten strecken sich von den Augenhöhlen am grauen Brocken der Nase entlang zum eingesogenen Mund, von dessen Ecken tiefe Rinnen weiter zum Kinn hinunterlaufen, und dort, um die unteren Schwülste, zittert das lockere Fleisch, und hängt in zerfurchten Säcken über dem Hals, nur von dünnen Strängen zusammengehalten. Die Zungenspitze schiebt sich hervor, um die Lippen aufzustoßen, weiße Speichelfäden verkleben sie noch, die Zunge arbeitet sich frei und wischt die schleimigen grauen Zähne ab, schon strömt der warme, vom Geruch der Eingeweide gesäuerte Atemzug aus dem Hals, mit seinem knarrenden stöhnenden Ton, der von Zungenschlägen und Gebißbewegungen zu Ausrufen geregelt wird, und der Reisende wendet sich ab, kopfschüttelnd, und starrt durch die dünne Schale des vorwärts schaukelnden Gefäßes hinauf zu den Maueröffnungen in deren Bespannung das Sonnenlicht rot aufblitzt. Gleichzeitig arbeitet sich, von vorn her kommend, eine Gestalt zwischen den Angesammelten hindurch, die ihren Ausdruck und ihren Gebärden nach dem Hüter entspricht, dem der Reisende bereits in den Höhlungen der festen Gebäude begegnet ist, und führt, im Zusammenwirken mit den Händen der Insassen, das schon bekannte Spiel des Tauschens aus, und diesmal scheint er den Sammlern den Genuß des eng aneinandergedrückten Dahingleitens zu geben, und dafür reichen ihm die Hände die kleinen Marken hin, die er in einem umgehängten rachenförmigen Gebilde verschwinden läßt, und er streckt den Händen die bereits angefertigten, in dicken Schichten zusammengehaltenen, schnell losgerissenen Bilder oder Beschreibungen hin, die ihrem neuen Besitzer das Recht zur Teilnahme an diesem Zusammensein verbürgen. Beim Anblick der runden Scheiben, die den Umhang des herbeikommenden Vermittlers zusammenhalten, und die aus dem selben glänzenden Material zu sein scheinen wie die Stückchen, die der Reisende in seiner Kleidung trägt, erwägt dieser, ob es jetzt angebracht sei, einen solchen Gegenstand herauszuheben und zum Tausch anzubieten, er zieht es dann aber vor, sich hinter dem Rücken, der sich wieder vor ihn hingedreht hat, zu verstecken, und drängt sich um den Rücken herum, dem suchenden Blick des Markensammlers entgehend, und gerät auf diese Weise in die Verschiebung, die auch hier im Innern des Gehäuses vor sich geht, und die ihn allmählich in die Richtung zum vorderen, zuweilen aufschnellenden Auslaß treibt. Denn man versammelt sich hier nur für kurze Zeit, um sich aneinanderzulehnen und sich aneinander zu reiben und zu scheuern, man steigt in diese Kammer, um sich eine Weile schaukeln und umhertragen zu lassen, festgedrückt an Rücken, Beine, Hüften, Schultern, Arme, Bäuche, man nimmt von andern Leibern die Wärme der Haut entgegen, die durch die Hüllen der Bekleidung dringt, man läßt sich kitzeln von Haarsträhnen und streifen von Atemzügen, lehnt hier und da die Seitenflächen der Gesichter aneinander, tastet einander mit den Füßen ab, während der Blick von all dem keine Kenntnis zu nehmen scheint, sondern leer starrt oder sich in den vorgehaltenen Sammlungen von Schriftzeichen verbirgt. Diese dahingleitenden Kästen stellen eine Art von Ruhebetten dar, in die die Bewohner dann und wann steigen, um sich zu entspannen und zu versenken, und dabei, mit erloschenen Gesichtern, einen kaum merkbaren Tanz auszuführen, in dem sie Kräfte aneinander übertragen, in dem sie sich langsam aneinander drehen und schrauben, bis der Spalt erreicht ist, durch den man sich wieder, ausgeruht und gestärkt, hinaus in die offenen Bewegungen wirft. Doch auch diese Erfahrung ist schon von später erworbenen Kenntnissen des Reisenden erweitert, denn es ist wahrscheinlich, daß er bei seiner ersten Teilnahme an diesem gemeinsamen Vorhaben sich noch behindert fühlt von dem bei uns ungewohnten Druck, der ringsum auf ihn ausgeübt wird, und daß er sich fragt, wohin diese bebende und schnaubende Kammer ihn führen will, bis er plötzlich, zusammen mit anderen, die sich eben noch eng an ihn klammerten, durch die vordere Öffnung ausgestoßen wird, hinein in die wandernden Reihen, die sich an den durchlöcherten Steinwänden entlangziehen. Auf eine fast heimtückische Weise erlischt der Zustand des Beginnens, mit seinen offenen Fragen, seinem saugenden Aufnehmen, seinen Anflügen von Schwindel und seiner ermattenden Verwirrung, und in der allmählich einsetzenden Anpassung an die hiesigen Lebensverhältnisse ist die ursprüngliche Verständnislosigkeit kaum mehr zu ermitteln. Die Tatsache, daß niemand ihn beachtet, daß niemand einen prüfenden Blick auf seine Kleidung wirft, macht ihn von Anfang an zu einem Bestandteil des kreiselnden Ganzen, daß alle ihn gelten lassen, daß niemand ihn anspringt, läßt ihn zeitweilig unsere Welt vergessen, die Augenblicke, in denen er durch sein Betragen Aufmerksamkeit weckt, verflüchtigen sich gleich wieder in der Vielfalt der ineinandergreifenden Geschehnisse, kein Auge verweilt so lange auf seiner Haut, seinen Gesichtszügen, seinem genähten und gegürteten Umhang, als daß es Abweichungen vom Gewöhnlichen entdecken könnte, und auch der Reisende, wieder auf dem steinernen Boden stehend, glaubt, daß er mit seinem Gesicht, seinem Leib, den ringsum vorbeischwankenden Gesichtern und Leibern gleicht, und er nimmt an, daß auch die grundsätzlichen Bedürfnisse, die bei uns gelten, nicht von denen der Ortsbewohner unterschieden sind.

Im Innern seiner Kleidung, durch einen Schlitz im Stoff zu erreichen, verwahrt er die Reste seiner Wegzehrung, doch er wagt nicht, etwas davon hervorzuziehen, da er niemanden draußen auf den Pfaden essen sieht, dagegen sieht er viele, die an kleinen glimmenden Röhren kauen und saugen, und den Rauch halb verzehren, halb wieder ausblasen, auch aus ausgehöhlten Hölzern, zu verschiedener Größe und Form zurechtgeschnitten, schlürfen sie den Qualm des hineingepackten brennenden Stoffes, und lassen ihn, verbrannt, wieder aus Mund

und Nasenlöchern quellen. Eine der Röhren, zu einem kleinen Stück abgebrannt, doch noch rauchend, sieht der Reisende zu Boden fallen, sie liegt auf dem Stein vor seinen Füßen, anscheinend von niemandem vermißt, doch er zögert, sich zu bücken, um sie aufzuheben, noch zweifelnd, ob er sich an diesem wenn auch weggeworfenen Stück aus der Sammlung eines anderen vergreifen darf, da hält eine Gestalt, die sich seitwärts an ihm vorbeigeschoben hat, im Gehen inne, tritt vor ihn hin, langt zwischen die breitgestellten Beine hinab, hält den kurzen rauchenden Docht schon zwischen den Fingern, steckt ihn schon in die angefeuchteten Lippen, und geht weiter, ohne aufgehalten zu werden. Der Reisende folgt diesem Rauchsammler, der langsam, mit einem Schwanken und Schleifen, das die Schwerfälligkeit der üblichen Gangart noch übertrifft, an der gemauerten Wand entlangstreicht. Er bleibt zuweilen stehen, wiegt sich vor und zurück, stößt, unter einem Zucken und Schütteln der Schultern, Schleim aus dem Hals hervor, den er, mit Speichel vermengt, ausspeit, worauf er sich über den Fladen beugt, ihn betrachtet, vor sich hinmurrend, dabei aber immer den noch rauchenden bräunlichen Rest des Dochtes im Mundwinkel behält. Da auch der Reisende stehen bleibt, wendet ihm der Raucher das Gesicht zu, mit einem Nicken und einer Verzerrung der Züge, die unserm Grinsen gleicht, und er antwortet mit dem erlernten Nicken, und nickt wieder, da sich ein paar herausgehustete Wortsignale an ihn richten. Das Gesicht des Rauchers scheint von hohem Alter, oder von den Spuren einer Krankheit, oder von den Angriffen einer harten Witterung gezeichnet zu sein, die Haut ist dunkler, als sie dem Reisenden bisher bei anderen begegnet ist, ihr Grau ist erdig und von tiefen Rissen durchzogen, und die kurzen Büschel des Bartes ragen struppig und wie versengt aus Schorf und Wundmalen. Auch die Tücher, in die der Alte gekleidet ist, haben eine lehmige Tönung, sie unterscheiden sich von den bisher gesehenen Kleidungsstücken, indem sie aus einzelnen, kaum zusammenhängenden kleineren Teilen bestehen, die oft durchlöchert sind oder nur ein dünnes Gewebe von Fäden aufweisen, unter denen die weißliche Haut des Rückens und der Lenden schimmert. Dann und wann wendet sich der Alte, beim Stehenbleiben, scharrenden Atemholen und Speien, nach dem Reisenden um, der sich dicht hinter ihm hält und ihm auf die rasselnden Halslaute mit einem Kopfnicken antwortet. So geraten sie, Stück für Stück, auf ihrem Weg voran, überholt vom Strom der vorgebeugten Eilenden, angestoßen und bedrängt vom Strom, der ihnen entgegen kommt, der mit seinem unaufhaltsamen Vordringen ständig das entgegengesetzte Vordringen zerteilt und durchtränkt, so geraten sie, am Fuß der hochaufsteigenden Mauerwerke, in der Richtung weiter, die der schwankende Alte eingeschlagen hat, vorbei an den harten durchsichtigen Flächen, hinter denen sich unter den gebündelten Lichtstrahlen Bestandteile zu den verschiedensten Sammlungen darbieten, vorbei an auf- und zuklappenden Durchgängen, vorbei an den Tafeln mit Schriftzeichen, von denen viele den Blick mit ihrer Eindringlichkeit festhalten, bis sie eine breite offene Fläche erreichen, die dem Kessel gleicht, an dessen Rand der Reisende einmal stand. Er ist jedoch nicht sicher, ob er an den Ort seiner Ankunft zurückgekehrt ist, beim Vorwärtsgleiten im dicht besetzten Gehäuse geriet er an mehren Plätzen von ähnlichem Aussehen vorbei, und immer waren sie umstanden von den gleichen Bauten, die auch die Seiten der Rawinen bilden, und wenn es derselbe Platz ist, an dem er von einer Erhöhung aus zum ersten Mal in das Quirlen und Wühlen sah, so scheint ihm dieser Augenblick schon weit zurückzuliegen. Der Alte verweilt an der Kante des Gehpfades, der eine Stufe über dem Mittelteil des Weges liegt, und gleich ihm warten hier andere Wanderer, und da einer von ihnen wieder ein brennendes Röhrchen wegwirft, hebt der Reisende, dem Alten zuvorkommend, es schnell auf und steckt es sich in den Mund, ehe er sich jedoch mit dessen Wesen und Wirkungen befassen kann nehmen ihn andere Erscheinungen in Anspruch. Die hohlen Schalentiere halten plötzlich in ihrem Zug inne, vor einem Bändiger, der sich ihnen, mit hocherhobenem Arm, in den Weg gestellt hat. Sie stehen heftig atmend, und der Bändiger, dessen Arme und Hände in leuchtend weißen Hüllen stecken, winkt den Wartenden am Wegrand zu, und diese stürzen sich nun von beiden Seiten vor, und der Reisende schließt sich dem Alten an, der sich hinüber zur offenen Fläche der Kratermitte begibt. Erst hier saugt er an der glimmenden weichen Rolle, die zwischen seinen Lippen steckt, der beißende Rauch füllt seinen Mund, treibt ihm die Tränen in die Augen und reizt seinen Hals zu einem Anfall von Husten, der fast zum Erbrechen führt. Der Alte ist stehen geblieben, wie um ihn zu erwarten, sein zersprungenes Gesicht verzieht sich zum Ausdruck des Grinsens, er ruft dem Reisenden ein paar von Zunge und Lippen zertrommelte Halslaute zu, die dieser mit einem Kopfschütteln beantwortet, und steht dann, breitbeinig, sich vor- und zurückwiegend, im Kreislauf der Menge, während die Gehäuse wieder, mit einem Aufheulen und Stöhnen, anrucken, und ihren Weg fortsetzen. Der trockene Geschmack des Rauches hat ein Hungergefühl im Reisenden geweckt, er spürt die Leere im Magen, die Müdigkeit in den Kniekehlen, doch da der Alte sich umwendet und seinen schleppenden Gang fortsetzt, folgt er ihm weiter. Er begibt sich zu einem der Abstiegschächte, die der Reisende schon an anderen Stellen wahrgenommen hat, und von denen einige, breit auslangend, dichte Massen in sich aufnehmen und von sich geben, während andere, wie diese hier, nur von einer Reihe von Einzelnen aufgesucht und verlassen werden. Sie steigen die steilen Stufen hinab, sich an einer Stange, die seitwärts an der Wand entlangführt, festhaltend, einem scharfen schwelenden Geruch entgegen, und erreichen einen Raum, der mit kleinen spiegelnden Platten ausgelegt ist, in denen die oben angebrachten langgezogenen bläulich weißen Lichter glänzen. Zwei Seiten des Raumes sind mit gleichförmigen flachen Wandeinteilungen versehen, auch diese schimmernd in der weißlichen Bestrahlung, und vor den gerundeten Vertiefungen, den Rücken dem Raum zugewandt, stehen hier und da Besucher männlichen Geschlechts, und lassen ihren Harn in der Bodenrinne zusammenfließen, wo er sich mit dem Grundwasser, das aus künstlichen Fischmäulern über die Einbuchtungen hinabsickert, vermischt. Die Flüssigkeit, die sich schäumend und dampfend vermengt, und noch von ausgespieenen Mundsäften bereichert wird, schwappt langsam einer mit zahlreichen Löchern durchsetzten Platte entgegen, von wo aus sie, einen Wirbel bildend, in eine glucksende Tiefe rinnt. Das gemeinsame Hervorheben des Geschlechtswerkzeugs aus seiner Umkleidung, das gemeinsame

Richten des Strahls in die Nische, die gemeinsam begangene Entleerung, in dieser vom weißlich blauen Licht gefüllten Räumlichkeiten, geht in einer andächtigen Stille vor sich, in der nur das Plätschern und Tröpfeln, und zuweilen ein heiseres Speichelholen zu hören ist. Die mittlere Wand besteht aus schmalen geschlossenen Kammern, zu denen dann und wann jemand, von einem bereitstehenden weißgekleideten Wächter, nach schnell ausgeführten Tauschbewegungen, eingelassen wird. Drinnen wird, wie an Geräuschen und Gerüchen zu erkennen ist, die Erleichterung des Darms vorgenommen, zu der man, im Gegensatz zur Gemeinsamkeit des Wasserlassens, das Alleinsein wählt. In der Zurückgezogenheit, unter Trichtern, die die körperlichen Regungen zu starkem Schall steigern, und auf diese Weise auch die Außenstehenden daran teilnehmen lassen, wird eine Abgabe geleistet, die für den Ausübenden den Wert eines Opfers besitzt, was dieser hervorhebt durch das Überreichen der Marke. Während er, wie sich durch eine versehentlich geöffnete Klappe zeigt, vorgeneigt sitzt, fast kniend, die Hände ringend, vor sich hinsinnend und brütend, entrichten die Stehenden draußen vor den glänzenden Becken im weißbläulichen Licht ihren Tribut, sie kommen, in unabläßlicher Folge, von der belebten Oberfläche herab, einer nach dem andern, zu einer abgesonderten männlichen Zusammenkunft, stellen sich zurecht in der nach körperlichen Verbrennungen riechenden unterirdischen Grotte, und tragen, ehe sie wieder die steilen Stufen hinaufeilen, zu dieser ständig stattfindenden feierlichen Handlung bei, in der sie mit ihrem Harn die Gründe ihres Wohnorts bewässern.

III

Die Verfolgung und Ermordung Jean Paul Marats dargestellt durch die Schauspielgruppe des Hospizes zu Charenton unter Anleitung des Herrn de Sade

12 Gespräch über Tod und Leben

Im Hintergrund tritt Ruhe ein.
Die Schwestern murmeln eine kurze Litanei.

MARAT
über die leere Spielfläche zu Sade sprechend

Ich las bei dir Sade
in einer deiner unsterblichen Schriften
das Prinzip alles Lebendigen sei der Tod

SADE
Und dieser Tod besteht nur in der Einbildung
nur wir stellen ihn uns vor
die Natur kennt ihn nicht
Jeder Tod auch der grausamste
ertrinkt in der völligen Gleichgültigkeit der Natur
Nur wir verleihen unserm Leben irgendeinen Wert
die Natur würde schweigend zusehn
rotteten wir unsere ganze Rasse aus
Ich hasse die Natur
ich will sie überwinden
ich will sie mit ihren eigenen Waffen schlagen
in ihren eigenen Fallen fangen

steht auf

Dieses reglose Zusehn dieses Gesicht aus Eis
Daß nichts sie erschüttern kann
daß sie alles erträgt
das spornt uns zu immer größeren Leistungen an

schwer atmend

Wie versuchten wir nicht seit jeher
ihren Grundsatz zu erfüllen
nach dem der Schwache dem Starken
auf Gnade und Ungnade ausgeliefert ist
Wie fielen wir nicht in allen Hierarchien über sie her
in immerwährender Infamie und Schadenfreude
Wie überwältigten wir nicht die falsche Tugend
mit unsrer gemeinsten Geschicklichkeit
Wie experimentierten wir nicht in unsern Laboratorien
ehe wir zur letzten Behandlung schritten
Laß mich erinnern an die Hinrichtung des Damiens
nach dessen mißglücktem Anschlag
auf den seligen fünfzehnten Louis
Wie milde ist unser Beil gegen die Folter
die er erdulden mußte
vier Stunden lang während das Volk sich daran ergötzte
und während Casanova oben hinter dem Fenster
seiner zuschauenden Dame unter die Röcke griff

mit einem Blick auf die Tribüne Coulmiers

Brust Arme und Schenkel wurden ihm aufgeschlitzt
geschmolzenes Blei wurde in die Wunden gegossen
überschüttet wurde er mit siedendem Öl brennendem Pech
Wachs und Schwefel
die Hand sengte man ihm mit Feuer ab
Taue befestigte man an seinen Gelenken
vier Pferde spannte man dran und trieb diese an
eine Stunde lang zerrten sie ungewohnt dieser Aufgabe
ohne ihn zu zerreißen
bis man ihm die Schultern ansägte und die Hüften
so verlor er den ersten Arm und dann den zweiten
und er sah zu was man mit ihm trieb und er wandte sich an uns
und machte sich uns verständlich mit seiner Stimme
und als sie ihm das erste Bein ausrissen und dann das zweite
lebte er immer noch doch seine Stimme war schwächer geworden
und schließlich hing er als blutiger Stumpf mit

wackelndem Kopf
und er stöhnte nur noch und starrte das Kruzifix an
das der Beichtvater ihm vorhielt

Im Hintergrund ertönt eine halblaut gemurmelte Litanei.

Das
war ein Volksfest
mit dem sich unsere heutigen Volksfeste nicht messen können
Unsere Inquisition macht uns schon keinen Spaß mehr
obgleich wir eben erst begonnen haben
Unsere Morde haben kein Feuer
weil sie zur täglichen Ordnung gehören
Ohne Leidenschaft verurteilen wir
kein schöner individueller Tod mehr
stellt sich uns dar
nur ein anonymes entwertetes Sterben
in das wir ganze Völker schicken könnten
in kalter Berechnung
bis es einmal soweit ist
alles Leben
aufzuheben

MARAT

Bürger Marquis
obgleich du in unsern Tribunalen sitzt
und beim Sturm im September dabei warst
spricht aus dir noch der alte Höhlenmensch
und was du die Gleichgültigkeit der Natur nennst
ist deine eigene Apathie

SADE

Mitleid Marat
ist eine Eigenschaft der Privilegierten
Wenn der Mitleidige sich niederbeugt
um ein Almosen zu geben
so ist er voller Verachtung
er heuchelt Rührseligkeit zugunsten seines Reichtums
und mit seiner Geburt versetzt er dem Bettelnden

nur einen Tritt

Lautenakkord

Nein Marat
keine kleinlichen Gefühle
ich weiß es geht dir um anderes
Für dich wie für mich
gelten nur die äußersten Extreme

MARAT

Wenn es Extreme sind
dann sind es andere Extreme als deine
Gegen das Schweigen der Natur
stelle ich eine Tätigkeit
In der großen Gleichgültigkeit
erfinde ich einen Sinn
Anstatt reglos zuzusehn
greife ich ein
und ernenne gewisse Dinge für falsch
und arbeite daran sie zu verändern und zu verbessern
Es kommt darauf an
sich am eigenen Haar in die Höhe zu ziehn
sich selbst von innen nach außen zu stülpen
und alles mit neuen Augen zu sehn

15 Fortsetzung des Gesprächs zwischen Marat und Sade

SADE

Um zu bestimmen was falsch ist und was recht ist
müssen wir uns kennen
Ich
kenne mich nicht
Wenn ich glaube etwas gefunden zu haben
so bezweifle ichs schon
und muß es wieder zerstören
Was wir tun ist nur ein Traumbild
von dem was wir tun wollen
und nie sind andere Wahrheiten zu finden

als die veränderlichen Wahrheiten der eigenen
Erfahrungen
Ich weiß nicht
bin ich der Henker oder der Gemarterte
Ich ersinne die ungeheuerlichsten Torturen
und wenn ich sie mir beschreibe
so erleide ich sie selbst
Ich bin fähig zu allem und alles füllt mich mit Schrecken
und so sehe ich auch wie andere sich plötzlich
bis zur Unkenntlichkeit entstellen
und getrieben werden zu unberechenbaren Handlungen
So sah ich kürzlich meinen Schneider
einen zarten musischen Mann der gern mit mir
philosophierte
ich sah ihn mit Schaum vor dem Mund
rasend und schreiend mit einem Knüppel
auf einen Schweizer einschlagen und diesen
einen hünenhaften bewaffneten Mann
völlig zertrümmern
ich sah ihn dann
über dem offenen Brustkasten des Gefällten
sah ihn das Herz das noch pulsierte
herausreißen und verschlingen

PATIENT

schnell vorspringend

Ein irrsinniges Tier
ein irrsinniges Tier ist der Mensch
In meinem jahrtausendelangen Leben
war ich an Millionen von Morden beteiligt
Dick gedüngt
dick gedüngt ist überall die Erde
vom Brei der menschlichen Eingeweide
Wir wenige Lebende
wir wenige Lebende
gehen auf einem schwappenden Morast von Leichen
Überall unter unsern Füßen
bei jedem Schritt

unter uns verweste Gebeine Asche verfilztes Haar
ausgeschlagene Zähne gespaltene Schädel
Ein irrsinniges Tier
ein irrsinniges Tier bin ich

Sade ist auf ihn zugetreten und leitet ihn beschwichtigend zum Hintergrund zurück, er schreit weiter

Kein Käfig hilft
keine Fesseln helfen
ich wühle mich doch hinaus
unter allen Mauern durch
durch die Jauche die Knochensplitter
ihr werdets noch sehn
es ist noch nicht zu Ende
ich habe meine Pläne

Marat sucht nach seinem Einsatz.

AUSRUFER
souffliert ihm

O dieses Jucken

MARAT
O dieses Jucken dieses Jucken

zögert

AUSRUFER
souffliert

Das Fieber

MARAT
Das Fieber saust mir im Kopf
in meiner Haut ist ein Brennen und Sieden
Simonne
Simonne tauch das Tuch in Essigwasser
Kühl meine Stirn

Simonne tritt eilfertig heran und führt ihre Handhabungen aus.

SADE

Ich weiß
jetzt würdest du allen Ruhm und alle Volksgunst hingeben
für ein paar Tage Gesundheit
Du liegst in deiner Wanne
wie im rosigen Wasser der Gebärmutter
Zusammengekrümmt schwimmst du
allein mit deinen Vorstellungen von der Welt
die den Ereignissen draußen nicht mehr entsprechen
Du wolltest dich einmengen in die Wirklichkeit
und sie hat dich in die Enge gedrängt
Ich
habe es aufgegeben mich mit ihr zu befassen
mein Lesen ist die Imagination
Die Revolution
interessiert mich nicht mehr

MARAT

Falsch Sade falsch
mit der Ruhlosigkeit der Gedanken
läßt sich keine Mauer durchbrechen
Mit der Schreibfeder kannst du keine Ordnungen umwerfen
Wie wir uns auch abmühen das Neue zu fassen
es entsteht doch erst
zwischen ungeschickten Handlungen
So verseucht sind wir von den Gedankengängen
die Generation von Generation übernahm
daß auch die besten von uns
sich immer noch nicht zu helfen wissen
Wir sind die Erfinder der Revolution
doch wir können noch nicht damit umgehn
Im Konvent sitzen immer noch Einzelne
jeder von seinem Ehrgeiz beseelt
und jeder will etwas von früher übernehmen
der eine ein schönes Bild
der andre seine Mätresse
der eine seine Mühlen
der andere seine Werften

der eine seine Armee
der andre seinen König
Und da stehen wir wieder
und hängen an die verbürgten Menschenrechte
das heilige Recht der Bereicherung
Und wir hören was daraus werden soll
In Freiheit und Gleichheit soll jeder kämpfen
brüderlich und mit ebenbürtigen Waffen
jeder sein eigener Krösus
Mann soll gegen Mann stehn und Gruppe gegen Gruppe
in einer fröhlichen wechselseitigen Ausbeutung

Patienten richten sich nach und nach auf, einige treten vor. Die vier Sänger stellen sich zum Auftritt bereit.

Und sie sehen ein Blühen vor sich
ein Blühen des Handels ein Blühen der Industrie
einen einzigartigen Aufschwung
und während wir weiter als je
von unserm Ziel entfernt sind
ist in den Augen der andern

weist über den Zuschauerraum

die Revolution schon gewonnen

21 Sade unter der Peitsche

SADE

tritt langsam vor, er spricht, ohne sich um die Unruhe zu bekümmern

Sie tragen dich eine Stunde lang einen Tag lang
dann lassen sie dich fallen
Marat
Heute brauchen sie dich denn du sollst für sie leiden
und die Urne mit deiner Asche stellen sie ins Panthéon
Morgen kommen sie und zerschlagen die Urne zu Scherben
dann wird gefragt

Marat wer war Marat
Marat
jetzt werde ich dir sagen
was ich von dieser Revolution halte
zu deren Heraufbeschwörung ich selbst beitrug

Im Hintergrund ist Stille eingetreten.

Damals als ich in der Bastille saß
waren meine Thesen schon aufgezeichnet
Ich hatte sie aus mir herausgeschunden
unter den Schlägen meiner Geißel
aus Haß gegen mich selbst
und die Begrenztheiten meines Denkens
In der Einkerkerung stiegen sie vor mir auf
die monströsen Vertreter einer untergehenden Klasse
deren Macht sich nur noch in einem Schauspiel
körperlicher Exzesse darstellte
Bis ins kleinste Detail rekonstruierte ich
den Mechanismus ihrer Gewalttaten
und dabei ließ ich alles zur Sprache kommen
was es in mir an Bosheit gab und an Brutalität
Es war weniger ein Angriff auf diese Ertrinkenden
die alles mit sich rissen was sie noch greifen konnten
als ein Angriff auf mich selbst
In einer Gesellschaft von Verbrechern
grub ich das Verbrecherische aus mir selbst hervor
um es zu erforschen und damit die Zeit zu erforschen
in der ich lebte
Die Schändungen und Peinigungen
die ich meine erdachten Giganten ausführen ließ
führte ich selbst aus
und so ließ ich mich auch selbst binden und bearbeiten
und schon möchte ich sie mir vornehmen
diese Schöne dort

zeigt auf Corday, die nach vorn geführt wird

die da so erwartungsvoll steht
und ihr die Riemen in die Hand drücken

daß sie mich schlägt
während ich zu dir von der Revolution spreche

Corday wird von den Schwestern aufgestellt. Sade reicht ihr eine Peitsche. Er reißt sich das Hemd ab und bietet ihr seinen Rücken dar. Er steht nach vorn gewandt. Corday steht hinter ihm. Patienten treten langsam aus dem Hintergrund vor. Die Damen auf Coulmiers Tribüne stehen erwartungsvoll auf.

Zunächst sah ich in der Revolution die Möglichkeit
zu einem ungeheuren Auswuchs an Rache
zu einer Orgie die alle früheren Träume übertraf

Corday holt langsam zu einem Schlag aus und läßt die Peitsche niederfahren. Sade krümmt sich zusammen.

dann aber sah ich
als ich selbst zu Gericht saß

Peitschenhieb.
Er schnauft

nicht wie sonst als Angeklagter
sondern als Richtender
daß ich es nicht über mich bringen konnte
die Eingefangenen dem Henker zu überliefern

Peitschenhieb.

Ich tat alles um sie freizusprechen oder entkommen zu lassen
Ich sah daß ich nicht fähig war zum Mord

Peitschenhieb.
Er stöhnt asthmatisch

obgleich dies doch die letzte Tat war
mit der der Beweis meines Daseins erbracht werden konnte
und jetzt

Peitschenhieb.
Er stöhnt auf

vor der Möglichkeit

würgte mich Übelkeit

Corday hält inne und steht selbst schwer atmend da.

Im September bei den Säuberungsaktionen
im Karmeliterkloster
mußte ich mich im Hof plötzlich zusammenkrümmen
und erbrechen

er läßt sich auf die Knie nieder

als ich sah wie meine Prophezeiungen sich verwirklichten

Corday steht breitbeinig über ihm.

und wie Weiber gelaufen kamen
in den blutigen Händen
die abgeschnittenen Geschlechtswerkzeuge von Männern

Peitschenhieb.
Sade wirft sich vornüber

Und dann in den folgenden Monaten

behindert vom Asthma

als die Karren mit ihrer Ladung regelmäßig zum Richtplatz fuhren
und das Beil fiel und hochgezurrt wurde und wieder fiel

Peitschenhieb.

da war dieser Vergeltung schon jeder Sinn genommen
es war eine mechanische Vergeltung

Peitschenhieb. Sade krümmt sich zusammen. Corday steht hochaufgerichtet.

ausgeführt in einer stumpfen Unmenschlichkeit
in einer eigentümlichen Technokratie

Peitschenhieb.

und jetzt Marat

Peitschenhieb.
Sade atmet schwer

jetzt sehe ich
wohin sie führt
diese Revolution

Corday steht atemlos mit der Peitsche über Sade. Die beiden Schwestern treten vor und ziehen sie zurück. Sie läßt sich abführen, die Peitsche hinter sich herschleifend. Sade spricht, auf den Knien liegend, weiter

zu einem Versiechen des einzelnen
zu einem langsamen Aufgehen in Gleichförmigkeit
zu einem Absterben des Urteilsvermögens
zu einer Selbstverleugnung
zu einer tödlichen Schwäche
unter einem Staat
dessen Gebilde unendlich weit
von jedem einzelnen entfernt ist
und nicht mehr anzugreifen ist
Ich kehre mich deshalb ab
ich gehöre niemandem mehr an
Wenn ich zum Untergang verurteilt bin
so will ich dem Untergang abgewinnen
was ich ihm aus eigener Kraft abgewinnen kann
Ich trete aus
aus meiner Sektion
Ich sehe nur noch zu
ohne einzugreifen
beobachtend
das Beobachtete festhaltend
und es umgibt mich
die Stille

hält schwer atmend inne

Und wenn ich verschwinde
möchte ich alle Spuren
hinter mir auslöschen

ergreift sein Hemd und geht langsam zu seinem Stuhl zurück, während er sich ankleidet.

24 Diese Lügen die im Umlauf sind

MARAT

richtet sich hoch auf.
Corday wird von den Schwestern zurückgeleitet.
Duperret folgt ihr.

Diese Lügen die im Umlauf sind über den idealen Staat
Als wären die Reichen je bereit
freiwillig ihre Besitztümer herauszugeben
Und wenn sie vom Druck der Verhältnisse gezwungen werden
hier und da nachzugeben
so tun sie es nur weil sie wissen
daß sie dabei auch wieder gewinnen können
Es heißt jetzt
Die Arbeiter hätten bald höhere Löhne zu erwarten
Warum
weil mit einer gesteigerten Produktion gerechnet wird
und folglich mit größerem Umsatz
der die Taschen der Unternehmer dick macht
Glaubt nicht
daß ihnen ohne Gewalt beizukommen ist

Hier und da treten Patienten langsam zum Mittelgrund vor, bleiben dort lauschend stehen.
Corday liegt ausgestreckt auf der Estrade, Duperret beugt sich über sie.

Laßt euch nicht täuschen
wenn unsre Revolution erstickt worden ist
und wenn es heißt
daß die Zustände sich jetzt gebessert haben
Auch wenn ihr die Not nicht mehr seht
weil die Not übertüncht ist
und wenn ihr Geld verdient
und euch was leisten könnt von dem
was die Industrien euch andrehn
und es euch scheint

euer Wohlstand stände vor der Tür
so ist das nur eine Erfindung von denen
die immer noch viel mehr haben als ihr

Patienten und die vier Sänger treten langsam nach vorn.

Glaubt ihnen nicht
wenn sie euch freundschaftlich auf die Schultern klopfen
und sagen die Unterschiede wären nicht mehr der Rede wert
und es bestände kein Anlaß mehr
zu Streitigkeiten

Coulmier blickt sich beunruhigt um.

denn dann sind sie ganz auf der Höhe

wendet sich dem Publikum zu

in ihren neuen Burgen aus Marmor und Stahl
von denen aus sie die Welt ausräubern
unter der Devise
sie verbreiteten Kultur

Coulmier verläßt die Tribüne und eilt auf Sade zu. Er spricht auf ihn ein. Sade reagiert nicht.

Paßt auf
denn sobald es ihnen gefällt
schicken sie euch
daß ihr ihre Haufen verteidigt
in Kriege

Sade erhebt sich und besänftigt Coulmier.

deren Waffen in der rapiden Entwicklung
der gekauften Wissenschaft
immer schlagkräftiger werden
und euch in großen Mengen zerreißen

AUSRUFER

Schnell müssen wir hinzufügen
daß wir uns hier nur damit vergnügen
derartige Dinge auszusagen
die natürlich mit unsrer Zeit nichts zu tun haben

Sie meinen dann sollten wir lieber schweigen
wir wollen Ihnen aber nur zeigen
was vielleicht einmal geschehen könnte
wenn uns das Schicksal nicht jenen vergönnte
der aufräumte mit solchen Prophezeiungen
und beendete alle Entzweiungen
Alle wollen wir gerne verzichten
auf die eben genannten Zukunftsaussichten
und deshalb steht die Corday auch schon da
um das Reden zu verbieten diesem Marat

zeigt auf Corday, die inzwischen von den Schwestern hergerichtet und nach vorn geführt worden ist.
Coulmier kehrt beruhigt zu seinem Platz zurück.

Anmerkungen zum geschichtlichen Hintergrund unseres Stückes (1963)

Schon vor seiner Gefangenschaft in der Zwingburg von Vincennes und der Pariser Bastille leitete Sade Theateraufführungen in seinem Schloß La Coste. Während der dreizehnjährigen Einkerkerung (zwischen seinem dreiunddreißigsten und sechsundvierzigsten Lebensjahr) schrieb er, neben seinen großen Prosawerken, siebzehn Dramen. In späteren Jahren kam noch etwa ein Dutzend von Tragödien, Komödien, Opern, Pantomimen und gereimten Einaktern hinzu. Von all diesen Stücken wurde während der Zeit, die er zwischen 1790 und 1801 in Freiheit verbrachte, nur »Oxstiern ou les malheurs du libertinage« in einem Theater zur Aufführung gebracht und gleich wieder, nach einem Skandal, abgesetzt. Von 1801 bis zu seinem Tod 1814 war er in der Irrenanstalt Charenton interniert, wo er einige Jahre lang Gelegenheit hatte, im Kreis der Patienten Schauspiele zu inszenieren und selbst als Schauspieler auf der Bühne zu stehen. Charenton war (nach der Beschreibung von J. L. Caspar, »Charakteristik der französischen Medizin«, Leipzig 1822) eine Anstalt, in die man diejenigen brachte, die sich durch ihr Verhalten in der Gesellschaft unmöglich gemacht hatten, auch ohne daß sie geisteskrank waren. Hier waren Menschen eingesperrt, »die Laster geübt hatten, deren Offenbarung sich nicht für das öffentliche Gerichtsverfahren schickte, sowie andere, die wegen grober politischer Vergehen verhaftet worden waren, oder solche, die sich als schlechte Werkzeuge hoher Kabalen hatten brauchen lassen«. In den höheren Pariser Kreisen galt es als ein exklusives Vergnügen, Sades Vorstellungen in dem »Schlupfwinkel für den moralischen Auswurf der bürgerlichen Gesellschaft« zu besuchen. Es ist allerdings anzunehmen, daß diese Amateurvorstellungen zumeist aus Deklamationen im herkömmlichen Stil bestanden, wie überhaupt der größte Teil von Sades dramatischer Arbeit nicht an die Kühnheit und Konsequenz seiner Prosa heranreicht. Im »Dialogue entre un prêtre et un Moribond« und vor allem in »La philosophie dans le Boudoir« wird jedoch seine dramatische Auffassung deutlich, in der analysierende und philosophische Dialoge gegen Szenerien körperlicher Exzesse gestellt werden, auch zeigt sich in seinen Romanen, durch die außerordentlich konkrete Beschreibung aller Vorgänge, immer wieder sein bildhaftes Denken.

Seine Auseinandersetzung mit Marat, die wir hier darstellen, ist jedoch völlig imaginär und schließt sich nur an die Tatsache an, daß Sade es war, der die Gedenkrede auf Marat zu dessen Totenfeier hielt, und auch in dieser Rede ist seine Beziehung zu Marat noch zweifelhaft, da er sie vor allem hielt, um seinen eigenen Kopf zu retten, denn er war damals wieder gefährdet und stand schon auf der Liste der Guillotineopfer.

Was uns in der Konfrontation von Sade und Marat interessiert, ist der Konflikt zwischen dem bis zum Äußersten geführten Individualismus und dem Gedanken an eine politische und soziale Umwälzung. Auch Sade war von der Notwendigkeit der Revolution überzeugt und seine Werke sind ein einziger Angriff auf eine korrumpierte herrschende Klasse, jedoch schreckt er auch vor den Gewaltmaßnahmen der Neuordner zurück und sitzt, wie der moderne Vertreter des dritten Standpunkts, zwischen zwei Stühlen. Er stellt sich zwar nach seiner Freilassung 1790 dem Nationalkonvent zur Verfügung, wird Sekretär in der Sektion des Piques, wo er mit der Verwaltung der Spitäler beauftragt wird und auch einen Posten als Richter bekommt, bleibt aber ein Einzelgänger und ist von der langen Kerkerhaft so geprägt, daß ihm der Umgang mit Menschen oft schwerfällt. Und wenn er sagt, er sei von den Maßnahmen des alten Regimes geschädigt worden, so kann er sich damit nicht heroisieren, denn es waren nicht politische Gründe, die zu seiner Verhaftung führten, sondern die Anklagen sexueller Ausschweifungen, und in Gestalt seiner ungeheuerlichen Schriften brachten ihn diese dann im neuen Regime auch wieder zu Fall.

Auf welche Weise er sich als Revolteur betrachtete, geht aus folgendem Brief hervor, den er 1783 aus dem Gefängnis an seine Frau schrieb:

»Meine Denkungsart könne man nicht billigen, sagen Sie. Und was macht das? Der ist schön verrückt, der anderen eine Denkungsart vorschreibt! Meine Denkungsart ist die Frucht meiner Überlegungen, sie gehört zu meinem Leben, zu meiner Beschaffenheit. Es steht nicht in meiner Macht, sie zu ändern, und wenn es in meiner Macht stünde, würde ich es nicht tun. Diese Denkungsart, die Sie tadeln, ist der einzige Trost in meinem Leben, sie erleichtert alle meine Leiden im Gefängnis, sie schafft alle meine Freuden auf der Welt, und mir liegt mehr an ihr als an meinem Leben. Nicht meine Denkungsart hat mein Unglück verursacht, sondern die Denkungsart der andern.«

Wir können uns Sade schwer vorstellen in einer Tätigkeit für das öffentliche Wohl. Er sah sich zu einem Doppelspiel gezwungen, befürwortete einerseits Marats radikale Argumente, sah aber andrerseits die Gefahren eines totalitären Systems, auch gingen seine Ansichten zu einer gerechten Verteilung der Güter nicht so weit, daß er sein Schloß und seinen Grundbesitz hergeben wollte, und er fügte sich nicht gleichmütig, als er auf La Coste verzichten mußte, nachdem es geplündert und niedergebrannt worden war. In seinen Theaterspielen äußern sich seine letzten Versuche, menschlichen Umgang zu erreichen, doch bei zunehmendem Alter gerät er ganz in Vereinsamung und Abgeschlossenheit. Ein Arzt der Heilanstalt Charenton beschreibt ihn folgendermaßen:

»Ich begegnete ihm häufig, wenn er allein, mit schweren schleppenden Schritten, sehr nachlässig gekleidet, durch die Gänge neben seiner Wohnung ging. Ich habe nie gesehen, daß er mit jemandem sprach. Wenn ich an ihm vorüberging, grüßte ich, und er beantwortete meinen Gruß mit jener kalten Höflichkeit, die jeden Gedanken, ein Gespräch anzuknüpfen, fernhält.«

Wenn es unsere Erfindung ist, ihn Marat in dessen letzter Stunde gegenüberzustellen, so entspricht die geschilderte Lage Marats der Wirklichkeit. Die psychosomatische Hautkrankheit, die dieser sich während der Entbehrungen in seinen Kellerverstecken zugezogen hatte und an der er während der letzten Lebensjahre litt, zwang ihn, zur Milderung des Juckreizes viele Stunden in der Badewanne zu verbringen. Hier hielt er sich auch auf, als am Sonnabend den 13. Juli 1793 Charlotte Corday dreimal an seiner Tür war, ehe sie eingelassen wurde und ihn erstach.

Die Äußerungen Marats im Lauf der Handlung entsprechen ihrem Inhalt nach, oft fast wortgetreu, seinen hinterlassenen Schriften. Auch was über seinen Werdegang erwähnt wird, hält sich ans Authentische. Als Sechzehnjähriger verließ er das Elternhaus, studierte Medizin, lebte einige Jahre in England, war berühmt als Arzt, verkannt als Wissenschaftler, kam zu gesellschaftlichen Ehren, stellte sich dann aber, nachdem er die Gesellschaft schon lange seiner Kritik unterworfen hatte, ganz in den Dienst der Revolution und wurde, seines heftigen, unversöhnlichen Temperaments wegen, zum Sündenbock für viele Greuel gemacht. Erst Autoren wie Rosbroj, Bax und Gottschalk begannen, am Anfang unseres Jahrhunderts, das einseitige Bild Marats zu revidieren und die Scharfsinnigkeit seiner politischen und wissenschaftlichen Argumente zu erkennen. Kaum eine der Gestalten der französischen Revolution wurde von der bürgerlichen Geschichtsschreibung des 19. Jahrhunderts so abschreckend und blutdürstig dargestellt wie Marat, und dies wundert uns nicht, da seine Tendenzen in direkter Linie zum Marxismus führen.

In unserem heutigen Rückblick müssen wir bedenken, daß Marat zu denen gehörte, die dabei waren, den Begriff des Sozialismus zu prägen, und daß in seinen gewaltsamen Umsturztheorien vieles noch unausgegoren war oder übers Ziel schoß. Wir stellen ihm in unserm Drama den ehemaligen Priester Jacques Roux zur Seite, der in seiner Agitation und in seinem leidenschaftlichen Pazifismus Marat noch übertrifft. Wir nehmen keine Rücksicht darauf, daß Marat sich noch in den letzten Tagen vor seinem Tod von ihm abwandte und auch ihn, vielleicht unterm Anflug des Verfolgungswahns, verurteilte. Roux, eine der fesselndsten Persönlichkeiten der Revolution, erhält hier die Funktion eines Ansporners und Zuspitzers, eines Alter Ego, an dem Marats Thesen sich messen lassen.

Ebenso gestatten wir uns Freiheiten in der Schilderung Duperrets, des girondistischen Abgeordneten. Er ist hier der konservative Patriot, wie es Tausende seinesgleichen gab, und er muß dazu herhalten, als Geliebter der Corday zu gelten, während wir ihren wirklichen Bewunderer, einen Herrn Tournelis, der sich von Caen aus zu den landsflüchtigen Royalisten in

Koblenz begab, unbeachtet lassen. In diesem Punkt handeln wir ganz im Geist der Revolutionswirren, in denen man mit Verdächtigungen und Urteilen nicht so genau war, und in denen der arme Duperret, dem die Corday von der Gruppe der Aufständischen in Caen anempfohlen worden war, mit seinem Kopf für diese Begegnung zu zahlen hatte.

Charlotte Corday hatte jedoch niemanden in ihre Pläne eingeweiht. Geschult an der ekstatischen Versunkenheit ihres Klosterlebens brach sie allein auf, und Jeanne d'Arcs und der biblischen Judith gedenkend, machte sie sich selbst zu einer Heiligen.

IV

Frankfurter Auszüge

ANGEKL

Ich war manchmal auf der Rampe zugegen
hatte jedoch nichts mit den Selektionen zu tun
Ich habe nur aufgepaßt wie ein Luchs
daß von den Abgesonderten niemand mehr herüberwechselte
zur arbeitsfähigen Gruppe
Kinder wurden grundsätzlich gleich verschickt
auch Mütter die sich von den Kindern nicht trennen wollten
Die Transporte kamen an wie warme Brötchen
Im Gedränge hatte ich für Ordnung zu sorgen
doch Gewalt brauchte nicht angewendet zu werden
die Ankommenden nahmen alles so gelassen hin
sie wehrten sich nicht weil sie einsahn
daß jeder Widerstand sinnlos gewesen wäre
Der Betrieb kostete Nerven aber ich war nicht der Typ
der unter sowas zusammenbricht
Getötet habe ich niemanden nur manchmal geschlagen
wenn jemand sich vor der Arbeit drücken wollte
Wahllos zu schießen wäre mir nicht eingefallen
hätte ich schießen wollen dann hätte ich auch den getroffen
den ich mir aufs Korn nahm
Scharf war ich das muß ich schon sagen
und getan hab ich was meine Pflicht war
Doch soll ich jetzt dafür büßen
was alle andern auch tun mußten
und warum nimmt man gerade mich fest
wenn die wirklich Schuldigen freigehn
Ich will nur in Frieden leben
das habe ich doch gezeigt
In den vergangenen Jahrzehnten
Als Krankenpfleger war ich beliebt
bei meinen Patienten
Wie nannten sie mich denn
Papa Kaduk nannten sie mich
Sagt das nicht alles

Ich bin schon ganz fertig
Ich kann das nicht länger ertragen
Hohes Gericht
hier wird mit zweierlei Maß gemessen

(bricht in Weinkrampf aus)

ZEU

Ich führte die Totenliste
Mit größter Genauigkeit mußten Personalien Todestag und Todesursache
eingetragen werden
Strafe gab es beim geringsten Schreibfehler
und so stand in Schönschrift Herzschlag und Herzschwäche
wenn es heißen sollte erhängt vergast auf der Flucht erschossen
Nicht erfaßt
wurden alle die
die gleich von der Rampe in die Öfen gingen
Reihe um Reihe füllte ich
Blatt um Blatt
mit den täglich wie es hieß anfallenden Toten

RI

Angeklagter Mulka
Ist Ihnen nichts aufgefallen
was die Todeszahlen betrifft

ANGEKL

Ich kann mich nicht erinnern
fortlaufende Stärkemeldungen gesehen zu haben
Ich würde sagen
am Tag da gab es so acht zehn zwölf bis fünfzehn Abgänge
Aber Zahlen dieser Größe wie sie hier bekannt gegeben werden
die habe ich damals nie gehört

RI

Es liegt hier vor ein amtliches Sterbebuch des Lagers
es sind darin aufgeführt die Namen von eintausendfünfhundert Häftlingen

die innerhalb eines Zeitraums von fünf Tagen
gestorben sind
Am Ende des Folianten heißt es
Dieser Band Zweiundzwanzig
der die Nummern Einunddreißigtausendfünfhundert
bis dreiunddreißigtausend enthält
wird unter Hinweis auf Band Dreiundzwanzig abgeschlossen

RI

Frau Zeugin
können Sie etwas aussagen
über Lili Tofler

ZEU

Es war ein hübsches Mädchen
im Alter von zwanzig oder einundzwanzig Jahren
Da war irgendetwas mit einem Brief
aber ich weiß nicht ob es ein Brief war der an sie gerichtet war
oder ein Brief den sie geschrieben hatte
Das Mädchen mußte sich nackt zur Wand stellen
viele Male im Lauf der Vernehmungen
und es wurde getan als wollte man sie erschießen
man gab die Kommandos zum Schein
Sie flehte zum Schluß auf den Knien
man möge sie erschießen
So wurde sie denn schließlich erschossen
wegen dieses Papiers

ZEU

Als ich im Arrestbunker saß
wurde ich Zeuge von Lili Toflers Ende
Auch sie war hier eingesperrt
und ich sah durch einen Türspalt
wie Boger sie durch den Waschraum führte
ich hörte zwei Schüsse fallen
und sah nach dem Fortgang Bogers
das Mädchen tot auf dem Boden liegen
Auch durch die Ritzen in den mit Brettern vernagelten
Fenstern

sah ich Boger im Hof von Block elf
vor der Schwarzen Wand
Genickschüsse abgeben
Vorher hatten die Häftlinge ihre Kleider ablegen müssen

RI

Angeklagter Boger
was haben Sie zu diesen Ausführungen zu sagen

ANGEKL

Es ist anzunehmen daß die Häftlinge
wegen Diebstahls erschossen wurden
Von wem das Urteil vollstreckt wurde
ist mir nicht bekannt
Ich war jedenfalls nicht daran beteiligt
Den Tatsachen entsprechend ist die Erschießung der Lili Tofler
da diese als Schreiberin in der politischen Abteilung
Geheimnisträgerin war
und keinerlei Kontakt mit anderen Häftlingen aufnehmen durfte
Ich war sehr über ihren Tod erschüttert
und weise jegliche Beschuldigung ab
für die Hinrichtung dieser vorzüglichen Hilfskraft
verantwortlich gewesen zu sein

ZEU

Den ehemaligen Sanitäter Klehr
beschuldige ich des tausendfachen eigenmächtigen Mordes
durch Phenolinjektionen ins Herz

ANGEKL

Das ist Verleumdung
Höchstens zweihundertfünfzig bis dreihundert Abspritzungen
habe ich auf Anordnung durchführen müssen
und auch dies nur mit größtem Widerwillen

ZEU

Allein in den vierzehn Tagen
die ich auf der Krankenstation verbrachte

waren es hunderte
an jedem Tag waren es mindestens dreißig
manchmal bis zu zweihundert
Zu Hunderten standen die Häftlinge Schlange vor dem Zimmer
und der Arzt Dr. Endress übergab Klehr ein Drittel der Patienten
Dies aber war Klehr nicht genug
und wenn der Arzt den Krankenbau verlassen hatte
schob er die Häftlinge
die sich draußen aufhielten
um sich etwas zu wärmen
in das Zimmer hinein

RI
Das haben Sie selbst gesehen

ZEU
Ja das habe ich selbst gesehen
Sie lehnten draußen im Gang an der Wand
soweit sie noch stehen konnten
Auch den Sanitäter Hantl sah ich
wie er einem Häftling die Injektionsnadel
ins Herz stach

ANGEKL
Diese Behauptung ist unwahr

RI
Sie führten aber die Aufsicht in dieser Abteilung

ANGEKL
Ich hatte nur die Häftlinge zu überwachen
die auf diese Weise ihre Eigenen behandelten
Selbst ließ ich mich von den verseuchten Kranken
nicht anhauchen

VERT
Wir sehen immer wieder in diesem Prozeß
wie die Zeugen den Angeklagten das vorwerfen
was sie und die ihren selbst begingen

ZEU

Ja ich erinnere mich deutlicher

(geht durch die Anklagebänke,
identifiziert Boger, Dylewski, Broad, Kaduk, Bednarek,
Klehr, Scherpe)

Jetzt entsinne ich mich daß Boger schoß
Ich entsinne mich jetzt ganz deutlich
Ich erkenne auch Bednarek wieder
Ich sah wie Bednarek einem zu Boden geschlagenen Häftling auf die Brust sprang
und so lange auf ihm trampelte
bis ihm alle Rippen gebrochen waren
Der Häftling erlag kurz darauf der Mißhandlung
Auch zwang er Häftlinge im Winter
sich nackt auszuziehn
Er übergoß sie mit Wasser und jagte sie solange bis sie zusammenbrachen
Er ließ sie im Freien erfrieren

ANGEKL

Sie haben mich vorher nicht wiedererkannt
Sie sind dreimal an mir vorbeigegangen

ZEU

Aber jetzt erkenne ich Sie wieder
Ich war vorher geblendet

VERT

Diesen Identifizierungen ist wenig Glauben zu schenken

ZEU

Unter Mitwirkung Klehrs
wurden sechzehntausend Häftlinge
mit Phenol-Injektionen getötet

ANGEKL

Sie meinen wirklich ich soll sechzehntausend Mann
abgespritzt haben

wo doch mein ganzer Lagerabschnitt nur sechzehntausend zählte
Dann wäre ja nur noch der Musikzug übrig geblieben

ZEU
Mindestens zehntausend hat er selbst getötet

RI
Hat er täglich getötet

ZEU
In der Zeit in der ich dort war im Leichenkommando
hat er täglich getötet

VERT
Herr Zeuge Sie sprechen von Dingen
die Sie in der Voruntersuchung nicht erwähnten
wie hängt dies zusammen

ZEU
Heute da ich die Gesichter dieser Mörder wiedersehe
kommt alles zurück
ich sehe sie wieder in ihren Uniformen
und ich kann sie mir vorstellen
bei ihren Tätigkeiten
Es war so
die täglich ausgesucht wurden zwischen den Kranken
hatten sich in den Block Zwanzig zu begeben
Da war ein Raum hinter einem Vorhang
dort wurden sie abgespritzt
Es war der letzte Raum vom Eingang aus
Dahinter lag der Waschraum
Dorthin wurden die Gemordeten gebracht und aufgeschichtet
Ich erinnere mich an einen Mann
der war groß und stark gebaut
der richtete sich im Waschraum noch auf
mit der tödlichen Injektion im Herzen
Da stand ein Kessel und neben dem Kessel eine Bank
und er stützte sich mit großer Mühe
auf Kessel und Bank

Und Klehr kam dazu und gab ihm die zweite Spritze
Neben dem Eingang zum Raum stand ein kleiner Tisch
darauf waren Phenolbehälter und Spritzen
Daneben stand ein Stuhl
auf diesen Stuhl setzte sich das Opfer
Um den eigenen Schrei der manchmal eintraf zu ersticken
mußte der Häftling die linke Hand
bei erhobenem abgewinkeltem Arm
auf den Mund legen
so lag das Herz frei
und Klehr konnte ungehindert spritzen
zwei Funktionshäftlinge hielten das Opfer fest
Oft blieben beide Türen geöffnet so daß ich ganz genau sehen konnte
was er tat
Er trug hohe Gummistiefel rosa Gummihandschuhe
und einen weißen Kittel mit aufgekrempelten Ärmeln
Manchmal hatte er eine Gummischürze um

RI

Welche Zahl können Sie angeben
die sich auf die eigenmächtigen Tötungen des Angeklagten bezieht

ZEU

Er hat mit voller Bestimmtheit
mehr als zehntausend ausgesucht und getötet

RI

Hat er selbst getötet
oder durch einen andern
Häftling töten lassen

ZEU

Er hat eigenhändig getötet
Auch Scherpe hat eigenhändig getötet
doch war er nicht gewaltsam wie Klehr
Er war ruhig und freundlich
und hatte eine nette Art die Menschen zu behandeln
Ich habe Scherpe nie schlagen und um sich treten gesehn

Die zu ihm kamen hatten oft Vertrauen zu ihm
und als die Kinder zu ihm geführt wurden
die Kinder aus der Gegend von Zamosc
mehr als hundert
wußten sie nicht was ihnen bevorstand
Ich erinnere mich dieses Falles genau
weil Scherpe plötzlich abbrach und hinausging
und ein anderer die weitere Tötung übernahm
Scherpe ging weg irgendwohin
und Hantl beendete das Töten der Kinder

ZEU

Das war ein Raum
dessen Fenster weiß gestrichen waren
Ein kleiner Tisch stand da
Die Spritzen lagen in einem Beutel
Ein Glas mit einer gelblich rosa Flüssigkeit
Weiterhin zwei Hocker
an der Wand ein Haken
daran hing die Gummischürze
Die Häftlinge die nacheinander kamen
sahen nicht was sich abspielte
Ein großer graugrüner Vorhang verbarg den Behandlungs-
raum
Nach der tödlichen Spritze wurden sie
von zwei Funktionshäftlingen
in den Waschraum geschleppt
Es ging sehr schnell
manchmal wurden zwei bis drei Kranke
binnen einer Minute erledigt
Klehr liebte die abgerundeten Zahlen
Wenn ihm eine Schlußzahl nicht gefiel
ging er hinüber in den Krankensaal
und suchte sich die fehlenden Opfer zusammen
Er sah sich die Fieberkurven an
die auf seine Anweisung genau und sauber geführt werden
mußten
und nahm danach seine Auswahl vor

RI

Welches waren die runden Zahlen die Herr Klehr liebte

ZEU

Von dreiundzwanzig etwa auf Dreißig
von sechsunddreißig auf Vierzig und so weiter

RI

Woher wußten Sie das

ZEU

Klehr kam zu meinen Kranken in den Saal
suchte sich heraus was er brauchte
und befahl ihnen ihm zu folgen

RI

Wie lautete dieser Befehl

ZEU

Du kommst mit
du kommst mit
du kommst mit
und du

ZEU

Ich arbeitete in der Apotheke
Dort war Phenol in größeren Mengen vorhanden
Ich weiß heute jedoch nicht mehr ob die Worte *pro injectione*
darauf standen

RI

Welche Mengen von Phenol waren für die Apotheke
angefordert worden

ZEU

Zuerst kleine Mengen
später zwei bis fünf Kilogramm im Monat

RI

Wozu wird es im allgemeinen als Arznei verwendet

ZEU

Mit Glycerin benutzt man es als Ohrentropfen

ANGEKL

Das war auch die Bestimmung des Phenols unter meiner Aufsicht

RI

Zwei bis fünf Kilogramm im Monat
und das Kilogramm zu tausend Gramm
und auf ein Gramm gehen mehrere Tropfen
da hätte man eine ganze Armee an den Ohren heilen können

ANKL

Von den neun Millionen Sechshunderttausend Verfolgten
die in den Gebieten lebten die ihre Verfolger beherrschten
sind fünf Millionen Siebenhunderttausend verschwunden
und es ist anzunehmen daß die meisten von ihnen
vorsätzlich vernichtet wurden
Wer nicht erschossen erschlagen zu Tode gefoltert und vergast wurde
kam um an Überarbeitung Hunger Seuchen und Elend

VERT

Höchstens zwei Millionen stehen hier zur Diskussion
und auch diese Zahl läßt sich nicht bestätigen
Um uns an die Beweise zu halten
so nennen wir eine Million
obgleich andere Schätzungen sich nur
mit einigen Hunderttausenden befassen
Die Mehrzahl der heute beklagten Gruppen
gelangte nach Osten
und man kann nicht solche als Ermordete zählen
die als Banden aufgegriffen und liquidiert wurden
oder als Überläufer in den feindlichen Armeen fielen
Selbst wenn wir die Opfer aufs tiefste beklagen
so ist unsre Aufgabe hier
Übertreibungen und von bestimmter Stelle gelenkten Beschmutzungen
entgegenzuwirken
Wir wollen auch nicht die Millionen vergessen

die in unsern Städten ihr Leben ließen
unter dem Angriff der feindlichen Bomben

ZEU
Herr Doktor Rohde rettete mein Leben
so wie es ihm gefiel
zehntausend andre dem Tod zu überantworten
er ließ mich arbeiten in seiner Abteilung
weil wir studiert hatten in der gleichen Stadt
und ich ihm Stunden aus seinem Dasein bestätigen konnte
im Gasthaus zum Ritter bei einem Glas Wein
Mengele sandte einer Schwangeren Blumen
und die Frau des Kommandanten
schickte mit einem Gruß
eine selbstgestrickte rosafarbene Säuglingsjacke
in die Kinderbaracke
und hier war es irgendeinem eingefallen
kleine Zwerge an die Wände malen zu lassen
und eine Sandkiste aufzustellen
Auch waren die Wege zu den Verbrennungshäusern gepflegt
und mit Kies und Schotter belegt
Buschwerk war ringsum gepflanzt und beschnitten
Gras stand über den Decken der unterirdischen Kammern
Blumen waren darin gesät
und die Gebäude selbst geschmückt
im Tirolerstil
Mengele sah ich dastehn in seiner feschen Art
die Daumen im Bauchriemen steckend
freundlich den Kindern zunickend
die ihn Onkel nannten
um dann von ihm zerschnitten zu werden
Und da war einer der hieß Flacke
in dessen Abteilung starb keiner an Hunger
und dort gingen sie in sauberen Kleidern
Herr Sanitätsdienstgrad sagte ich zu ihm
Für wen tun Sie das was Sie hier tun
einmal werden doch alle verschwinden müssen
denn es darf nicht einen einzigen Zeugen geben

Genügend werden unter uns sein sagte er
die das zu verhindern wissen

RI

Frau Zeugin halten Sie es für möglich
daß der Adjutant des Lagerkommandanten
von diesen Zuständen nichts gewußt hat

ZEU

Ich halte es für unmöglich

RI

Angeklagter Mulka
bestreiten Sie daß Sie von den hier beschriebenen Zuständen
etwas gewußt haben

ANGEKL

Ich habe nichts davon gesehn und nichts diesbezügliches
befohlen
Im übrigen hütete ich mich
höherenorts Fragen vorzubringen
nach der Rechtmäßigkeit der Dinge
die mir zu Ohren gekommen waren
Schließlich hatte ich die Verantwortung für meine Familie
und für mich selber zu tragen

ZEU

Zu schildern wie es hier war
und wie ich die fünf Jahre ertragen konnte
übersteigt meine Fähigkeit
Beinah von Tag zu Tag änderte sich die Lage
je nach Laune der Vorgesetzten
und je nach den Phasen des Krieges
Anfangs als es noch Siege gab
konnten wir angerempelt werden derb und überheblich
gezüchtigt werden fast unter Späßen
Als dann die Rückzüge kamen und Niederlagen
wurden die Grausamkeiten ausgeführt in einer Raserei von
Angst

Immer konnte ein Antreten alles bedeuten
ein Weg zur täglichen Arbeit ein Weg zum Schindanger
oder nur ein ergebnisloses Warten
Manche schlugen und töteten aus Fleiß
andre mußten Blut lecken und konnten nicht ruhig schlafen
wenn sie am Tag nicht geprügelt hatten
Einige besudelten sich nie
gaben den Auftrag zur Tötung nur weiter
andre sah ich erregt schwer atmend in Schweiß gebadet
aus der Mordzelle kommen
Kranke wurden gesund gepflegt und erhielten Schonkost
um nach ihrer Genesung vergast zu werden
andre standen schon vor den Kammern und wurden zurückgeholt
weil plötzlich die Liste der täglichen Abgänge erfüllt war
Ich hatte die Aufgabe Berichte abzufassen über die Zahl der Toten
füllte Tabellen aus mit befohlener Gründlichkeit
während es immer wieder den Tod gab in großen Massen
nicht protokolliert sondern stumpf erledigt
nach der Aussonderung auf der Rampe
Beamte kamen und gingen
ernsthaft planend und ihre Kontingente fordernd
für die Öfen und für die Fabriken die draußen erbaut worden waren
es kamen die hohen Herren selbst
aus den politischen Zentralen
aus der Rüstungsindustrie und den chemischen Werken
und die einen wählten sich ihre Opfer aus
für den Strang für die Schwarze Wand
die andern sahen sich ihre Sklaven an
die marschiert kamen zur
Erhöhung ihres Gewinns
Andere wieder machten sich ihren Spaß
indem sie einen herausgriffen und als Hasen jagten
bis er erledigt war
oder sie rissen einem die Mütze ab
und erschossen ihn

wenn er den Befehl verweigerte sie zu holen
und erschossen ihn
wenn er sie holte
auf der Flucht wie es hieß
Doch möchte ich in meinem Bericht noch erwähnen
daß es einige gab die daran litten was hier geschah
Der Lagerarzt Flage stand neben mir am Zaun
und es waren Tränen in seinen Augen
denn vor uns war ein großer Zug von Kindern
die wurden zu den Öfen geführt
und mit ihnen gingen ihre Mütter
Es war von den Müttern verlangt worden
sie sollten sich von ihren Kindern trennen
und sich zur Arbeit begeben
Aber die Mütter weigerten sich
und gingen mit ihren Kindern
Seit jenem Tag verhalf mir dieser Arzt dazu
im Krankenlager hier und da ein Leben zu retten
ein einziges Leben
So zeigte mir der Lagerarzt Flage
daß es möglich war für den der es wollte
noch ein einzelnes Leben zu sehen
in den Schüben von Tausenden
noch den Mord an einem Einzelnen zu sehn
zwischen den Morden an Hunderttausenden
Der Lagerarzt Flage zeigte mir
daß es möglich gewesen wäre
auf die Maschinerie einzuwirken und sie vielleicht zum
Stillstand zu bringen
wenn es mehr gegeben hätte von seiner Art

ANGEKL

Ich trat im Sommer 32 in die SS ein
geschäftshalber
Mein Vater hat eine Gaststätte besessen
da hatten viele Pgs verkehrt
Außerdem war noch eine SS Uniform vorhanden
von meinem Bruder

So hatte ich keine Unkosten
Ich war ja arbeitslos

RI

Es geht hier immerhin um Menschenleben
Es wird Ihnen vorgeworfen
daß Sie sich an Erschießungen beteiligt haben
an der Schwarzen Wand
Fühlen Sie sich unschuldig angeklagt

ANGEKL

Ich kann es nicht anders sagen
Ich habe eben meinen Dienst gemacht
Wo ich hingestellt werde
mache ich eben meine Arbeit

ZEU

Ich hörte wie ein Posten sich über den Draht
mit einem neunjährigen Jungen unterhielt
Mein Junge hörte ich den Wachtposten sagen
du weißt ja schon ziemlich viel für dein Alter
Da erwiderte der Junge Ich weiß daß ich viel weiß
und ich weiß auch daß ich nichts mehr dazulernen werde

ZEU

Und was konnten wir tun
Was konnten wir andres tun als zusehn
Wir wußten
solange wir zusehn gehören wir noch zu den Verschonten
was konnten wir andres tun als uns still verhalten
wenn jeder Laut unser Ende bedeutete
So standen wir nur da beim Appell vor den Baracken
und sahen wie Frauen nackt
hinauf auf die Lastwagen geprügelt wurden
und sie schrien zu uns Männern herüber
und erwarteten Hilfe von uns
doch wir standen nur da und zitterten
und konnten ihnen nicht helfen

ANGEKL

Ich habe von solchen Lagern nichts gewußt
bis ich als Bewacher hierher versetzt wurde
Ist dies eine Ersatzeinheit habe ich gefragt
Bin ich denn hier richtig
Da haben die geantwortet
hier bist du immer richtig

ZEU

Ich wurde einberufen als Arzt zur Bekämpfung der Epidemien
da auch die Bewacher und ihre Frauen
von Fleckfieber und Typhus heimgesucht wurden

RI

Sie wurden nicht zugezogen um den Häftlingen zu helfen
sondern nur weil die Verwaltung selbst in Gefahr kam

ZEU

So war es
Und meine Mitarbeiter sagten zu mir
Mit dem was du hier siehst hast du nichts zu tun
daß Menschen umgebracht werden geht uns nichts an
Doch nach einigen Tagen schon wurde mir befohlen
Dienst zu machen bei der Aussonderung auf der Rampe
Auf meine Weigerung hin wurde ich nicht gezwungen
auch andere sah ich die nicht gezwungen wurden
und allmählich nur einer Überredung nachgaben
Ich habe daraufhin sofort Protest eingelegt
bei den zuständigen Stellen
und Bericht erstattet über die unerträglichen Verhältnisse
und man hörte mir schweigend zu und wechselte dann das Thema
Ich blieb und bekämpfte die Seuchen und dämmte sie ein
und brachte sie gegen Ende fast zum Versiegen

ZEU

Er gehörte zu denen
die das Ihre taten

und nicht das was die Sache der andern war
er tat das Seine
selbst wenn es nicht genug war
so wie nichts was wir auch taten
genug war

ZEU
Beim Eintritt durch das Tor
dessen Inschrift uns begrüßte
hörten wir Walzermusik
und alles sah friedlich und ruhig aus
hinter dem spielenden Orchester
und weitab rauchten zwei viereckige Schlote
Wir mußten unsre Kleider abgeben und unser Gepäck
und standen dann nackt dicht gedrängt im Waschraum
Stunde auf Stunde
Wir warteten daß man uns etwas zu essen brachte
doch es kam nichts
und wir hatten nur vom Wasser zu lecken
das aus den durchlöcherten Röhren tropfte
Nachts wurden wir hinausgetrieben ins Freie
Es war eine kühle Mainacht der Regen rieselte leicht
wir standen und warteten
wir standen die ganze Nacht
Am Morgen wurde uns das Haar geschoren
oder ausgerissen mit stumpfen Schneiden
dann wurden wir eingekleidet und hausten im Quarantänelager
zusammen mit einem Heer von Flöhen
Damals konnten wir noch fluchen und scherzen über die Flöhe
und auch als dann die Ratten kamen
und die Leichen annagten
und die die im Sterben lagen
rissen wir noch Witze
und schimpfte einer morgens
man habe ihm die Brotrinde aus der Tasche gestohlen
so lachten wir

denn es waren die Ratten gewesen
Da ich Arzt war gab es auch in dieser
äußerst bedrängten Lage
eine Beschäftigung für mich
und für die wachsende Zahl der Verseuchten
hatte ich ein paar Binden aus Kreppapier
ein Faß mit Salbe und ein Faß mit Kreide
sowie eine Handvoll Aspirintabletten
Auf jede Wunde kam etwas Salbe
auf Flechten kam Kreide
damit man sie nicht mehr sah
die Tabletten hingen an Zwirnsfäden
einmal zu lecken bei Fieber unter achtunddreißig Grad
zweimal zu lecken bei höherem Fieber

ANGEKL

Es ist mein Bestreben hier reinen Tisch zu machen
das nagt an mir schon seit Jahren
Seit vier Jahren bin ich herzkrank
Bisher ging ich stets ehrlich durchs Leben
Aber jetzt sollen mir durch solche Schweinereien
noch die letzten Tage meines Lebens
versaut werden

ANKL

Was meint er mit Schweinereien

VERT

Der Angeklagte ist erregt
Er meint nicht das von der Staatsanwaltschaft
eingeleitete Strafverfahren

ZEU

Gewissenhaft und ordnungsgemäß
wurden auch Untersuchungen angefordert
über die Korruption in den Lagern
Von vielen hieß es sie hätten sich am Eigentum der Häftlinge
bereichert
Ihre Wohnungen wurden komfortabler und ihre Bankkonten
wuchsen

Pakete waren beschlagnahmt worden
die kiloweise Gold enthielten
Es handelte sich wie ich ermittelte
um zusammengeschmolzenes Zahngold
Ich berechnete das Gewicht einer einzelnen Plombe
und kam zu dem Ergebnis daß hunderttausend Münder
notwendig waren um diese Klumpen herzugeben
Der Kommandant erklärte mir bei meinem Besuch
alle Einzelheiten der Anlagen
und klagte mir daß seine Leute der schweren Arbeit
charakterlich nicht gewachsen seien
Im Hof der Verbrennungsgebäude strichen Häftlinge
wie Hunde um uns herum
um uns jeden Wunsch von den Augen abzulesen
Unten in den riesigen Räumen war alles spiegelblank geputzt
nichts deutete darauf hin daß noch in der Nacht zuvor
tausende von Menschen hier verbrannt worden waren
Nichts war von ihnen übriggeblieben
nicht einmal ein Stäubchen auf der Ofenarmatur
In der Wachstube lagen die Männer die die Morde verübten
halb betrunken auf den Bänken
und in den Waschräumen standen ausgesuchte hübsche Häftlingsmädchen
und buken an einem Küchenofen Kartoffelpuffer für ihre Henker
die sich von ihnen bedienen ließen
Als ich die Spinde der Wachtmannschaften untersuchte ergab sich
daß diese ein Vermögen an geraubtem Schmuck enthielten
Als Richter erhob ich damals Anklage auf Raub
und auf eigenmächtigen Mord
Irgendwo lebten noch Vorstellungen vom Rechtsstaat fort
Einige wurden verhaftet und abgeurteilt
Doch wie konnte dann weiter nach oben verhaftet werden
da das Gold und die gestohlenen Schmuckstücke
und die Listen über die Kontingente der Liquidierten
weiter nach oben gelangten
Vor welchem Gerichtshof hätte ich Klage erheben können

über das Geschehen
das gebilligt wurde
Vor welchem Forum hätte ich sprechen können
da mir doch niemand geglaubt hätte
und da ich höchstens eingesperrt worden wäre
als geistesgestört
Auch an Flucht dachte ich über die Grenzen
doch zweifelte ich auch
daß man mir dort glauben würde
und ich fragte mich was geschehen würde
wenn man mir glaubte
und wenn ich als Zeuge verhört werden sollte
nach dem Krieg gegen mein eigenes Volk
und ich konnte mir nur denken
daß man dieses Volk vernichten würde
für seine Taten
So blieb ich

ZEU
Der Unterscharführer Adolf Rey von uns Kowal genannt
das heißt Schmied
denn er war ein Riesenkerl mit Stiernacken
widmete sich seinem Beruf mit Leidenschaft und Begeisterung
Er warf einen Häftling zu Boden und gab uns den Befehl
dessen Bauch aufzuschlitzen und mit Sand zu füllen
Er grub sein Opfer lebend in den Schnee
bis nur noch der Kopf herausragte
und stampfte den aufgehäuften Schnee um ihn fest
so mußten sie liegen bis zum Erfrieren
Einmal warf er einen jüdischen Häftling zu Boden
und aus einer vorbeigehenden Kolonne griff er sich einen heraus
einen mit dem Buchstaben R im Winkel
Töte den Juden bekommst eine Zigarre rief er
und der russische Bursche sah auf das Opfer
und dann ins Gesicht des Henkers
und spie ihm in die Augen

Als Adolf Rey den Revolver zog
schlug ihm der Russe die Waffe aus der Hand
Da war er schon überwältigt und wurde in den
Bunker geworfen
im Totenblock 11
Er war der erste den ich sah der Widerstand leistete
sein Name blieb unbekannt
Ich erfuhr nur daß er ein Seemann war vom Schwarzen Meer
hatte gedient auf dem Kriegsschiff Die Pariser Kommune
Dann lag er im Keller
mit zerschmettertem Brustkasten

ANKL

Ein Zeuge behauptet
Sie hätten einen Häftling zu Boden geschlagen
und ihm solange den Schaufelstiel auf die Kehle gedrückt
bis er erdrosselt war

ANGEKL

Das ist mir gar nicht bekannt
Auf diese Weise ist bei uns
niemals ein Häftling getötet worden
Wir hatten die Weisung mit den Arbeitskräften
schonend umzugehen

ZEU

Ein Leben war nichts
Es war eine Kleinigkeit einen Menschen zu töten
es war nicht der Rede wert
Viele füllten ihr Amt aus ohne den geringsten Haß
gegen die Rasse die sie zu vernichten hatten
Der Arzt Dr. Vetter war ein Mann mit vortrefflichen
Umgangsformen
der Arzt Dr. Schatz und der Arzt Dr. Frank
wandten sich nie mit einem unfreundlichen Wort an die
die sie zu den Öfen schickten
so vollkommen waren sie in ihrer Macht

ZEU

Wenn ich die Gesichter hier überblicke
dazu noch im starken Gegenlicht
fällt es mir schwer zu sagen
ob ich sie wiedererkenne
Es sind zwanzig Jahre vergangen
und wir haben uns alle geändert

(bleibt vor einem stehen, sieht ihn an, hebt langsam den rechten Arm, tritt nah an ihn heran)

Dieser hier
kommt mir bekannt vor

(Der angesprochene Angekl nickt seinerseits wiedererkennend, er winkt dem Zeugen freundlich zu)

RI

Können Sie seinen Namen nennen

ZEU

Nein
Aber sein Gesicht erkenne ich wieder
und auch die andern Gesichter
Es dauert eine Weile
Es liegen zwanzig Jahre dazwischen
vielleicht habe ich ihre Namen vergessen
doch ihre Gesichter erkenne ich wieder
Es ist nicht so einfach
ihnen wieder gegenüberzustehn
Ich lag diese Nacht schlaflos

VERT

In seiner Zerfahrenheit ist der Zeuge
nicht als glaubwürdig zu betrachten
Die Möglichkeit des Wiedererkennens stellt er in Zweifel
und doch nennt er Namen
nach öffentlich verbreiteten Bildern
oder vorheriger Absprache
mit den übrigen Zeugen

ZEU
Ich wußte nicht um was es ging als ich abgeholt wurde
ich wurde zur politischen Abteilung gebracht
ich mußte dort mit dem Gesicht zur Wand stehn zwischen anderen Häftlingen
Einige lagen blutend auf dem Boden
Dann wurde ich in ein Zimmer geführt
im Zimmer sah ich Boger und Dylewski
Sie sagten
Wir sind die politische Abteilung
Wir fragen nicht wir hören nur zu
Was du zu sagen hast mußt du selbst wissen
Ich wußte nicht was ich sagen sollte
und bat die Herren mich zu fragen
da wurde ich bewußtlos geschlagen
Als ich zu mir kam lag ich auf dem Korridor
Boger stand neben mir
Du Hund steh auf sagte er
Aber ich konnte nicht aufstehen

(Zeuge unterbricht sich erregt, trinkt Wasser)

Ich versuchte aufzustehn
konnte aber nicht
Boger trat nach mir
schließlich richtete ich mich an der Wand auf
Blut floß an mir herunter
auf die Kleider die Wand den Boden
überall war Blut
Der Kopf war zerschlagen der Kiefer die Nase
sicher hatten sie mich geschlagen als ich bewußtlos war
Die ganze Nacht mußte ich mit dem Gesicht zur Wand
im Korridor stehn
am nächsten Tag wurde ich wieder vernommen
dies dauerte mehrere Tage
und ich wußte nicht um was es ging
Ich kam in eine Stehzelle im Bunker
und mußte dort sechs Wochen bleiben
mit nach hinten gefesselten Händen

Jeden dritten Tag bekam ich etwas zu essen
In den Zellen neben mir starben die Häftlinge vor Hunger
Wenn ein Häftling am dritten Tag nichts zu essen bekam
so war er zum Hungertod verurteilt worden
Die Tür wurde nie geöffnet
Wir konnten schreien und alles und jeden verfluchen
niemand kam
Der Hunger endet nach fünf Tagen
Nach sieben Tagen beginnt der Durst
Die Durstzeit dauert etwa bis zum fünfzehnten Tag
Die Häftlinge schrien baten flehten
leckten die Wände ab und tranken den eigenen Urin
Nach dreizehn Tagen fiel der Häftling zusammen
er hörte auf zu sprechen stöhnte nur noch
und versuchte vergeblich um Hilfe zu rufen
nach fünfzehn Tagen starb er
Eines Tages holte mich Boger
Ich stand wieder auf dem Korridor mit dem Gesicht zur Wand
und durfte mich nicht umdrehn
Wer sich umdrehte wurde mit dem Kopf an die Wand geschlagen
Als ich hereingerufen wurde sah ich auf dem Tisch
Teller mit Heringen stehn
den Bogersalat
Grabner fragte mich ob ich hungrig sei
Ich sagte nein denn ich war nicht hungrig
Ich weiß wann du zuletzt zu Mittag gegessen hast sagte Grabner
Du wirst heute mein gutes Herz kennenlernen
ich werde dir heute zu essen geben
dann rief er Boger und sagte ihm er solle mir Essen geben
Boger befahl mir zu essen
Ich konnte nicht essen denn meine Hände waren gefesselt
Die Schellen schnitten so tief ins Fleisch
daß ich heute noch Narben habe

(hebt die Hände)

Grabner öffnete mir die Handschellen
und Boger gab mir die Heringe
Sie waren furchtbar gesalzen
Nach der Hälfte des Tellers erbrach ich mich
Ich mußte das Erbrochene auflecken und wieder herabwürgen
Boger schlug mich bis ich alles aufgegessen hatte
Dann wurde ich im Hof an den rückwärts gefesselten Händen aufgehängt
Die Gelenke platzten fast die Schmerzen waren unerträglich
Mit kaltem Wasser wurde ich aus den Ohnmachten geweckt
Lachend drehte man mich hin und her um die Schmerzen zu steigern
Nach fünfzig Minuten wurde ich abgenommen und verhört
Wer jetzt nicht sprach bekam fünfundzwanzig Stockschläge
und ging dann wieder für fünfzig Minuten auf den Pfahl
Wer länger dort hängen blieb
dem starben die Arme ab
solche Hälftlinge gab es im Bunker
Die kamen nicht mehr heraus
Wer immer noch nichts gesagt hatte
der kam auf die Schaukel
Zuerst wurde ein Häftling namens Janicki auf die Schaukel gebracht
und an Armen und Füßen festgebunden
er wurde in die richtige Lage gebracht
und dann von zwei Mann abwechselnd geschlagen
Janicki wurde von den Schlägen zerhackt
Als er auf dem Korridor lag öffnete er noch die Lippen
und streckte nach Wasser suchend die Zunge heraus
Boger schob ihm mit dem Stiefel
den Kopf auf die andre Seite

RI

Angeklagter Boger
haben Sie angesichts dieser Schilderung nichts zu sagen

(Boger blickt starr und schweigt)

Herr Boger
glauben Sie daß diese Darstellung des Zeugen
lügenhaft war

ANGEKL
Sie war voller Lücken und nicht in allen Teilen
der Wahrheit entsprechend

VERT
Der Zeuge Josef Kral ist nicht glaubwürdig
Er belastet andre um die Last von den eigenen Schultern zu
werfen

ANKL
Die Tatsache daß Kral selbst als Kapo im Lager
geschlagen und andern Schaden zugefügt haben könnte
ändert nichts an den Aussagen des Zeugen
Es wird hier der Versuch unternommen mit dem Herbeirufen
von Angehörigen einer rechtsradikalen Organisation
die Aussagen des Zeugen in Frage zu stellen
Würden wir derartige Zeugen von denen der eine der
Herausgeber einer rechtsradikalen Zeitung ist
vor diesem Gericht anhören dann könnten wir gleich
alle Angeklagten freisprechen

ZEU
Wenn Kinder spielten so hörte ich oft wie sie sich zuriefen
paß auf du sonst kommst du ins Gas
und sie ahnten sofort wenn einer kam
um sie abzuholen
da verkrochen sie sich in die äußersten Winkel
und unter die Pritschen
und wurden an den Beinen hervorgezogen

ZEU
Mit furchtbarem Durst und entsetzlichen Schmerzen
wurde ich in den Stehbunker geschlossen
ich weiß nicht wieviel Tage ich dort verbrachte
in unaufhörlicher Angst

zur Erschießung geholt zu werden
Dann holte mich Boger
und mit andern Opfern stand ich nackt im Waschraum
und als Todesurteil wurde uns mit Blaustift
eine Nummer auf die Brust geschrieben
Fünftausendsiebenhunderteinundzwanzig war meine Nummer
Und dann ereignete es sich daß der Rapportführer kam und fragte
wieviele Häftlinge er als erschossen abbuchen sollte
und als er gegangen war und die Häftlinge nochmals nachgezählt wurden
zeigte es sich
daß einer zuviel war
und zwischen all den andern erhielt einer einen Tritt
und dieser eine war ich
Ich bekam meine Kleider zurück
und mußte die Leichen der erschossenen Kameraden
die je zu zweien nackt an die Wand geführt wurden
forträumen
Ich hörte wie Boger den Opfern jedesmal zuschrie
Kopf hoch
und ich sah wie er sie aus nächster Entfernung
in den Hinterkopf schoß
Auch auf der Rampe sah ich Boger
wie er die ankommenden Familien auseinanderriß
und die einen ins Gas schickte
und die andern ins Lager

ZEUG

Der Arrestaufseher Schlage
hat Häftlinge in den Stehzellen verhungern lassen

RI

Angeklagter Schlage
wir fordern Sie auf
dazu Stellung zu nehmen

ANGEKL

Hohes Gericht

ich bitte folgendes zu Gehör zu bringen
Wenn ich so sagen darf
war ich an dem genannten Ort nur Schließer
Ich bekam meine Befehle von den Vorgesetzten
und daran hatte ich mich zu halten

ZEU

Die Verhungerten wurden aus den niedrigen Einschlupflöchern
mit Stangen aus den Zellen herausgezogen

ANGEKL

Davon weiß ich nichts

RI

Haben denn die Häftlinge allein regiert

ANGEKL

Wir Arrestaufseher mußten nur auf- und zuschließen
mehr hatten wir nicht zu tun

ANKL

Und wer hat das Totenbuch geführt
und die gefälschten Todesursachen eingetragen
und wer hat den Häftlingen das Essen gebracht

ANGEKL

Ich weiß es nicht
Ich hatte die eigenen Leute
die im oberen Stock im Arrest saßen
zu bewachen
Es waren manchmal bis zu achtzehn Mann da
Ich mußte aufpassen daß sie sich nicht das Leben nahmen
oder sonstige Dummheiten machten

ANGEKL

Ihr seht
unsre Gerechtigkeit erstreckte sich auch auf unsre Eignen
denn dies war das Gesetz
hart zu bleiben und jede Schwäche zu bekämpfen

und an nichts als an unser Volk zu denken
und an die Zukunft unseres Volkes

ZEU

Bednarek schlug
und wenn er geschlagen hatte
ging er in sein Zimmer und betete

RI

Und dann

ZEU

Dann kam er zurück und schlug weiter

ZEU

Wir mußten über spitze Kieselsteine laufen
schneller laufen schneller schneller
schrie Kaduk
dann mußten wir Sport treiben
wir mußten im Kreis hüpfen wie Frösche
schneller hüpfen schrie Kaduk schneller schneller
und wer nicht schneller hüpfte wurde geschlagen und getreten
ich sah einen älteren Mann
etwa sechzig Jahre alt
der fiel um und starb vor Erschöpfung
Kaduk wurde von den Häftlingen Professor genannt
weil er selbständig Selektionen vornahm
er ließ die Häftlinge im Hof antreten
und deutete mit einem Stock auf diejenigen
die vergast werden sollten

ANGEKL

Herr Vorsitzender
ich möchte ausdrücklich betonen
daß ich nie einen Menschen getötet habe
Wenn einmal getötet wurde so stand ich höchstens dabei

ANGEKL

Daß Kinder im Lager angekommen sind
ist mir völlig fremd

ZEU

Es waren dreißig vielleicht vierzig Kinder
sie spielten im Hof des Blocks Zwanzig
Die Häftlinge ringsum wußten was ihnen geschah
sie gaben ihnen vom besten was sie hatten
sogar ein Ball kam zum Vorschein
Nachmittags wurden sie hineingeführt und mußten sich auskleiden
und der Reihe nach antreten
In dieser Stunde lag Totenstille über Block Zwanzig
Man hörte nichts als manchmal einen Fall
einen dumpfen Schlag
wenn die Köpfe und Körper der ermordeten Kinder
im Waschraum zu Boden schlugen
Plötzlich kam Scherpe aus dem Zimmer heraus und sagte
Ich kann schon nicht mehr
und ging fort
Nach einer Weile kam an seiner Stelle Hantl
und tötete die Kinder
Im Lager wurde damals erzählt
daß Scherpe zusammenbrach

ZEU

Boger wurde auch genannt
Der Schwarze Tod
Da fährt der Schwarze Tod
sagten wir als er auf seinem Rad vorüberfuhr
Manchmal ging er zu Fuß
da watschelte er
nach Entenart
Kaduk wurde auch genannt
der heilige Doktor Kaduk
weil er eigenmächtig über Leben und Tod
von Häftlingen entschied
Im Duschraum zum Beispiel hielt er seinen Spazierstock
in einer Höhe von etwa fünfzig Zentimeter zwischen die Türpfosten

Die Häftlinge mußten sich ausziehn
und über den Stock springen
Wer dabei umfiel mußte auf die linke Seite
und wurde anschließend vergast
Wem der Sprung über den Stock gelang
wurde so geschlagen daß er zusammenbrach
Jetzt springt noch einmal rief Kaduk
und zum zweiten Mal gelang es nicht mehr
In der chirurgischen Abteilung waren Häftlinge
die waren so zerschlagen daß sie nicht liegen konnten
Wir hängten sie mit den Armen an Stricken auf
so daß sie auf den Knien schlafen konnten

ZEU

Ich sah Stark mit umgehängtem Karabiner
Gruppen von Häftlingen abführen

RI

Haben Sie ihn bei Erschießungen gesehn

ZEU

Da ich Stark jedesmal sehr erregt in die
Abteilung zurückkommen sah nehme ich an
daß er sich an der Erschießung beteiligt hatte
Jedesmal danach wusch er sich die Hände
und ließ sich die Schuhe putzen
auch mußten die Schreiber mit Handtüchern
alle Fliegen aus der Stube verjagen
Stark tobte in diesem Zustand
wenn er eine Fliege sah
Stark wusch sich auch die Hände
als er einmal eine Frau
die ein Kind im Arm trug und einen Jungen an der Hand hielt
abgeführt hatte
Sie wurden erschossen
weil der Junge einem der Wachleute ein Kaninchen weggenommen
und damit gespielt hatte

VERT

Wir können nicht umhin
im Auftreten der Zeugen
die Ansätze einer Verschwörung zu erblicken
Es wird uns nur allzu deutlich
welche politischen Absichten hier die Aussagen bestimmen
über die untereinander zu verhandeln
die Zeugen reichlich Gelegenheit haben

ANKL

Ich muß mich mit aller Entschiedenheit
gegen diese Diffamierung der Zeugen wehren
Es wird hier ein Ton laut
der an den Ton jener Zeit erinnert
die wir hier untersuchen

VERT

Wer ist denn dieser Nebenkläger
mit seiner unpassenden Kleidung
Es entspricht mitteleuropäischen Gesellschaftsformen
mit geschlossener Robe im Gerichtssaal zu erscheinen

ZEU

Ich sah einen Lastwagen kommen mit einer Fracht von Kindern
Ein kleiner Junge sprang herunter
er hielt einen Apfel in der Hand
Ich sah Boger vor der Tür seiner Abteilung stehn
ich sah es von meinem Fenster aus
Das Kind stand da mit dem Apfel
Da ist Boger zu dem Kind gegangen
hat es bei den Füßen gepackt
und mit dem Kopf an die Baracke geschmettert
Dann hat er ruhig den Apfel aufgenommen und mir gesagt
ich solle das abwischen an der Wand
Als ich dann wieder zu Boger gerufen wurde
als Dolmetscherin zu einem Verhör
da sah ich ihn den Apfel des Kindes essen

RI

Das haben Sie mit eigenen Augen gesehn

ZEU

Das habe ich mit eigenen Augen gesehn

RI

Und das können Sie mit gutem Gewissen beschwören

ZEU

Das kann ich mit gutem Gewissen beschwören
Vieles durfte ich sehn und sie sagten zu mir
Du kannst ruhig hierbleiben Dunja
Du kommst sowieso nie von hier heraus
Du weißt zuviel

RI

Frau Zeugin
Was können Sie über die Schaukel sagen

ZEU

Die Schaukel war Bogers Werk
Er hat sich mit ihr gebrüstet und oft gesagt
Das ist meine Schreibmaschine

RI

Wie oft haben Sie gesehn daß ein Häftling starb
nach dem Herunternehmen von der Schaukel

ZEU

Wenigstens zwanzigmal

RI

In wenigstens zwanzig Fällen können Sie dafür bürgen
daß in Ihrer Gegenwart der Tod eingetreten ist

ZEU

In meiner Gegenwart
ja

RI

Angeklagter Boger
was haben Sie auf diese Angaben zu sagen

ANGEKL

Es entspricht der Wahrheit daß die Zeugin bei uns
in der politischen Abteilung als Dolmetscherin war
Jedoch nur in fünf Fällen
Sie war nie bei einer verschärften Vernehmung zugegen
Zur Sache mit dem Kind habe ich überhaupt nichts zu sagen
Das ist eine ungeheuerliche Erfindung
Totgeschlagen wurde bei der Vernehmung
von mir nicht ein einziger
Und nie war eine Dame bei der verschärften Vernehmung
dabei

ZEU

Dame

ANGEKL

(ohne Verlegenheit, gekränkt)
Das kann ich wohl heute sagen

ANGEKL

Wenn ich jetzt hier stehe dann nur deshalb
weil ich unschuldig sitze
Ich sehe in der Strafverfolgung nur einen Racheakt
Die Strafklage ist durch frühere Verurteilung
längst verbraucht

ANKL

Ihnen wird zur Last gelegt
Abtransport von Häftlingen zur Vergasung
eigenmächtige Aussonderung
zahlreiche Erschießungen und Mißhandlungen

ANGEKL

Ich bin in Auschwitz
völlig mit den Nerven herunter gewesen
Wenn Sie solche Aktionen sehen
dann sind Sie auch schockiert
Ich habe noch nie in meinem Leben
soviel getrunken wie in Auschwitz
sonst hätte ich es nicht ausgehalten

ZEU

Einmal bin ich durch eine Baracke gegangen
die war voll von Leichen
Da sah ich daß sich etwas rührte zwischen den Toten
Es war ein junges Mädchen
Ich habe es herausgezogen auf die Lagerstraße und gefragt
wer bist du wie lange bist du hier
Ich weiß es nicht sagte sie
Warum liegst du hier zwischen den Toten fragte ich
Da sagte sie
Mit den Lebenden kann ich nicht mehr leben
Ich gab ihr ein Stück Brot
Am Abend war sie tot

ANGEKL

Ich habe niemals im Lager einen Schuß abgegeben
Das ist die Wahrheit
Ich bleibe bei meiner Aussage
heute und in tausend Jahren
Ich hätte auch gar keine Furcht dies einzugestehen
denn es wäre nur die Erfüllung
eines dienstlichen Befehls gewesen
Was ich gesagt habe ist beim heiligen Eide wahr

ANGEKL

Ich fühle mich durch die Angaben nicht betroffen
und ich habe nichts dazu zu sagen

ANGEKL

Das ist mir nicht erinnerlich

ANGEKL

Ich sage grundsätzlich nur was ich weiß

ANKL

Wir können uns Fragen an dieser Stelle schenken
von dort sind doch nur Lügen zu erfahren

VERT

Dies sind Beleidigungen meiner Mandanten
die ich nicht durchgehen lassen kann

Ich wünsche sie protokolliert zu haben

VERT

Haben sich die beiden Zeugen nicht vorher besprochen
wohnen sie nicht möglicherweise im selben Hotel

ANKL

Diese Art von Befragung ist eine nationale Würdelosigkeit
Ich protestiere dagegen
daß die Zeugen solchen Diffamierungen ausgesetzt werden

RI

Als Arrestaufseher müssen Sie doch gewußt haben
daß die Leute in den Stehzellen verhungern

ANGEKL

Ich habe mich nicht darum gekümmert

ANGEKL

Ich habe darüber keine Klagen gehört

ANGEKL

Es ist nie etwas Besonderes vorgekommen

ANGEKL

Darauf kann ich keine Antwort geben

ANGEKL

Ich erinnere mich an keine besonderen Vorkommnisse

ANGEKL

Das ist mir ein Rätsel

ANGEKL

Ich bin nie auf der Rampe gewesen

ANGEKL

Wir sind nie auf der Rampe gewesen
Wir haben nur für Ordnung gesorgt

VERT

Jeder auch nur der leiseste Zweifel
muß zugunsten der Angeklagten ausschlagen

Bei meinen Überlegungen, welche menschliche Siedlung oder welche Gegend einer Landschaft am besten dazu geeignet sei, in diesem Atlas umrissen zu werden, tauchten anfangs viele Möglichkeiten auf. Doch von meinem Geburtsort aus, der den

Namen Nowawes trägt und der den Informationen nach gleich neben Potsdam an der Bahnstrecke nach Berlin liegen soll, über die Städte Bremen und Berlin, in denen ich meine Kindheit verbrachte, bis zu den Städten London, Prag, Zürich, Stockholm, Paris, in die ich später verschlagen wurde, nehmen alle Aufenthaltsorte etwas Provisorisches an, und dabei habe ich die kürzeren Zwischenstationen gar nicht erwähnt, alle diese Flekken, heißen sie nun Warnsdorf in Böhmen, oder Montagnola im Tessin, oder Alingsås in Westschweden.

Es waren Durchgangsstellen, sie boten Eindrücke, deren wesentliches Element das Unhaltbare, schnell Verschwindende war, und wenn ich untersuche, was jetzt daraus hervorgehoben und für wert befunden werden könnte, einen festen Punkt in der Topographie meines Lebens zu bilden, so gerate ich nur immer wieder an das Zurückweichende, alle diese Städte werden zu blinden Flecken, und nur eine Ortschaft, in der ich nur einen Tag lang war, bleibt bestehen.

Die Städte, in denen ich lebte, in deren Häusern ich wohnte, auf deren Straßen ich ging, mit deren Bewohnern ich sprach, haben keine bestimmten Konturen, sie fließen ineinander, sie sind Teile einer einzigen ständig veränderlichen irdischen Außenwelt, weisen hier einen Hafen auf, dort einen Park, hier ein Kunstwerk, dort einen Jahrmarkt, hier ein Zimmer, dort einen Torgang, sie sind vorhanden im Grundmuster meines Umherwanderns, im Bruchteil einer Sekunde sind sie zu erreichen und wieder zu verlassen, und ihre Eigenschaften müssen jedesmal neu erfunden werden.

Nur diese eine Ortschaft, von der ich seit langem wußte, doch die ich erst spät sah, liegt gänzlich für sich. Es ist eine Ortschaft, für die ich bestimmt war und der ich entkam. Ich habe selbst nichts in dieser Ortschaft erfahren. Ich habe keine andere Beziehung zu ihr, als daß mein Name auf den Listen derer stand, die dorthin für immer übersiedelt werden sollten. Zwanzig Jahre danach habe ich diese Ortschaft gesehen. Sie ist unveränderlich. Ihre Bauwerke lassen sich mit keinen anderen Bauwerken verwechseln.

Auch sie trägt einen polnischen Namen, wie meine Geburtsstadt, die man mir vielleicht einmal aus dem Fenster eines fahrenden Zuges gezeigt hatte. Sie liegt in der Gegend, in der mein Vater kurz vor meiner Geburt in einer sagenhaften kaiserlich-königlichen Armee kämpfte. Von den übriggebliebenen Kasernen dieser Armee wird die Ortschaft beherrscht.

Zum besseren Verständnis der dort Werksamen und Ansässigen wurde ihr Name verdeutscht.

Auf dem Bahnhof von Auschwitz scheppern die Güterzüge. Lokomotivpfiffe und polternder Rauch, Klirrend aneinanderstoßende Puffer. Die Luft voll Regendunst, die Wege aufgeweicht, die Bäume kahl und feucht. Rußgeschwärzte Fabriken, umgeben von Stacheldraht und Mauerwerk. Holzkarren knirschen vorbei, von dürren Pferden gezogen, der Bauer vermummt und erdfarben. Alte Frauen auf den Wegen, in Decken gehüllt, Bündel tragend. Weiter ab in den Feldern einzelne Gehöfte, Gesträuch und Pappeln. Alles trübe und zerschlissen. Unaufhörlich die Züge oben auf dem Bahndamm, langsam hin- und herrollend, vergitterte Luken in den Waggons. Abweichgeleise führen weiter, zu den Kasernen, und noch weiter, über öde Felder zum Ende der Welt.

Außerhalb der Siedlungen, die nach der Räumung wieder bewohnt sind und aussehen, als sei der Krieg vor kurzem erst vorüber, erheben sich die Eisengitter vor der Anlage, die heute zu einem Museum ernannt ist. Autos und Omnibusse stehen am Parkplatz, eben tritt eine Schulklasse durch das Tor, ein Trupp Soldaten mit weinroten Mützen kehrt nach der Besichtigung zurück. Links eine lange Holzbaracke, hinter einer Luke Verkauf von Broschüren und Postkarten. Überheizte Wärterstuben. Gleich hinter der Baracke niedrige Betonwände, darüber eine grasbewachsene Böschung, ansteigend zum flachen Dach mit dem kurzen dicken viereckigen Schornstein. An Hand der Lagerkarte stelle ich fest, daß ich schon vor dem Krematorium stehe, dem kleinen Krematorium, dem ersten Krematorium, dem Krematorium mit der begrenzten Kapazität. Die Baracke vorn, das war die Baracke der politischen Abteilung, da befand sich das sogenannte Standesamt, in dem die Zugänge und Abgänge verzeichnet wurden. Da saßen die

Schreiberinnen, da gingen die Leute mit dem Emblem des Totenkopfs aus und ein.

Ich bin hierher gekommen aus freiem Willen. Ich bin aus keinem Zug geladen worden. Ich bin nicht mit Knüppeln in dieses Gelände getrieben worden. Ich komme zwanzig Jahre zu spät hierher.

Eisengitter vor den kleinen Fenstern des Krematoriums. Seitwärts eine schwere morsche Tür, schief in den Angeln hängend, drinnen klamme Kälte. Zerbröckelnder Steinboden. Gleich rechts in einer Kammer ein großer eiserner Ofen. Schienen davor, darauf ein metallenes Fahrzeug in der Form eines Troges, von Menschenlänge. Im Innern des Kellers zwei weitere Öfen, mit den Bahrenwagen auf den Schienen, die Ofenluken weit offen, grauer Staub darin, auf einem der Wagen ein vertrockneter Blumenstrauß.

Ohne Gedanken. Ohne weitere Eindrücke, als daß ich hier allein stehe, daß es kalt ist, daß die Öfen kalt sind, daß die Wagen starr und verrostet sind. Feuchtigkeit rinnt von den schwarzen Wänden. Da ist eine Türöffnung. Sie führt zum Nebenraum. Ein langgestreckter Raum, ich messe ihn mit meinen Schritten. Zwanzig Schritte die Länge. Fünf Schritte die Breite. Die Wände weißgetüncht und abgeschabt. Der Betonboden ausgetreten, voller Pfützen. An der Decke, zwischen den massiven Tragbalken, vier quadratische Öffnungen, schachtartig durch den dicken Steinguß verlaufend, Deckel darüber. Kalt. Hauch vor dem Mund. Weit draußen Stimmen, Schritte. Ich gehe langsam durch dieses Grab. Empfinde nichts. Sehe nur diesen Boden, diese Wände. Stelle fest: durch die Öffnungen in der Decke wurde das körnige Präparat geworfen, das in der feuchten Luft sein Gas absonderte. Am Ende des Raums eine eisenbeschlagene Tür mit einem Guckloch, dahinter eine schmale Treppe, die ins Freie führt. Ins Freie.

Dort steht ein Galgen. Ein Bretterkasten, mit nach innen herabgefallenen Luken, darüber der Pfahl mit dem Querbalken. Ein Schild teilt mit, daß hier der Kommandant des Lagers gehängt wurde. Als er auf dem Kasten stand, die Schlinge um den Hals, sah er hinter der doppelten Stacheldrahtumzäunung die Hauptstraße des Lagers vor sich, mit den Pappeln zu den Seiten.

Ich steige die Böschung hinauf auf die Decke des Krematoriums. Die hölzernen, mit Teerpappe benagelten Deckel lassen sich von den Einwurfslöchern heben. Darunter liegt das Verlies. Sanitäter mit Gasmasken öffneten die grünen Blechbüchsen, schütteten den Inhalt hinab auf die emporgestreckten Gesichter, legten schnell wieder den Deckel auf.

Weiter. Ich bin noch außerhalb des Lagers. Der Galgen steht auf den Grundmauern der Vernehmungsbaracke, in der es ein Zimmer gab mit einem Holzgestell und einem Eisenrohr darüber. An dem Eisenrohr hingen sie und wurden geschaukelt und mit dem Ochsenziemer zerschlagen.

Die Kasernengebäude stehen dicht aneinander, das Verwaltungsgebäude, das Kommandanturgebäude, das Revier der Wachleute. Hohe Fensterfronten über dem Krematoriumbunker. Überall Einsicht auf das flache Dach, auf das die Sanitäter stiegen. In unmittelbarer Nähe die Barackenfenster, durch die die Schläge und das Schreien aus der Schaukelstube zu hören waren.

Alles eng, zusammengedrängt. An den Betonpfeilern vorbei, die in doppelter Reihe die Stacheldrähte tragen. Elektrische Isolatoren daran. Schilder mit der Aufschrift VORSICHT HOCHSPANNUNG. Rechts Schuppen und stallähnliche Bauwerke, ein paar Wachtürme, links eine Bude mit einem Kioskfenster, daran ein Brett unter dem vorspringenden Dach, zur Abstempelung von Papieren, dann plötzlich das Tor, mit dem gußeisernen Textband, in dem das mittlere Wort MACHT sich am höchsten emporwölbt. Ein rot-weiß gestreifter Schlagbaum ist hochgestellt, ich trete ein in das Geviert, das sich Stammlager nennt.

Viel darüber gelesen und viel darüber gehört. Über sie, die hier frühmorgens zur Arbeit marschierten, in die Kiesgruben, zum Straßenbau, die Fabriken der Herren, und abends zurückkehrten, in Fünferreihen, ihre Toten tragend, zu den Klängen eines Orchesters, das dort unter den Bäumen spielte. Was sagt dies alles, was weiß ich davon? Jetzt weiß ich nur, wie diese Wege aussehen, mit Pappeln bestanden, schnurgerade gezogen, mit rechtwinklig dazu verlaufenden Seitenwegen, dazwischen die ebenmäßigen vierzig Meter langen zweistöckigen Blöcke aus rotem Ziegel, numeriert von 1 bis 28. Eine kleine eingekerkerte Stadt mit zwangsmäßiger Ordnung, völlig verlassen. Hier und da ein Besucher im wäßrigen Nebel, unzugehörig zu den Häusern aufblickend. Entfernt an einer Ecke die Kinder vorbeiziehend, vom Lehrer geführt.

Hier die Küchengebäude am Hauptplatz, und davor ein holzgezimmertes Schilderhäuschen, mit aufgetürmtem Dach und Wetterfahne, lustig mit Steinfugen bemalt, wie aus einem Burgenbaukasten. Es ist das Häuschen des Rapportführers, von dem aus der Appell überwacht wurde. Ich wußte einmal von diesen Appellen, von diesem stundenlangen Stehen im Regen und Schnee. Jetzt weiß ich nur von diesem leeren lehmigen Platz, in dessen Mitte drei Balken in die Erde gerammt sind, die eine Eisenschiene tragen. Auch davon wußte ich, wie sie hier unter der Schiene auf Schemeln standen und wie dann die Schemel unter ihnen weggestoßen wurden und wie die Männer mit den Totenkopfmützen sich an ihre Beine hängten, um ihnen das Genick zu brechen. Ich hatte es vor mir gesehen, als ich davon hörte und davon las. Jetzt sehe ich es nicht mehr.

Vorherrschend der Eindruck, daß alles viel kleiner ist, als ich es mir vorgestellt hatte. Von jedem Punkt aus ist die Umgrenzung zu sehen, die hellgraue, aus Betonblöcken zusammengefügte Mauer hinter den Stacheldrähten. An der äußeren rechten Ecke der Block Zehn und Elf, verbunden mit Mauern, vorn in der Mitte das offene Holztor zum Hof mit der Schwarzen Wand.

Diese Schwarze Wand, zu deren Seiten sich kurze Bohlenstücke vorschieben zum Kugelfang, ist jetzt mit Korkplatten und Kränzen verkleidet. Vierzig Schritte vom Tor zur Wand. Ziegelstücke in den Sandboden gestampft. Am Saumstein des linken Gebäudes, dessen Fenster mit Brettern verschalt sind, läuft die Abflußrinne, in der sich das Blut der aufgehäuften Erschossenen sammelte. Im Laufschritt, nackt, kamen sie rechts aus der Tür, die sechs Stufen hinab, je zwei, vom Bunkerkapo an den Armen gehalten. Und hinter den zugenagelten Fenstern im Block gegenüber lagen die Frauen, deren Gebärmutter angefüllt wurde mit einer weißen zementartigen Masse.

Hier ist der Waschraum des Block Elf. Hier legten sie, die zur Wand mußten, ihre erbärmlichen blaugestreiften Kleider ab, hier in diesem kleinen schmutzigen Raum, zur unteren Hälfte geteert, zur oberen gekalkt, voll rostiger und schwärzlicher Flecken und Spritzer, umlaufen von einem blechernen Waschtrog, durchstoßen von schwarzen Rohren, quer durchspannt von einer Duschleitung, standen sie, ihre Nummern mit Tintenstift auf die Rippen geschrieben.

Hier der Waschraum, hier der steinerne Gang, geteilt von Eisengittern, vorn die Blockführerstube, mit Schreibtisch, Feldbett und Spinden, an der Wand der Wahlspruch EIN VOLK EIN REICH EIN FÜHRER, ein Gitternetz vor der Tür, ein Einblick in einen Schaukasten. Ein Panoptikum auch das Gerichtszimmer gegenüber, mit dem langen Sitzungstisch, den Protokollheften auf der grauen Decke, denn hin und wieder wurden die Todesurteile auch ausgesprochen, von Männern, die heute redlich leben und ihre bürgerlichen Ehren genießen.

Hier die Treppe, die hinabführt zu den Bunkern. Man hat sich die Mühe gegeben, die Wände mit einem Saum von flimmriger Marmorierung zu bemalen. Der Mittelgang, und rechts und links die Seitengänge mit Zellen, etwa drei mal zweieinhalb Meter groß, mit einem Kübel in einem Holzkasten und einem winzigen Fenster. Manche auch ohne Fenster, nur mit einem Luftloch oben in der Ecke. Bis zu vierzig Mann waren sie hier, kämpften um einen Platz an der Türritze, rissen sich die Kleider ab, brachen zusammen. Es gab solche, die noch lebten nach einer Woche ohne Nahrung. Es gab solche, deren Schenkel die Spuren von Zähnen trugen, deren Finger abgebissen waren, als man sie herauszog.

Ich blicke in diese Räumlichkeiten, denen ich selbst entgangen bin, stehe still zwischen den fossilen Mauern, höre keine Stiefelschritte, keine Kommandorufe, kein Stöhnen und Wimmern.

Hier, an diesem schmalen Vorraum, befinden sich die vier Stehzellen. Da ist die Luke am Boden, einen halben Meter hoch und breit, dahinter noch Eisenstäbe, da krochen sie hinein, und standen dort zu viert, in einem Schacht von neunzig zu neunzig Zentimetern. Oben das Luftloch, kleiner als die Fläche einer Hand. Standen dort fünf Nächte lang, zehn Nächte lang, zwei Wochen lang jede Nacht, nach der schweren Tagesarbeit.

An der Außenwand des Blocks sind vorgebaute Betonkästen mit einem kleinen perforierten Blechdeckel. Von hier dringt die Luft durch den langen Mauerschacht hinab in die Zellen, in denen sie standen, den Rücken, die Knie am Stein. sie starben im Stehen, mußten morgens unten herausgekratzt werden.

Seit Stunden gehe ich jetzt im Lager umher. Ich weiß mich zu orientieren. Ich bin im Hof gestanden vor der Schwarzen Wand, ich habe die Bäume gesehen hinter der Mauer, und die Schüsse des Kleinkalibergewehrs, die aus nächster Nähe in den Hinterkopf abgefeuert wurden, habe ich nicht gehört. Ich habe die Dachbalken gesehen, an denen sie an den rücklings gebundenen Händen aufgehängt wurden, einen Fußbreit über dem Boden. Ich habe die Räume mit den verdeckten Fenstern gesehen, in denen den Frauen durch Röntgenstrahlen die Eierstöcke verbrannt wurden. Ich habe den Korridor gesehen, in dem sie alle standen, Zehntausende, und langsam vorrückten ins Arztzimmer, und hingeführt wurden einer nach dem andern, hinter den graugrünen Vorhang, wo sie auf einen Schemel gedrückt wurden und den linken Arm heben mußten und die Spritze ins Herz bekamen, und durchs Fenster sah ich den Hof draußen, auf dem die hundertneunzehn Kinder aus Zamosc warteten, und noch mit einem Ball spielten, bis sie an der Reihe waren.

Ich habe die Zeichnung gesehen vom Dach des alten Küchengebäudes, auf das mit großen Buchstaben gemalt war ES GIBT EINEN WEG ZUR FREIHEIT – SEINE MEILENSTEINE HEISSEN GEHORSAM FLEISS SAUBERKEIT EHRLICHKEIT WAHRHAFTIGKEIT NÜCHTERNHEIT UND LIEBE ZUM VATERLAND. Ich habe den Berg des abgeschnittenen Haares im Schaukasten gesehen. Ich habe die Reliquien der Kinderkleider gesehen, die Schuhe, Zahnbürsten und Gebisse. Es war alles kalt und tot.

Ständig gegenwärtig ist das Klirren und Rollen der Güterzüge, das Puffen aus den Schornsteinen der Lokomotiven, das langgezogene Pfeifen. Züge rollen in Richtung Birkenau durch die weite flache Landschaft. Hier, wo der lehmige Weg zum Bahndamm ansteigt und ihn überquert, standen die Herren mit ausgestreckten Händen und zeigten auf die offenen Felder und bestimmten die Gründung des Verbannungsortes, der jetzt wieder einsinkt in die sumpfige Erde.

Ein einzelnes Geleise zweigt ab von der Fahrtstrecke. Läuft durch das Gras, hier und da auseinandergebrochen, weit hin zu einem verblichenen langgestreckten Bau, zu einer Scheune mit zerborstenem Dach, zerfallendem Turm, läuft mitten durch das gewölbte Scheunentor.

So wie im andern Lager alles eng und nahe war, so ist hier alles endlos ausgebreitet, unüberblickbar.

Rechts bis zu den Waldstreifen hin die unzähligen Schornsteine der abgetragenen und verbrannten Baracken. Nur einzelne Reihen stehen noch von diesen Ställen für Hunderttausende. Links, ausgerichtet und im Dunst verschwindend, die steinernen Behausungen der gefangenen Frauen. In der Mitte, einen Kilometer lang, die Rampe. Noch im Zerfall ist das Prinzip der Ordnung und Symmetrie zu erkennen. Hinter dem Scheunentor, an der Weiche, teilt sich das Gleis nach rechts und links. Gras wächst zwischen den Schwellen. Gras wächst im Schotter der Rampe, die sich kaum über die Schienen erhebt. Es war hoch zu den aufgerissenen Türen der Güterwagen. Anderthalb Meter mußten sie herabspringen auf das scharfkantige Geröll, ihr Gepäck und ihre Toten hinabwerfen. Nach rechts kamen die Männer, die noch eine Weile leben durften, nach links die Frauen, die zur Arbeit fähig befunden wurden, geradeaus den Weg zogen die Alten, Kranken und Kinder, den beiden rauchenden Schloten entgegen.

Die Sonne, nah über dem Horizont, bricht aus dem Gewölk und spiegelt sich in den Fenstern der Wachtürme. Rechts und links am Ende der Rampe liegen Ruinenklumpen zwischen den Bäumen, die Pappeln an der rückwärtigen Umgitterung stehen reglos, weit weg in einem Gehöft schnattern Gänse. Rechts, da ist das Birkenwäldchen. Ich sehe das Bild vor mir von den Frauen und Kindern die dort lagern, eine Frau trägt den Säugling an der Brust, und im Hintergrund zieht eine Gruppe zu den unterirdischen Kammern. An dem riesigen Steinhaufen, mit den verbogenen Eisenträgern und herabgestürzten Betondekken, läßt sich die Architektur der Anlagen noch feststellen. Hier führt die schmale Treppe hinab in den etwa 40 Meter langen

Vorraum, in dem sich Bänke befanden und numerierte Haken an den Wänden, zum Aufhängen der Schuhe und Kleidungsstücke. Hier standen sie nackt, Männer, Frauen und Kinder, und es wurde ihnen befohlen, sich ihre Nummern zu merken, damit sie ihre Kleider wiederfänden nach dem Duschen.

Diese langen steinernen Gruben, durch die Millionen von Menschen geschleust wurden, in die rechtwinklig abzweigenden Räume mit den durchlöcherten Blechsäulen, und dann hinaufbefördert wurden zu den Feueröfen, um als brauner süßlich stinkender Rauch über die Landschaft zu treiben. Diese Steingruben, zu denen Stufen hinabführen, die abgenutzt sind von Millionen Füßen, leer jetzt, sich zurückverwandelnd zu Sand und Erde, friedlich liegend unter der sinkenden Sonne.

Hier sind sie gegangen, im langsamen Zug, kommend aus allen Teilen Europas, dies ist der Horizont, den sie noch sahen, dies sind die Pappeln, dies die Wachtürme, mit den Sonnenreflexen im Fensterglas, dies ist die Tür, durch die sie gingen, in die Räume, die in grelles Licht getaucht waren und in denen es keine Duschen gab, sondern nur diese viereckigen Säulen aus Blech, dies sind die Grundmauern zwischen denen sie verendeten in der plötzlichen Dunkelheit, im Gas, das aus den Löchern strömte. Und diese Worte, diese Erkenntnisse sagen nichts, erklären nichts. Nur Steinhaufen bleiben, vom Gras überwuchert. Asche bleibt in der Erde, von denen, die für nichts gestorben sind, die herausgerissen wurden aus ihren Wohnungen, ihren Läden, ihren Werkstätten, weg von ihren Kindern, ihren Frauen, Männern, Geliebten, weg von allem Alltäglichen, und hineingeworfen wurden in das Unverständliche. Nichts ist übriggeblieben als die totale Sinnlosigkeit ihres Todes.

Stimmen. Ein Omnibus ist vorgefahren, und Kinder steigen aus. Die Schulklasse besichtigt jetzt die Ruinen. Eine Weile hören die Kinder dem Lehrer zu, dann klettern sie auf den Steinen umher, einige springen schon herab, lachen und jagen einander, ein Mädchen läuft eine lange ausgehöhlte Spur entlang, die sich neben Schienenresten über ein Betonbruchstück erstreckt. Dies war die Schleifbahn, auf der die toten Leiber zu den Loren rutschten. Zurückblickend auf meinem Weg zum Frauenlager sehe ich die Kinder noch zwischen den Bäumen und höre, wie der Lehrer in die Hände klatscht, um sie zu sammeln.

Im Augenblick, in dem die Sonne versinkt, steigen die Bodennebel auf und schwelen um die niedrigen Baracken. Die Türen stehen offen. Irgendwo trete ich ein. Und dies ist jetzt so: hier ist das Atmen, das Flüstern und Rascheln noch nicht ganz von der Stille verdeckt, diese Pritschen, in drei Stockwerken übereinander, an den Seitenwänden entlang und entlang des Mittelteils, sind noch nicht ganz verlassen, hier im Stroh, in den schweren Schatten, sind die tausend Körper noch zu ahnen, ganz unten, in Bodenhöhe, auf dem kalten Beton, oben, unter dem schräg aufsteigenden Dach, auf den Brettern, in den Fächern, zwischen den gemauerten Tragwänden, dicht aneinander, sechs in jedem Loch, hier ist die Außenwelt noch nicht ganz eingedrungen, hier ist noch zu erwarten, daß es sich regt da drinnen, daß ein Kopf sich hebt, eine Hand sich vorstreckt.

Doch nach einer Weile tritt auch hier das Schweigen und die Erstarrung ein. Ein Lebender ist gekommen, und vor diesem Lebenden verschließt sich, was hier geschah. Der Lebende, der hierherkommt, aus einer andern Welt, besitzt nichts als seine Kenntnisse von Ziffern, von niedergeschriebenen Berichten, von Zeugenaussagen, sie sind Teil seines Lebens, er trägt daran, doch fassen kann er nur, was ihm selbst widerfährt. Nur wenn er selbst von seinem Tisch gestoßen und gefesselt wird, wenn er getreten und gepeitscht wird, weiß er, was dies ist. Nur wenn es neben ihm geschieht, daß man sie zusammentreibt, niederschlägt, in Fuhren lädt, weiß er, wie dies ist.

Jetzt steht er nur in einer untergegangenen Welt. Hier kann er nichts mehr tun. Eine Weile herrscht die äußerste Stille.

Dann weiß er, es ist noch nicht zuende.

Laokoon oder
Über die Grenzen der Sprache

Der Vorgang des Schreibens und Lesens, des Sprechens und Verstehens, stellt an beide Teile dieses Zusammenwirkens Anforderungen, deren Schwierigkeitsgrad in dem großen allgemeinen Tönen das uns umgibt, schon kaum mehr bemerkt wird. Überall bewegen sich Münder, stoßen Wörter aus, überall flattern Ohren und fangen die Wörter auf, als wäre dies die leichteste Sache von der Welt. Wörter, die wir vernommen haben, liegen aufgespeichert in unserm Gedächtnis, und wenn sie von draußen in uns hineingerufen werden, rühren sie unsre eigenen Erfahrungen an. Schreibende fügen ihre Schriftzeichen auf Papieren aneinander, bis sie glauben, daß sie in der Folge von Silben, Wörtern und Sätzen einen Sinn ergeben, dann werfen sie die Blätter hinaus, verlieren die Blätter aus der Sicht, und haben ihren Inhalt schon vergessen, während andere sich die Blätter aus der Luft holen, sie geduldig entziffern und vielleicht einen Sinn entdecken. Oft, wenn der Schreibende sich seiner Wörter bedient, stellen sie sich im Flug der Gedanken ein und spiegeln seine Erwägungen. Doch manchmal, wenn er sich darauf besinnt, was er eigentlich vorhat, wollen ihm die Wörter entgleiten, und er muß sich jedes Wort einzeln heraufsuchen und erobern, um es einzugliedern in seine Sprache. Die Sprache erscheint ihm als etwas Unmögliches, das nur aus Trotz gegen diese Unmöglichkeit entstehen kann. Unter jedem Wort, das er in seiner Schrift festzuhalten vermag, liegen die Anfangsgründe des Wortes, es liegt ein Stammeln und Lallen in jedem Wort, und tiefer darunter noch sind unartikulierte Geräusche herauszuhören, ein Zungenschlagen, ein Lippenklappern, und in der Machtlosigkeit ist der Schrei und dann nur noch die Stille.

Das Kind, das im dunklen Zimmer liegt, in einer Ausgesetztheit, in der es keine Erklärungen und keine Verständigung gibt, muß sich mit großer Anstrengung zur Handlung des Schreiens heranarbeiten, es muß allen Mut aufbringen um die Stille zu durchbrechen und mit dem Schrei seine Gegenwart in der Dunkelheit darzustellen. Der Laut der eigenen Stimme im

Dunkeln ist erschreckend. Das Wagnis ist nur zu ertragen, wenn es die Hoffnung gibt, daß jemand mit der Stimme zu erreichen sei. Der Schrei verstummt, wenn sich das Zimmer nicht öffnet und erhellt. Doch tritt der Herbeigerufene ein, läßt sich der Schrei langsam verwandeln zum Ansatz von Worten. Und es beginnt dieser Prozeß, der nie zu einem Ende führt, dieses immer wieder erneute Versuchen, sich selbst vor einem andern zu zeigen, und sich vor diesem andern mit seinen Absichten bemerkbar zu machen.

Das Kind, das lernt, daß Wörter sich auch schreiben lassen, daß zu Schrift verwandelte Wörter nicht verfliegen und vergessen werden, sucht sich die ersten kenntlichen Buchstaben zusammen, um damit seinen Namen abzubilden. Es kratzt den Namen mangelhaft in Schieferplatten, die es auf einem Hof findet, es malt den Namen mit Kreide an die Häuserwände, und sagt stolz zu diesen Merkmalen: das bin ich. Es hinterläßt seine Spuren, und was Spuren hinterläßt, ist vorhanden.

Die Entdeckung des Vorhandenseins ist ein Ereignis. Die frühsten Bilder, die wir in uns tragen und die im Traum immer noch nachwirken, umreißen den Standort dieser Augenblicke. Sie haben ihre Schärfe bewahrt. Sie zeigen überdeutlich die Sandkörner eines Weges, die tiefgrünen Blätter eines Busches, die Steinblöcke und eisernen Ringe an einer Uferböschung, wo das Bewußtsein wachgerufen wurde, daß das, was hier geschah, mir selbst geschah.

Da sind die Stimmen im Haus, in dem das Kind lebt, da sind die Stimmen auf der Straße, und in dem großen Gefüge der Stadt, in das es immer tiefer eindringt. Da sind die Stimmen eines Chors, in dem es mitsprechen muß, schon werden bestimmte Aussagen von ihm verlangt, es muß Antworten geben, deren Richtigkeit von andern überprüft wird, es muß sich beeilen, das zu sagen, was verlangt wird, es ist nicht mehr Herr über die eigene Stimme, Wörter werden ihm diktiert und mit Gewalt aus ihm herausgezogen, es wird verwirrt, es erkennt die eigene Stimme nicht wieder, es lernt, dahinzureden.

Wenn es nicht teilnimmt an dem, was ringsum geschieht, sammelt sich in ihm jene Farblosigkeit, die den Schreibenden, Jahrzehnte später, wenn er versucht, seine Vergangenheit aufzufinden, jäh als Lähmung überkommt. Zeiträume seines Lebens sind verschwunden. In ihnen war nichts als ein trübes Warten. Die stummen und bildlosen Ablagerungen lassen ihn nur sein Altern verspüren. So wie er vor langer Zeit den Zugang zur eigenen Stimme verlor, so wird jetzt das Sprechen qualvoll, er kann keine Worte finden, mit denen sich das Fließende und Unbestimmte decken ließe.

Damals gelang es ihm manchmal, sich in ein Gebiet einzuschleichen, das verändert werden und in dem er sich selbst verändern konnte. Dort entstanden, nach dem Verharren in einer Eingeschlossenheit, in der alles gegeben war, und in der nichts verrückt werden durfte, plötzlich Bewegungen. Dieses Gebiet, das zumeist abgesondert lag, unter einem Tisch, in einem Keller, auf einem Dachboden oder in einem Gartenschuppen, nahm in sich die Welt auf, die so weit war, wie seine Vorstellungen reichten. Es bestand hier eine absolute Herrschaft über die Welt, er richtete sich an die ganze Welt, und die ganze Welt hörte ihm zu. Er befand sich gleichzeitig an allen Punkten dieser Welt. Alle Nationen, Erdteile und Zeitalter waren zu einer einzigen Gegenwärtigkeit zusammengeschmolzen. In solchen Stunden konnte es geschehen, daß der Ruf seines Namens zu ihm eindrang. Der Schreibende später weiß von dieser Sekunde. Es ist die Sekunde des Einbruchs, der Forderung. Sie versetzt ihn in äußerste Spannung und Erwartung. Die Welt kennt seinen Namen. Das ist ein Triumph. Aber es ist auch eine Drohung. Was will die Welt von ihm?

Er antwortet mit seinem Verstummen. Er verhält sich reglos. Er liegt versteckt hinter schwertförmigen Blättern, während die Stimme näherkommt und nach ihm sucht. Nur selten ertönt ein Ruf, dem er Folge leistet. Da springt er auf, erklettert Mauern, läuft durch Höfe, Torgänge, ergreift bei jedem Schritt Besitz von dem, was vor ihm auftaucht. Später, wenn das verloren ist, von dem er damals meinte, es gehöre ihm, sieht er diese einzelnen körperhaften Stunden in der Vorwelt liegen, er weiß nicht mehr was gesprochen wurde, erinnert sich nur noch an die sprechenden Münder, an die Leichtigkeit des Sprechens und Verstehns, an die Luft, die Gerüche, das eigene Atmen.

In den offenen Stunden entstehen die Worte von selbst. Die Sprache, die er spricht, gibt seine Zusammengehörigkeit wieder mit den Dingen, die ihn umgeben. Seine Stimme reflektiert die Eigenheiten der Mundart, in der seit Generationen die Erscheinungen immer wieder abgetastet wurden. Selbst wenn er sich einschließt mit der Sprache, kommt ihm nicht der Gedanke, daß er plötzlich von der Sprache abgetrennt werden könnte, daß die Sprache sich feindlich vor ihm erhebt und ihn ausstößt. Mit allen, die hier leben, liest er die Straßenschilder, die Texte über den Läden, die Insignien an den Bauwerken, die mit ihren Türmen, Säulen und Skulpturen die Geschichte der Stadt kennzeichnen. Die Bücher, die er liest, sind nie für ihn allein geschrieben, die gedruckten Sätze werden auch von andern aufgenommen, die gleichen Gedanken dringen in ihn wie in die andern ein. Er spricht mit den andern über das Gelesene, es wird erörtert, wie das Gelesene verstanden wurde, Verschiedenheiten im Verstehen werden deutlich, die Anregungen aber bleiben gemeinsam. Ehe ihm die Sprache fragwürdig wird, erreicht er den Grad der Geübtheit, in dem er pausenlos die Beschreibungen riesiger Lebensabschnitte in sich verarbeitet und sich dabei mit seiner Vorstellungskraft in all diesen Räumlichkeiten, zwischen all diesen Figuren und Begebenheiten, bewegt. Es bereitet keine Schwierigkeit, Stellung dazu zu nehmen, seine Reaktionen auf das Vernommene zu formulieren, denn daß er sich äußert, ist das Natürliche, und indem andere ihm zuhören, überprüft er sich selbst und revidiert, was er glaubt, verstanden zu haben.

In dieser Situation des Zwiegesprächs, des Wohnens in einer Sprache, könnte er bleiben. Die Sprache streckt sich weithin. Sie hört hinter der Stadt nicht auf. Landschaftsteile folgen, in denen jedes Gewächs, jede Erdformation, in der Sprache enthalten ist. Es folgen andere Plätze, andere Siedlungen und Städte, in denen die Sprache sich mit besonderen Färbungen zusammenballt, und dahinter breitet sie sich wieder aus, bis zu den Markierungen, die jeden der Sprechenden in dem Gebilde zusammenhalten, das sie ihr eigenes Land nennen.

Innerhalb dieses Umrisses werden große Pläne geschmiedet. Auch diejenigen, gegen die diese Pläne gerichtet sind, nehmen daran teil. In dem unaufhörlichen Austausch von Worten, in dem sich alle in diesem Land Versammelten befinden, gehen einzelne Worte immer mehr zum Angriff und zur Verfolgung über, und die von diesen Worten Betroffenen versuchen, sich vor ihnen zu decken und sie durch Gegenstimmen unschädlich zu machen. Er, von dem hier die Rede ist, und dessen Gedanken von Anfang an mit dieser Sprache verbunden waren, gerät zu denen, die von der Sprache plötzlich als Fremdkörper bezeichnet werden. Wenn er sich auf sich selbst berufen will, werden seine Worte für ungültig erklärt. Diejenigen, die er seine Freunde nannte, nehmen seine Worte nicht mehr auf. Auf der Straße kann es ihm geschehn, daß einer ihn mit einem willkürlichen Wort benennt. Ein solches Wort, das mit ihm nicht das geringste zu tun hat, urteilt ihn zu einem neuen Dasein ab. Er befindet sich noch in einer Stadt, in der er Teil der gemeinsamen Sprache ist. Er versteht, was er im Vorbeigehn aus Gesprächen auffängt. Rufe von Zeitungsverkäufern machen ihn unmittelbar aufmerksam auf die Vorgänge, die ihn umfassen. Es gehört zu ihm, was in den Amtsstellen beschlossen und in Verordnungen verbreitet wird. Er ist drinnen in dem, was von den anwachsenden Menschenmassen zum gemeinsamen Gut erklärt wird. Doch er kann nicht mehr Stellung dazu nehmen. Er ist als Sprecher nicht mehr intakt. Er ist nicht mehr der, von dem er früher beim Sprechen ausging. Es nützt ihm nichts, daß er weiß, wer er einmal war. Für die andern ist er nur noch ein Ding. Ein Kohlkopf. Ein Stück Schlacke.

Die Sprache nimmt jetzt eine Gewalt an, die er sich selbst bei seinen gewagtesten abseitigen Beschwörungen nicht hätte vorstellen können. Sie dröhnt aus Lautsprechern. Sie macht sich mit fetten Buchstaben breit. Menschen drängen sich dicht zusammen und tragen ein einziges Wort über sich. Menschen stehen vor einer Stimme, und in allen Ohren vibrieren die Trommelfelle unter den gleichen Schwingungen, und tausendfach vervielfältigt wird die Stimme von den Gehörknöcheln in die Labyrinthe hineingeschlagen. Menschen marschieren und brüllen zum Takt ihrer Schritte Wörter, die ihre Verständlichkeit verlieren.

Jeder, der hier in der Sprache zu Hause ist, gerät in den

Kampf, der in dieser Sprache geführt wird. Die Bedeutung der Wörter verschiebt sich. Unsicherheit breitet sich aus. Neue Wörter sind über Nacht da, alle sprechen sie nach, ohne sie zu begreifen, sie besitzen die Wörter nicht länger, die Wörter besitzen sie.

Einmal lernte ein Kind, die Umwelt wiedererkennbar zu machen, indem jede Einzelheit sich messen und nennen ließ. Es lernte, sich von einem bezeichneten Gegenstand zum andern zu bewegen, und so entstand eine sinnvolle Orientierung. Jetzt aber verschwand das Nachprüfbare, und indem viele sich über sich selbst hinausstreckten, ohne etwas zu erlangen, verwechselten sie die Maßlosigkeit mit einer noch unbekannten Größe. Andere standen da, von der Macht eines neuen Wortes überwältigt, und wenn sie selber nicht faßten, was dieses auf sie losgelassene Wort besagen sollte, so wurden sie bald darüber belehrt, denn wo immer auch einer ein solches Wort übergestülpt bekam, hingen daran schon die Rudel derer, mit denen er früher die gleiche Sprache gesprochen hatte und die sich jetzt, besessen vom Zerfall des Gewohnten, zu den Fürsprechern eines künftigen Idioms machten.

Damals, als die Sprachwelt auseinanderbrach, bewahrten nur wenige die Besinnung. Diese wenigen sprachen miteinander und suchten nach etwas, das sie noch miteinander verband. Einigen Worten sprachen sie bleibenden Wert zu. Sie berieten sich untereinander, wie sie diese Werte, die in der gemeinsamen Sprache lagen, retten konnten. Dann aber wurden auch sie auseinandergerissen. Die einen wurden in die befestigten Reihen und Blöcke der neuen Sprache hineingedrängt, die andern wurden der Sprache enteignet. Wenn sie etwas in ihrer Sprache niedergeschrieben hatten, wurde es eingestampft. Den wenigsten gelang es, zu fliehen. Sie verließen den Raum, in dem jedes ihrer Worte einmal entstanden war, und gerieten in Gebiete, in denen sie Sprachlosigkeit überkam.

Was der aus der Sprache Verbannte darstellte, ließ sich einmal in jeder Einzelheit mit Worten bezeichnen. Er hatte eine Vergangenheit, jene Vergangenheit, von deren Wahrheit er sich früher durch ständige Konfrontationen überzeugen konnte.

Doch diejenigen, die ihn wiedererkannten, die ihn bei seinem Namen genannt und ihm den Beweis seines Vorhandenseins geliefert hatten, waren für ihn nicht mehr da. Er konnte sie nicht mehr nach sich befragen. Er geriet in eine Freiheit, die grenzenlos war. Er konnte aus sich machen, was er wollte. Doch diese Freiheit war verwirrend. Nichts von dem, was er begonnen hatte, konnte fortgesetzt werden. Indem er von der Möglichkeit des Benennens aller Vorgänge abgeschnitten war, war er auch von den Vorgängen selber abgeschnitten, denn wirkungsvoll wurde ein Vorgang nur, wenn er eine Verständigung darüber zuließ. Er wurde zurückversetzt in sein erstes verdunkeltes Zimmer.

Er wiederholte die Situation des Kindes, das erst lernen muß, für jede seiner Regungen einen Namen zu finden. Ausgewachsen und vorbereitet zum Austausch von Gedanken, mußte er lallen und stammeln, und durch ein Fuchteln seiner Hände, ein Grimassieren seines Gesichts, seine Absichten verdeutlichen. Seine Zunge, die Bewegungen seiner Zähne und Lippen, bemühten sich um das Nachformen der vernommenen Laute, und ständig hatte er zu raten, mit welchen Gegenständen diese Laute übereinstimmen mochten.

Manchmal rezitierte er für sich die Sprache, die er beherrschte, um sich zu beweisen, daß sie noch da war. Doch schon bei der Wiederholung eines Satzes verlor sich dessen Bedeutung. Die Sprache lag ebenso entfernt von ihm, wie das Land, aus dem sie stammte. Die Erinnerungen an Begegnungen und Berührungen, an Witterungen, Farben und Geräusche, die jedem Wort anhafteten, wurden überlagert vom Bewußtsein, daß der Zugang dazu verloren war. Die Wörter von dieser kompakten Feindlichkeit zu befreien, und nur sachliche Angaben über ein gesammeltes Wissen in ihnen zu sehen, vermochte er noch nicht.

Die Wörter des neuen Bereichs wuchsen vor ihm auf. Sie waren überdimensioniert, er turnte zwischen den Wörtern umher, stolperte von einem zum andern, die Wörter hatten scharfe Kanten an denen er sich stieß.

In diesem Stadium befand er sich zwischen zwei Sprachen. Die eine Sprache gehörte zu seinem täglichen Leben. Sie gehörte zu den Handhabungen, die er erlernen mußte, um sich zu ernähren. Mit ihr ließen sich Stück für Stück die Positionen festigen, die er erreichen konnte als Tellerwäscher, als Laufjunge oder Gehilfe in einem Warenlager. Zwischen den hier ansässigen Sprechern stellte er jemanden dar, der geduldet oder abgeschoben werden konnte, je nach der augenblicklichen Laune. Indem nichts Kenntliches hinter ihm war, und nichts Kenntliches vor ihm, war er ein Nichts. Man zeigte keine Überraschung darüber, daß er noch da war, doch ebenso wenig hätte es Überraschung hervorgerufen, wäre er plötzlich verschwunden.

Die andere Sprache gehörte der Nacht an. Wenn er einige Stunden allein verbracht hatte und die Laute, die ihn tagsüber umgeben hatten, zurückgesunken waren, konnten aus der alten Sprache Wortfolgen aufsteigen, zu denen oft noch der Klang bestimmter Stimmen gehörte. Er vernahm Rufe, Fragen, Gesprächsfetzen. Er sah die Sprecher vor sich, Familienangehörige, Freunde, Vorbeigehende auf der Straße. Die Wörter trieben plätschernd umher, schaukelten, gingen unter, andere schwammen auf, manche stachen und brannten, oder rissen ihn in einen Wirbel. Er saß mit Papier und Schreibstift, um einige von ihnen festzuhalten, er bemühte sich, die Leere, die ihn umgab, mit Wörtern zu überspannen, er hielt das Papier über die Leere, er dichtete ein kleines Stück der Leere mit engen Reihen von Buchstaben ab, doch die Leere drang wieder durch, überflutete die Buchstaben, löschte sie aus. Sie waren nicht geschrieben, um gelesen zu werden. Es war niemand da, an den er sich mit ihnen wenden konnte.

Dann geriet er in die Regionen, in denen die Wörter zu Chiffren wurden, zu Rebuszeichen, in denen sie sich zurückverwandelten in die Bilder, aus denen sie einmal hervorgegangen waren. Am Anfang waren die Bilder. Im Traum waren die Gegenstände und Ereignisse, die sich in ihm regten, losgelöst von der Tätigkeit des Benennens. Dies war ein Bereich, in denen die Mühen der Verständigung vergangen waren, der Träumende hatte sich aus allen äußeren Sprachgebieten entfernt und ging nur noch mit sich selbst um. Er sah vor sich, was er zu sagen nicht mehr imstande war. Figuren waren da, Räume waren da, Begegnungen waren da. Alles entstand ohne sein Zutun. In der völligen Abgeschlossenheit war eine Welt, die nur ihm gehörte und die niemandem mitgeteilt zu werden brauchte. Nur wenn er sich dem Erwachen näherte und wieder an die Schichten stieß, in denen sich aus Bildern Worte anbahnten, mischten sich Stimmen in die Träume ein. Da war ein Gebrodel, ein Suchen nach Artikulierungen, mit denen der Aufwachende wieder eines Platzes in der Außenwelt habhaft werden wollte. Was er da hörte, ehe er noch die Augen öffnete, war ein Gemisch von Sprachen, Worte der gegenwärtigen Sprache wechselten sich mit Worten der vergangenen Sprache ab, oder die beiden Sprachen fügten sich zu einem Wort zusammen, oder es entstanden aus Anhäufungen von Buchstaben Worte, die kein Schlüssel öffnen konnte.

In diesem Zustand lag es nah, daß er sich nur noch an die Bilder hielt. Er projizierte die inneren Bilder auf Tafeln, und diese Tafeln brachen nicht, wie die Blätter mit Wortzeichen, vor der Leere auseinander, sie hielten, sie spiegelten sein Vorhandensein.

Was er in den Bildern von sich mitteilte, lag in einer andern Dimension als das Geschriebene. Wenn die Bestandteile eines Bildes auch aus den verschiedensten Erlebnissen hervorgeholt werden, so fügen sie sich am Ende doch zu einem einzigen Augenblick zusammen. Wie reich auch immer der Inhalt eines Bildes ist, er umfaßt doch nie mehr als eine einmalige Situation. Das Auge folgt den Einzelheiten auf der Fläche, und alle Einzelheiten ergeben in Gleichzeitigkeit das Bild.

Das Sprechen, Schreiben und Lesen bewegt sich in der Zeit. Satz stößt auf Gegensatz, Frage auf Antwort. Antwort auf neue Frage. Behauptetes wird widerrufen, Widerrufenes wird neuen Bewertungen unterzogen. Der Schreibende und Lesende befinden sich in Bewegung, sind ständig offen für Veränderungen.

Auch eine Bildfläche konnte Perspektiven nach zahlreichen Richtungen hin aufweisen. Die gemalten Formen konnten sich aus Widersprüchen zusammensetzen. Zu sehen war aber immer nur die Schlußwirkung des Dramas. Manchmal erschien ihm dies als eine Stärke. Herausgerissen aus seiner alten Sprache, noch nicht heimisch in einer neuen, konnte er alles, was er nicht auszusprechen vermochte, im Bild zu einem verständlichen Ergebnis zusammendrängen.

Laokoon und seine Söhne, von Schlangen umwunden, verharren in den Dehnungen und Krümmungen ihres Gefangenseins. Unaufhörlich bleibt Laokoons Bauch eingezogen, unaufhörlich sind seine Muskeln gespannt, in der Erwartung des tödlichen Bisses. Der Kopf der Schlange stößt sich in seine linke Hüfte, während er mit dem hochgestreckten rechten Arm, dessen Adern vorquellen, ihren Leib von sich abstemmt. Sein Mund, und der Mund des jüngsten Sohns, ist halb geöffnet, nicht in einem Schrei, sondern in der letzten Anstrengung vor dem Ermatten. Sie haben ihre Stimmen aufgegeben. Nur der älteste Sohn zeigt in seinen Gesten an, daß er des Sprechens, des Sichmitteilens noch fähig ist. Während Laokoon und sein jüngerer Sohn völlig in ihrem Untergehen eingeschlossen sind und sich niemandem mehr bemerkbar machen können, weist der ältere Sohn noch auf das Geschehnis hin. Er kann es überblikken. Sein Gesichtsausdruck zeigt Ekel und Furcht. Mit seiner nach außen gewandten Haltung gibt er seine Absicht kund, der Umschnürung zu entfliehen. Listig rechnet er noch mit der Möglichkeit, verschont zu bleiben.

In diesem Bildwerk ist der Zwiespalt ausgedrückt zwischen dem Verstummten, Statischen, und dem, das sich der Außenwelt zuwendet und durch Bewegung deren Aufmerksamkeit herbeiruft. Laokoon und sein jüngster Sohn setzen keinen Beschauer mehr voraus. Sie bilden nur noch ein Monument über ihren eigenen Untergang. Nie mehr geben sie einen Laut von sich. Der ältere Sohn aber gehört noch einer belebten Welt an, er bricht sich aus dem Statuarischen heraus, um denen, die ihm vielleicht zur Hilfe kommen, Bericht zu erstatten.

Für ihn, dem es die Stimme verschlagen hatte, bestand zeitweise nur die Erstarrung. Die Bilder, die vor ihm auftauchten, waren reglos und spiegelten seine Ohnmacht. Er war an seine Vergangenheit gebunden und vermochte nicht, sich mit den Wörtern einer Sprache von ihr zu befreien.

Er lag auf seinem Bett und brachte kaum die Kraft auf, die Hand nach Block und Stift auszustrecken, um etwas von den Erscheinungen festzuhalten. Der Untergang, in dem er sich befand, war totaler, als es frühere Katastrophen gewesen waren, die einem Beobachter noch einen Fußbreit Boden gönnten, von dem aus sich die Ereignisse betrachten und besingen ließen. Zwar war der Leib des Liegenden noch nicht zerschlagen und ausgeblutet, die Wände um ihn waren noch nicht niedergebrannt, doch war er, wie alle andern auch, der Gewalt ausgeliefert, die sich über alles Lebende hermachte.

Erst jetzt, Jahre nach seinem Austritt aus der natürlichen Sprache, erkannte er die Reichweite des Bruchs. Der Gedanke, daß es einmal möglich sein könnte, zu denen zurückzukehren, die die Sprache noch besaßen und mit dieser Sprache trieben, was ihnen beliebte, war noch nicht da. Er mußte lernen, sich in der neuen Sprache anzusiedeln, oder er mußte in der Sprachlosigkeit untergehn.

Wenn einer versucht, in dieser Situation, in der die Geschehnisse sich von keinem Bild von keinem Wort mehr decken lassen wollen, festzuhalten an der Konvention einer Mitteilung durch Bilder oder Worte, so tut er das im Bewußtsein, daß die Verwendung dieser kaum mehr tauglichen Mittel besser ist als das Schweigen und die Fassungslosigkeit.

Es gehört Vermessenheit dazu, jetzt noch ein Bild herzustellen. Selbst wenn das Bild nichts andres zeigt als einen Schrecken vorm Zerfall, so kann es doch immer noch diesen Schrecken zeigen, und indem es ihn in der Beständigkeit eines Bildes zeigt, spiegelt es eine heile Welt vor.

Wer in seiner Unsicherheit Bilder entstehen läßt, umringt sich noch mit Gegenständen, mit grundierten Flächen, mit angerührten Farben, Flaschen voller Bindemittel, mit Tusche, Kohle, Kreide, Pinseln, mit dem Geruch von Ölen, Harzen, Klebstoffen, er führt ein Handwerk aus, er verwandelt seine Unsicherheit zu etwas Greifbarem.

Das Bild liegt tiefer als die Worte. Wenn er nachdenkt über die Einzelheiten des Bildes, verlieren sie sich schon. Er muß bedingunglos an den Wert eines Bildes glauben. Je besessener er vom Bild ist, je weniger er sich um die Anlässe des Bildes kümmert, desto überzeugender wird die erreichte Wirkung. Worte enthalten immer Fragen. Worte bezweifeln die Bilder. Worte umkreisen die Bestandteile von Bildern und zerlegen sie. Bilder begnügen sich mit Schmerz. Worte wollen vom Ursprung des Schmerzes wissen.

Wenn ihm die Geduld schwindet, Strich für Strich, Farbton nach Farbton die Bruchstücke von Visionen zu einem Bild zusammenzutragen, und er das Suchen selbst Schritt für Schritt aufzeichnen will, nimmt er sich wieder eine Sprache vor, und vielleicht ist es ihm dann gleich, welche Sprache das ist, denn jede Sprache, ob bekannt oder unbekannt, muß jetzt mühsam erbaut werden, in einer Erwägung jedes einzelnen Wortes.

Indem der Stoff, an den er gelangen wollte, sich ihm immer wieder entzog und es nur möglich war, mit einer Sprache entfernt daran zu erinnern, fand der Schreibende eine Übereinstimmung zwischen dem Stoff und einer noch unbeherrschten Sprache. Als er begann, in dieser Sprache zu schreiben, und ihm das Auffinden jedes Wortes eine Entdeckung war und die Festigung eines einzigen Satzes ein Landgewinn, vermittelte sich ihm die Vorstellung, daß das Fremdartige und Diffuse benannt werden konnte, und dadurch stellte sich der Beginn einer Zuversicht her. Außerhalb einer Sprache zu sein, bedeutet Sterben. Wenn er jetzt mit neuen Wörtern einen Vorgang beschrieb, so war dies die Wiedererweckung einer schon aufgegebenen Welt. Die Wörter waren Formeln in einem Übereinkommen, an dem er teilnahm. Es verband ihn nichts mit diesen Wörtern als der Wunsch, sie als topographische Werkzeuge zu benutzen. Die Wörter hatten für ihn keine Geschichte. Die Wörter waren mit keinen Empfindungen beladen. Sie waren nur Wegzeichen. Es konnten Lagebestimmungen mit ihnen vorgenommen werden. Er befand sich mit ihnen in einer äußerst kargen ausgebrannten Gegend.

Er war Laokoons ältester Sohn. Zwar war ihm noch Aufschub gegeben, doch war er ebenso fest wie die Seinen mit dem Geschehnis verknotet. Er sah, was neben ihm geschah und was auch ihn gleich ereilen konnte. Doch in der Zeitspanne die ihm noch zur Verfügung stand, untersuchte er jede Möglichkeit, die

Fesselung zu lockern. Der Augenblick, in dem sich seine gesamte Aufmerksamkeit darauf richtete, das Aussichtslose zu durchbrechen, dauerte an.

Von manchen wurde gesagt, daß dieser Augenblick ein Leben lang währen kann. Und es wurde wiederholt, daß sich in diesem Augenblick nichts mehr sagen ließ, daß alle Worte gleich in welcher Sprache, ihren Sinn verloren hatten.

Doch was im Grenzgebiet der Denkfähigkeit liegt und sich dort auflöst, ist immer noch Bestandteil unsres Lebens. Auch das, was wir nicht erkennen können, gehört, da wir es noch spüren, zu uns. Wir mögen den Halt an Worten verlieren, die letzten Andeutungen von Bildern mögen verschwinden, doch die Vorgänge, die uns nach Worten suchen machen, die Bilder in uns hervorrufen wollen, sind immer in unsrer Welt enthalten. Wir befinden uns noch zwischen ihnen, so lange wir atmen, stammelnd, lallend, gestikulierend, schreiend, stöhnend, verstummend, dann wieder die Lippen bewegend, radebrechend in allen Zungen.

Mit der Pulvrisierung von Körpern und Wohnstätten waren auch die Werte, die damit verbunden waren, pulvrisiert worden. Angesichts der Felder von Verwesung wurde jedes lebendige Vorhandensein fragwürdig. Ein Weiterleben schien nur denkbar, wenn jetzt grundlegend neue Formen der Verständigung und des Zusammenlebens entstehen würden. Und dann zeigte sich eben dies, daß es kein Vorstoßen über die gegebenen Dimensionen hinaus gab, und daß auch das Ungeheuerliche etwas Gewohntes war, daß es nur ein Fortsetzen gab von Betätigungen, die von Lebenden ersonnen und angebahnt worden waren. Demnach mußte alles verständlich sein. Demnach mußte auch der, der vor denen stand, die eben noch nach seinem Leben trachteten und jetzt dazu getrieben worden waren, davon abzulassen, wieder zu ihnen sprechen können. Daß sie ihn ausgestoßen hatten aus ihrer Sprache, konnte unter neuen Bedingungen revidiert werden. Die Wörter, mit denen sie ihn und andere dem Untergang anbefohlen hatten, waren entkräftet. Sie stellten nur noch ein Material zu historischen Untersuchungen dar.

In vielem war die neue Lage schwieriger als die Zeit, in der der Schreibende verkrochen lag in seiner Abseitigkeit. Das Wissen, daß alles, was sich rundum abspielte, zu einem Erkennen geführt werden konnte, stellte Anforderungen an ihn, denen er ausgewichen war, als er noch die Entschuldigung zur Hand hatte, es sei ihm der Boden unter den Füßen weggerissen worden. In den äußersten Zonen, in denen die Erscheinungen verschwammen, ließ sich eine Tugend daraus machen, daß nichts Haltbares gefunden werden konnte und daß die Begriffe sich verwirren. Die Poesie, die dort entstand, erhob Anspruch darauf, weiterblicken zu können, als es die Grenzen des Bewußtseins gestatteten. In Wahrheit aber machte sie weit vor diesen Grenzen halt. Sie begnügte sich mit dunklen Worten und täuschte Magie vor, weil sie zu müde war und zu bequem, sich mit dem Sachverhalt, der sich bis zum absoluten Grenzpunkt erstreckte, zu befassen.

Später fragte sich der Schreibende, wie es ihm möglich gewesen war, zur Handhabung eines tauglichen Verständigungsmittels zurückzufinden. Während der Arbeit mit der neuen Sprache las er nur selten Texte, die in der alten Sprache abgefaßt waren. Er hatte es vermieden, diese Sprache zu sprechen, um die neuen Wörter, die er zum Überleben brauchte, nicht zu gefährden. Die großen Abstände zwischen den Wörtern, das Fehlen von Verbindungsgliedern paßte, so schien es ihm, besser zum Zustand einer Unzugehörigkeit als eine Sprache, die sich auf eine Vollständigkeit berief, die er selbst nicht mehr besaß.

Jetzt aber reichte die Ersatzsprache nicht mehr aus. Sie hatte dem Schreibenden genügt, solange er in seiner Freiheit nur eine Ausweglosigkeit sehen konnte. Wörter, die ihre Unfähigkeit zur Anteilnahme an der Außenwelt beschrieben, mußten im Kreis laufen und sich dabei zerreiben. Solche Wörter hatten als letzte Konsequenz nur noch das Schweigen. Damit betrog er aber die Absichten, die in jeder Mitteilung lagen, denn im Wesen jeder Mitteilung ist der Wunsch nach Veränderung enthalten.

Er brauchte wieder eine Sprache, die sich unbehindert bewegen und den schnellen Wechseln und Verschiebungen der äußeren Bedingungen folgen konnte. Je absurder alle Tätigkeiten und Gespräche sich in der neu eröffneten Wirklichkeit zeigten, desto notwendiger war es, die eigene Stellung in dieser Wirklichkeit zu untersuchen.

Es gab solche, die sich während der langen Abwesenheit aus dem Bereich der Sprache ihre Zugehörigkeit zu bestimmten Landschaften und Menschen bewahrt hatten. Sie konnten sich vorstellen, daß sie einmal wieder dort beheimatet sein würden, und als sie zurückkehrten, war die Kluft schon lange vorher durch Traditionen überbrückt worden, die sie untereinander gepflegt hatten.

Der Schreibende aber, von dessen Erfahrungen ich hier spreche, besaß von dieser Zusammengehörigkeit nichts mehr. Wenn er jetzt zwischen denen stand, mit denen er früher die gleiche Sprache gesprochen hatte, dann hatte diese Sprache einen fremdartigen Klang. Zwischen den ausgesprochenen Wörtern und seinem Gehör lag die Erinnerung an ein Fliehen. Wenn die Wörter ihn erreichten, hörte er aus ihnen noch ein Schreien und Bedrohen. Sprach er zurück, so sprach er über einen Abstand hinweg. Obgleich er die Sprache in allen Einzelheiten wiedererkannte, war ihm, als müsse er noch einmal beginnen, sich in ihr verständlich zu machen. Lange erschien ihm dies als ein Mangel. Er kam sich funktionslos vor in dieser übertünchten und aufpolierten Welt, in der sich die Redeströme wieder breit um die neuerrichteten Bauwerke ergossen. Wenn er sprach, so konnte er hinter sich keinen bestimmten Ausgangspunkt sichtbar machen, und er hatte kein Ziel, an das er sich richtete. Seine Aufenthalte auf geographischen Punkten waren immer nur zufällig. Von Nationen gestellte Ansprüche hatten für ihn jegliche Bedeutung verloren.

Dann akzeptierte er diese Eigenschaften und ging von ihnen aus. Er sah, daß der Bruch, der sich vollzogen hatte, nicht nur auf seine Verweisung zurückzuführen, sondern viel früher schon in eigenen Handlungen vorbereitet worden war. Von Anfang an gab es in seiner Sprache, neben dem Verflochtensein mit dem großen allgemeinen Sprechen, den Hang, sich selbständig zu machen. Seine Reden an die Welt im Gartenschuppen waren vom gleichen Standort aus gehalten, an dem er sich heute befand. Wenn er jetzt zur Sprache zurückgriff, die er damals gesprochen hatte, dann sah er in dieser Sprache nur noch ein Werkzeug zwischen andern Werkzeugen. Die Wurzeln der Wörter waren verwittert, die Wörter standen losgelöst von ihrem Ursprung, oft nur als leere Gehäuse, denen er erst einen Inhalt geben mußte. So wie er sich von dieser Sprache entfernt hatte, hatte er sich von sich selbst entfernt. So wie er seiner selbst nicht sicher war, war er auch der alten Sprache nicht mehr sicher. Gleichzeitig mit dem Versuch, sich wiederzuentdecken und neu zu bewerten, mußte auch diese Sprache wieder neu errichtet werden.

Nur hin und wieder, beim Aufwachen nachts, konnte sich die Sprache auf eine weit entfernte Ebene entziehen, und er selbst war wieder in den Regionen, in denen sich trotz äußerster Anstrengung nicht der Ansatz zu Denkvorgängen herstellen wollte. Und wenn er dann die Wörter wiedergewann, waren sie dürr und trocken, und hinter jedem Wort hing die Gefahr des Verstummens.

Doch immerhin konnte er jetzt sagen, daß dies seine Sprache war. Die Sprache gehörte ihm, mit allen Unzulänglichkeiten, mit ihrer Tendenz zur Selbstauflösung und mit ihrer plötzlich auftretenden Klanglosigkeit. Im Vergleich mit der Leere, durch die er gegangen war, war dies schon viel.

So kommt der Schreibende auf einem Umweg über den Zerfall und die Machtlosigkeit zum Schreiben, und jedes Wort, mit dem er eine Wahrheit gewinnt, ist aus Zweifeln und Widersprüchen hervorgegangen. Einmal wurde er aus allen Bindungen herausgerissen und in eine Freiheit versetzt, in der er sich selbst aus der Sicht verlor. Aber die Möglichkeit entsteht, daß er mit der Sprache, die ihm zur Arbeit dient und die nirgendwo mehr einen festen Wohnsitz hat, überall in dieser Freiheit zu Hause sei.

10 Arbeitspunkte eines Autors in der geteilten Welt

1

Jedes Wort, das ich niederschreibe und der Veröffentlichung übergebe, ist politisch, d. h. es zielt auf einen Kontakt mit größeren Bevölkerungsgruppen hin, um dort eine bestimmte Wirkung zu erlangen. Auf meine Mitteilung, die ich einem der Kommunikationsapparate übergebe, folgt die Verarbeitung meiner Mitteilung durch die Konsumenten. Die Art, in der meine Worte aufgenommen werden, ist weitgehend bedingt von der jeweiligen Gesellschaftsordnung, unter der sie verbreitet werden. Da meine Worte immer nur einen verschwindend kleinen Teil ausmachen innerhalb der allgemeinen Opinion, muß ich die größtmögliche Präzision erreichen, um mit meiner Meinung durchdringen zu können.

2

Die Wahl der Sprache, die ich zum Schreiben benutze, hat nur handwerkliche Funktion. Ich wähle die Sprache, die ich am besten beherrsche. In meinem Fall ist dies die deutsche Sprache.

Der Vorteil in der Benutzung dieser Sprache liegt darin, daß jedes Wort sogleich in eine verschärfte Beleuchtung gerät. Die Aufteilung Deutschlands in zwei Staaten von diametral entgegengesetzter Gesellschaftsstruktur stellt die Teilung der Welt dar. Die Aussagen eines deutschsprachigen Autors liegen sogleich auf der Waagschale, wo sie den beiden verschiedenen Bewertungssystemen unterworfen werden. Dies vereinfacht meine Arbeit. Was ich schreibe, gerät unmittelbar in den Brennpunkt der Opinionen. Jedoch sind die Probleme und Konflikte, die ich benenne, nicht an dieses bestimmte Sprachgebiet gebunden, sondern nur Teil des Themas, das heute in allen Sprachen behandelt wird.

3

Obgleich die Zweiteilung der Welt in sich vielfach gebrochen und von komplizierten, einander oft bekämpfenden Tendenzen durchsetzt ist, ergeben sich aus ihr doch zwei deutliche Machtblöcke. Der eine Machtblock enthält die teils etablierten, teils sich heranformenden sozialistischen Kräfte, sowie die Freiheitsbewegungen in den ehemals kolonialisierten oder noch unter Gewaltherrschaften stehenden Ländern. Der andere Machtblock enthält die vom Kapitalismus bedingte Ordnung, ansteigend vom freien, unbändig miteinander konkurrierenden Unternehmergeist, bis zu den höchsten imperialistischen Konzentrationen. Innerhalb dieses Blocks sind jedoch auch, vor allem in den skandinavischen Staaten, umfassende Demokratisierungen zu finden und vom Klassenkampf hervorgezwungene soziale Einrichtungen. Das Werk der Arbeiterbewegungen oder -regierungen bleibt letzten Endes eingeschlossen unter der Oberherrschaft der Großkapitalverwalter, die ihren Besitz nie freiwillig herausgeben. Die hochentwickelte Wohlstandsgesellschaft ist nichts anderes als eine Klassengesellschaft auf erhöhtem Niveau, wo das ehemals revolutionäre Arbeitertum die Neigung entwickelt, die Normen der Bürgerlichkeit zu übernehmen.

4

Meine Aufgabe ist, zu untersuchen, auf welche Weise meine Worte von den Gesprächspartnern in der geteilten Welt aufgenommen werden.

Die Erfahrung zeigt mir, daß innerhalb jenes Blocks, der sich selbst *freie westliche Welt* nennt, jede künstlerische Äußerung, die von subjektiven Erlebnissen und formalen Experimenten geprägt ist, Anerkennung findet, wie auch eine soziale Kritik gewürdigt wird, soweit sie die unter Humanismus und Demokratie getarnten Grenzen der Gesellschaftsordnung nicht durchbricht. Während im Ästhetischen keinerlei Grenzen gezogen sind und jede Neuentdeckung auf diesem Gebiet seine geschäftstüchtigen Zwischenhändler und Konsumenten findet, werden Vorstöße im Sozialen genauester Kontrolle unterzogen. Für den Autor ist das Erkennen der sozialen Grenzen mit großen Schwierigkeiten verbunden, da er die Freiheit, die ihm zugesprochen wird, oft für eine absolute Freiheit hält. Er hat einen langen Weg zurückzulegen, bis er dorthin gelangt, wo seine Freiheit der Gesellschaft nicht mehr ungefährlich ist.

5

So wie die künstlerische Arbeit im westlichen Block den größten Kaufwert hat, wenn sie dem Konsumenten einen ästhetischen und geistigen Genuß oder eine emotionale Sensation vermittelt, so wird auf der Gegenseite nach der praktischen Funktion des Kunstwerks gefragt. Das formale Experiment, der innere Monolog, das poetische Bild bleiben wirkungslos, wenn sie der Arbeit an der Neuformung der Gesellschaft nicht von Nutzen sind.

Herangewachsen unter der Vorstellung einer unbedingten Ausdrucksfreiheit, sehen wir uns hier in unserm Vorhaben behindert – solange wir den Eigenwert der Kunst höher schätzen als ihren Zweck. Erkennen wir den Zweck, können wir auch um die Durchsetzung der kühnsten Formen kämpfen, denn wir wissen: zu einer Revolution der Gesellschaftsordnung gehört auch eine revolutionäre Kunst.

Es ist deshalb ein Widerspruch, wenn in einigen Ländern des Sozialismus die Kunst auf Grund ihrer innewohnenden Kraft niedergehalten und zur Farblosigkeit verurteilt wird, während sie sich in den bürgerlichen Ländern aus Mangel an Bindungen bis zum Anarchismus entfaltet.

6

Hier tritt die Frage der Wahl schon an mich heran. Für welche der beiden Seiten entscheide ich mich? Auf welcher der beiden Seiten sehe ich hinter den Unvollkommenheiten, den Widersprüchen und Fehlern die Möglichkeit zu einer Entwicklung, die meinen Vorstellungen von Humanität und Gerechtigkeit entspricht? Kann ich meine eigene Ungewißheit, meine Ambivalenz überwinden und in meine Arbeit bewußt die politische Wirkung einbeziehen, die sich bisher nur passiv äußerte, indem ich mich den Konsumenten als anonymer Gesprächspartner anbot? Kann ich den bequemen dritten Standpunkt aufgeben, der mir immer eine Hintertür offen ließ, durch die ich in das Niemandsland bloßer Imagination entweichen durfte?

7

Schon das Aufwerfen dieser Frage ist der Beginn ihrer Beantwortung. Im Verlauf der Untersuchungen, die ich betreibe, um zu einer Antwort zu gelangen, sehe ich, daß es nur zwei Möglichkeiten gibt, und daß das Verharren im Außenstehn zu einer immer größer werdenden Nichtigkeit führt.

Wenn ich als Arbeitsbeispiel meinen deutschen Sprachbereich wähle, so finde ich, daß im westlichen Staat meine Unentschlossenheit, meine Zweifel nicht nur akzeptiert, sondern auch gutgeheißen werden. Dies ist natürlich: solange ich nur meinem Unbehagen, meinem Überdruß in der Gesellschaft Ausdruck gebe, bleibt dies ein psychologisches Problem, das die Herrschenden in ihren Machenschaften nicht stört. Unbehindert darf ich den Zustand meiner Ausweglosigkeit schildern, denn meine Ausweglosigkeit setzt ja die Stärke ihrer Institutionen voraus. Abgekauft werden mir auch meine absurdesten Ideen, mein Hohn, meine Ironie, denn dadurch erstelle ich den Machthabenden nur den Beweis für die Freigebigkeit. Sie fühlen sich so sicher in ihren Positionen, daß ich für vieles eintreten darf, was mir fortschrittlich erscheint. Sie genehmigen wohlwollend, wenn ich mich der Meinung hingebe, die bestehenden sozialen Unterschiede ließen sich allmählich ausgleichen. Eines der Hauptargumente der Steuernden ist ja, daß diese Unterschiede schon weitgehend behoben seien und daß sich Arbeitgeber und Arbeitnehmer heute in einer gleichberechtigten Interessengemeinschaft befänden. Hier stehe ich ihrer ganzen Welt von raffiniert gelenkten Wirklichkeitsfälschungen gegenüber. Indem sie im Besitz der Kommunikationsmittel sind und das Unterrichtswesen beherrschen, haben sie alle Bevölkerungsschichten mit ihren Ansichten durchsetzt. Da sie eine linke Opposition teils unschädlich gemacht haben, oder diese Opposition sich teils auf Grund der äußerlichen Erfolge einer Illusion des Wohlstands angepaßt hat, wird die Frage nach dem Hintergrund dieses Wohlstands und die Frage, auf wessen Kosten dieser Wohlstand erlangt wurde, nur selten gestellt. Wenn es geschieht, dann wird der Fragende allerdings auf das Unflätigste beschimpft und es zeigt sich, wie fadenscheinig der Begriff von Humanität und Demokratie im Wappen der Besitzenden ist.

8

Im östlichen deutschen Staat wird mein Mangel an Farbebekennen als Zeichen eines Untergangs bewertet. Selbst meine negativsten Schilderungen der bürgerlichen Zivilisation bleiben sinnlos, solange ich darin nicht den Versuch unternehme, mich aus der Eingeschlossenheit zu befreien. Solange ich mir einbilde, daß sich dort meine Integrität und Bewegungsfreiheit bewahren läßt, bleibe ich ein Gefangener dieser Gesellschaft, und meine ich, daß sie noch durch soziale Bestrebungen verändert werden könnte, so beruhige ich damit nur mein Gewissen und idealisiere die Tatsache, daß ich von dieser Gesellschaft meinen Lebensunterhalt beziehe.

Die Angriffe auf die Korruption, die Ausbeutung und die von privaten Monopolen geleitete Meinungsverseuchung führen zu nichts, wenn sie nicht eine deutliche Alternative anzeigen. So wie im westlichen Staat vor allem eine politische Zurückhaltung vom Autor erwartet wird, so wird im östlichen Staat vor allem die eindeutige politische Haltung gefordert.

9

Damit entferne ich mich wieder von dem engen Begriff eines Sprachgebiets und setze die ganze Welt als Wirkungsfeld für die künstlerische Arbeit voraus. In dieser Welt fällt die Entscheidung.

Die Besitzenden der Erde, eine verhältnismäßig kleine Gruppe, bemühen sich heute darum, ihre Stellungen zu befestigen und zu verteidigen. Nachdem sie die Notlage nach dem Krieg ausgenützt und sich daran noch einmal äußerst bereichert hatten, sehen sie sich jetzt den wiedererwachenden Kräften der ausgeplünderten Völker gegenüber. Das Gespenst, das vor ihnen aufsteht, geht nicht nur in Europa um, sondern überall, wohin sie ihren Blick wenden. Wo sie auch ihre Bastionen bauen, in Afrika, Asien oder Lateinamerika, wachsen Freiheitsbewegungen an, die nicht mehr aufzuhalten sind. Noch sind sie an vielen Orten dank ihrer Waffen und Söldner in der Übermacht. Noch können sie Terror verbreiten mit dem Niederbrennen von Dörfern und Landschaften, noch können sie Nationen überwachen mit ihrer Brutalität und mit den Erpressungen ihrer Gelder, historisch aber kämpfen sie um eine verlorene Sache.

Ihnen gegenüber setzt sich eine Macht langsam durch, die davon ausgeht, daß die Güter der Welt jedem Menschen im gleichen Maß gehören sollen. Noch befinden wir uns im Anfangsstadium dieser umfassenden Veränderung. Einige Länder haben weitgehend die von der Teilung der Welt bedingten ökonomischen Schwierigkeiten überwunden und eine kommunistische oder sozialistische Ordnung hergestellt, andere bemühen sich um diese Ordnung zunächst unter den Vorzeichen eines nationalen Befreiungskampfes. Überall aber treten durch den kalten Krieg, dessen innere Glut ständig zu offenen Kampfherden aufflammt, die Unausgeglichenheiten und Streitpunkte in der Auffassung der neuen Gesellschaftsordnung zutage. In dieser Situation findet der Gegner reichlichen Stoff, um auf das Versagen oder die Utopien des Sozialismus hinzuweisen. – Die Aufgabe eines Autors ist hier: immer wieder die Wahrheit, für die er eintritt, darzustellen, immer wieder die Wahrheit unter den Entstellungen aufzusuchen.

Die Richtlinien des Sozialismus enthalten für mich die gültige Wahrheit. Was auch für Fehler im Namen des Sozialismus begangen worden sind und noch begangen werden, so sollten sie zum Lernen da sein und einer Kritik unterworfen werden, die von den Grundprinzipien der sozialistischen Auffassung ausgeht. Die Selbstkritik, die dialektische Auseinandersetzung, die ständige Offenheit zur Veränderung und Weiterentwicklung sind Bestandteile des Sozialismus. Zwischen den beiden Wahlmöglichkeiten, die mir heute bleiben, sehe ich nur in der sozialistischen Gesellschaftsordnung die Möglichkeit zur Beseitigung der bestehenden Mißverhältnisse in der Welt.

Ich bin selbst aufgewachsen in der bürgerlichen Gesellschaft, und ich habe in meiner Arbeit und in meinem persönlichen Leben die größte Zeit damit verbracht, mich von der Eingeengtheit, den Vorurteilen und dem Egoismus zu befreien, die mir von diesem Milieu auferlegt wurden. Ich habe lange geglaubt, daß mir die künstlerische Arbeit eine Unabhängigkeit verschaffen könnte, die mir die Welt öffnete. Heute aber sehe ich, daß eine solche Bindungslosigkeit der Kunst eine Vermessenheit ist, angesichts der Tatsache, daß die Gefängnisse derjenigen Länder, in denen Rassenunterschiede und Klassengegensätze mit Gewalt aufrecht erhalten werden, angefüllt sind mit den tortierten Vorkämpfern der Erneuerung. Jedes meiner in vermeintlicher Freiheit gewonnenen Arbeitsresultate hebt sich ab vor der Notlage, die für den größten Teil der Welt noch gegeben ist.

Ich sage deshalb: meine Arbeit kann erst fruchtbar werden, wenn sie in direkter Beziehung steht zu den Kräften, die für mich die positiven Kräfte dieser Welt bedeuten. Diese Kräfte sind heute überall auch in der westlichen Welt zu verspüren, und sie würden ein noch stärkeres Gewicht, eine größere Solidarität und ein noch umfassenderes Engagement bekommen, wenn sich die Offenheit im östlichen Block erweiterte und ein freier undogmatischer Meinungsaustausch stattfinden könnte.

Diskurs über die Vorgeschichte und den Verlauf des lang andauernden Befreiungskrieges in Viet Nam als Beispiel für die Notwendigkeit des bewaffneten Kampfes der Unterdrückten gegen ihre Unterdrücker sowie über die Versuche der Vereinigten Staaten von Amerika die Grundlagen der Revolution zu vernichten

Stadium IX

8, 9, 10, 11, 12, 14, 15 aus NW, NO, SW, SO. Alle weiß gekleidet. Nehmen Positionen eines äußerst konzentrierten Gesprächs ein.

LAUTSPRECHER
Washington
Im Oktober
Neunzehnhundert Einundsechzig
Geheimsitzung im Weißen Haus
John F Kennedy
Präsident der Vereinigten Staaten

Meine Herren
Das Schlachtfeld
für die Verteidigung der Freiheit
liegt heute auf der südlichen Hälfte
der Erdkugel
in Asien Lateinamerika und Afrika
wo die Hoffnungen der Völker
am größten sind
Die Feinde der Freiheit
wollen diese Hoffnungen zerstören
Dies ist ein Kampf des Willens
wie auch ein Kampf der Gewalt

Es ist ein Kampf
um die Gewinnung der Herzen
wie auch ein Kampf
um Land und Leben
General Maxwell Taylor
soeben aus Saigon zurückgekehrt
wird Ihnen über die Planung
unsres Spezialkriegs in Viet Nam
berichten

LAUTSPRECHER
General Maxwell D Taylor
Militärischer Berater des Präsidenten

12 Die kommunistischen Führer versuchen
die Position der Vereinigten Staaten in Asien
zu unterminieren
Sie wollen demonstrieren daß die sogenannten
Kriege der Befreiung
ein sicheres und erfolgreiches Mittel sind
zur Verbreitung des militanten Kommunismus
Wir werden zeigen
daß der Krieg der Befreiung nicht
sicher und erfolgreich ist sondern
unsicher und
zum Scheitern verurteilt
Wir werden den Mythos
seiner Unfehlbarkeit zerstören
um die vielen gefährdeten Nationen
vor weiterer Subversion
zu schützen

10 Ich habe deshalb den Befehl
zur Entwicklung einer Anti
Guerillastrategie gegeben
Hier nützt uns unsre
atomare Überlegenheit nichts
Unsre Streitkräfte müssen
neue Techniken erlernen

LAUTSPRECHER
Generalmajor Edward Lansdale

15 Erfolgreich
kann ein Kampf gegen die Guerilla
nur geführt werden mit
Unterstützung der Bevölkerung
Ich habe mich in Süd Viet Nam
immer dafür eingesetzt
daß wir den Leuten was geben
wofür sie kämpfen können
Grundsätzlich war ich für den Plan
der strategischen Dörfer
Doch wurde dabei so viel Zwang
und Gewalt angewendet
daß wir das Vertrauen der Bevölkerung
verlieren mußten

10 Generalmajor Lansdale
Sie sagen uns nicht
wie wir das Vertrauen der Bevölkerung
jetzt noch gewinnen können

15 Herr Präsident
Nach den vorliegenden Informationen
ist dies auch für die Zukunft
ausgeschlossen
Trotz umfangreicher Hilfe
ist es uns nicht gelungen
das Regierungssystem zu festigen
Die herrschende Schicht ist nicht gewillt
die notwendigen sozialen Veränderungen
herbeizuführen
Mehr als drei Viertel
der Bewohner Süd Viet Nams
stehen auf Seiten
der Befreiungsfront

10 Meiner Ansicht nach
ist die größte soziale Reform

zunächst
die Trennung der Bevölkerung
von den Guerillas
Professor Eugene Staley
und General Maxwell Taylor
haben zu diesem Zweck
einen Plan entworfen

LAUTSPRECHER
Eugene Staley
Professor der Nationalökonomie
am Forschungs Institut
der Stanford Universität
Politischer Berater
des Präsidenten

9 Wir müssen davon ausgehn
daß es den Kommunisten im Süden
bereits geglückt ist
die Voraussetzungen für ihren Erfolg
zu schaffen
Es ist falsch zu sagen daß sie dabei
mit Terror vorgegangen seien
Sie haben nur nach dem Vorbild
Mao Tse Tungs
jenes Meer hergestellt in dem sie sich
unbehindert bewegen können
Unsre Aufgabe
dieses Meer auszutrocknen

12 Der Kernpunkt des Plans
Die Pazifizierung Süd Viet Nams
in einer Periode von achtzehn Monaten
Erstes Stadium
Konsolidierung der Regierung Diem
Verstärkung unsrer Basen
Totale Kontrolle der Bevölkerung
in sechzehntausend befestigten Dörfern

9 Zweites Stadium
Ökonomische soziale und politische
Stärkung des befriedeten Südens

12 Drittes Stadium
Ausbau der Armee Diems
der Zivilgarde der Polizei und der Miliz
insgesamt eine halbe Million Mann
Erhöhung der Zahl unsrer Experten
auf fünfzehntausend
Einführung von Luftstreitkräften
Artillerie und Panzern
Danach stufenweise Steigerung
von Material und Mannschaften

9 Viertes Stadium
Beginn von Luftangriffen
gegen militärische Ziele
in Nord Viet Nam
Wir zeigen damit der Bevölkerung im Süden
daß wir fähig sind
die bewunderte Regierung im Norden
direkt zu bestrafen

10 Treten wir in den Kampf ein
so haben wir ihn mit dem Sieg
abzuschließen
Ziehn wir uns zurück
vor einer kleinen Nation von asiatischen Bauern
deren Volkseinkommen nicht einmal
den hundertsten Teil von unserm ausmacht
so ermuntern wir die Revolutionen
in andern Teilen der Welt

15 Die Engländer in Malaya
brauchten dreizehn Jahre
um mit zweihundertsechzigtausend Mann
achttausend Guerillas niederzuwerfen
Gehn wir aus vom Kräfteverhältnis
Eins zu Dreißig

so benötigen wir für die fünfzehntausend
Partisanen in Süd Viet Nam
eine halbe Million eigener Truppen
im übrigen wird es nicht
bei diesen fünfzehntausend bleiben

12 Unsre Strategie ist eine andre
als die der Engländer
Wir werden uns nicht beschränken
auf den Einzelkampf mit der Guerilla
Folgendermaßen gehen wir vor
Einerseits
schockartige Operationen
von großer Beweglichkeit
Verwendung von Guerillataktik
mit hochtechnisierten Mitteln
Schnelle Landungen von Spezialeinheiten
durch Hubschrauber
Umfassender Nachrichtendienst
durch elektronische Ausrüstung
Amphibienfahrzeuge zur Überquerung
von Sumpfland und überschwemmten Feldern
Andrerseits
systematische Bombardierung
bestimmter Landflächen
die wir zu freien Zonen erklären
Dies bedeutet
keine Aussetzung bestimmter Ziele sondern
totale Zerstörung des Wachstums
durch Napalm und
toxische Chemikalien
Indem wir der Landbevölkerung
auf Jahre hinaus
die Ernährungsmöglichkeiten entziehn
zwingen wir sie
in den Gebieten der Regierung
Schutz zu suchen

LAUTSPRECHER
Senator Mike Mansfield

8 Wie können Operationen
von solchem Ausmaß
vor der Öffentlichkeit
gerechtfertigt werden

10 Senator Mansfield
Wir arbeiten zur Zeit
an einem Weißbuch
Außenminister Rusk wird Ihnen
unsre Argumentation erläutern

LEUCHTBILD
Dean Rusk
Außenminister der Vereinigten Staaten

11 Die Hauptthese des Weißbuchs
ist die Aggression aus dem Norden
Dies bedeutet
daß wir die Front der Aufständischen
nicht als eigentlichen Gegner
anerkennen
Wir beteiligen uns nicht
an einem internen Konflikt
in Süd Viet Nam sondern
wehren einen Angriff von außen ab
Wir behaupten
Die wirtschaftliche Situation des Nordens
hat sich seit Genf ständig verschlechtert
Hingegen weist Süd Viet Nam
große Erfolge auf
Zur Zerstörung des Erreichten
infiltrieren die Kommunisten den Süden
Süd Viet Nam allein ist zu schwach
sich gegen den Angreifer zu wehren
Als Verbündete sind wir gezwungen
Hilfe zu leisten

8 Aus den Rapporten des Geheimdiensts
geht einwandfrei hervor
daß von einer geplanten Infiltration
aus dem Norden
nicht die Rede sein kann
Die wenigen gefangenen Partisanen
die aus Nord Viet Nam kamen
waren vor Neunzehnhundert Vierundfünfzig
im Süden ansässig
Sie kehrten lediglich
zu ihren Familien zurück
Außerdem beweisen erbeutete Waffen
daß die Guerilla ihre Ausrüstung
zu über achtzig Prozent
südvietnamesischen Beständen entnimmt

12 Herr Mansfield
Wir beugen nur vor
In absehbarer Zeit
werden wir den Beweis
einer Aggression
formuliert haben

11 Unser Hauptprinzip ist
die schrittweise Steigerung
der Einsatzmittel
und zwar in der Weise
daß jede Maßnahme
als Reaktion erscheint
auf eine Herausforderung
des Feindes
Unser schnelles und
verdecktes Handeln
stellt die Welt jedes Mal
vor eine vollendete Tatsache
Im übrigen meine Herren
wissen wir
daß es nicht um Viet Nam geht
sondern um Sicherungsmaßnahmen

gegen die Expansion Chinas
Innerhalb von fünf Jahren
wird dieses Land mit seinen
siebenhundert Millionen Einwohnern
die Atombombe besitzen
Nicht umsonst sprechen wir
von der Gelben Gefahr

10 Führt unser Arbeitsplan
Für Süd Viet Nam nicht
zum gewünschten Resultat
so vollzieht sich Stadium Vier
wie es Professor Rostow
bereits durchgespielt hat

LAUTSPRECHER
Walt Whitman Rostow
Staatsrat im Außenministerium

14 Die Verstärkung unsrer Basen
fordert erhöhte
Guerillatätigkeit heraus
Dies führt zum weiteren Ausbau
unsrer Verteidigungsmittel
Jeder Angriff des Viet Cong
berechtigt uns
zu Gegendruck
Wird eins unsrer Depots
zerstört
so bombardieren wir
die Nachschublinien des Feindes
Bei jeder Meldung von Terror
betreten wir eine neue Stufe
Wir lassen beispielsweise
südvietnamesische Torpedoboote
Küstenanlagen Nord Viet Nams
beschießen
Dies zwingt nordvietnamesische Flotteneinheiten
zum Auslaufen

Unsre Seestreitkräfte führen
regelmäßige Patrouillen durch
im Golf von Tonking
Dabei respektieren wir nicht
die Zwölfmeilengrenze
Finden Gegenangriffe statt
so bezeichnen wir sie bei passendem Zeitpunkt
als Provokation
Wir melden
daß Feindberührung vorgekommen ist
in internationalen Gewässern
Wir versenken die Schiffe des Gegners
In der Nähe befindliche Flugzeugträger
holen zu Vergeltungsschlägen aus
auf das Festland

12 Wir bombardieren zuerst
die militärischen und
industriellen Einrichtungen
Dann gehn wir über zur Zerstörung
der landwirtschaftlichen Nutzflächen
der Kraftstationen und des Wegenetzes

8 Und wenn dies nicht
zur Kapitulation führt

12 Dann setzen die Angriffe ein
gegen Dörfer und Städte
Wichtige Zielpunkte
in der sozialen Infrastruktur
sind Schulen Gemeindehäuser
Kirchen Pagoden
Krankenstationen und Hospitäler

8 Und wenn dies nicht den Widerstandswillen
der Bevölkerung bricht

12 14 Dann zerschlagen wir die Schleusen
die Deiche und Dämme

10 Viet Nam ist für uns

die Probe aufs Exempel
Wie können wir
an jedem beliebigen Ort
einen Gegner besiegen
der militärisch schwach
uns aber politisch
überlegen ist
In Südostasien geht es noch nicht
um Leben und Tod
Wir erlernen dort nur die Methoden
für den Tag
an dem es einmal wirklich geht
um Leben und Tod

Alle mit schneller Bewegung auseinander. 11 nach SW, 10 nach NO. 11 wird von Helfern A, B wieder in Diems weißen Mandarinmantel gekleidet. 11 als Diem und 10 als Kennedy erhalten von den Helfern je ein Megaphon. Diem und Kennedy stehen einander in den Ecken SW und NO gegenüber.

LAUTSPRECHER
Vierzehnter Dezember
Neunzehnhundert Einundsechzig
Präsident Ngo Dinh Diem
an den Präsidenten
der Vereinigten Staaten
John F Kennedy

11 ruft durch das Megaphon.

11 So wie Ihr Land
so hat die Republik Viet Nam
stets nur für die Erhaltung
des Friedens gewirkt
Wir haben
die Abkommen von Genf
in Ehren gehalten
Immer wieder haben wir

uns eingesetzt für
die Abhaltung freier Wahlen
Immer wieder versuchte der Norden
unserm Volk
sein kommunistisches Regime
aufzuzwingen
Unaufhörlich dringen
kommunistische Agenten
Waffentransporte und Soldaten
in unser Land
Täglich werden Morde begangen
an Beamten Dorfvorstehern
und loyalen Bürgern
Herr Präsident
Mein Volk und ich
gedenken der großen Hilfe
die wir erhalten haben
von den Vereinigten Staaten
Jetzt aber können wir nur
durch die totale Mobilisierung
Herr werden über
den Viet Cong
Herr Präsident
Amerikas Freundschaft
Amerikas Geld
Waffen und Truppen
werden uns helfen
das große Ziel
zu erreichen

10 ruft durch das Megaphon.

10 Tief beunruhigt
und empört
über den Angriff
gegen Ihr Land
senden wir Ihnen
unmittelbar
jede nur mögliche

Unterstützung
zur Verteidigung
des Freien
Viet Nam

11 legt den Mandarinmantel ab. Helfer A, B tragen Megaphone und Mantel ab.

Notizen zum dokumentarischen Theater

Das realistische Zeittheater, das seit der Proletkultbewegung, dem Agitprop, den Experimenten Piscators und den Lehrstükken von Brecht zahlreiche Formen durchlaufen hat, ist heute unter verschiedenen Bezeichnungen zu finden, wie Politisches Theater, Dokumentar-Theater, Theater des Protests, Anti-Theater usw. Ausgehend von der Schwierigkeit, eine Klassifizierung zu finden, für die unterschiedlichen Ausdrucksweisen dieser Dramatik, wird hier der Versuch unternommen, eine ihrer Spielarten zu behandeln, diejenige die sich ausschließlich mit der Dokumentation eines Stoffes befaßt, und deshalb Dokumentarisches Theater genannt werden kann.

1

Das dokumentarische Theater ist ein Theater der Berichterstattung. Protokolle, Akten, Briefe, statistische Tabellen, Börsenmeldungen, Abschlußberichte von Bankunternehmen und Industriegesellschaften, Regierungserklärungen, Ansprachen, Interviews, Äußerungen bekannter Persönlichkeiten, Zeitungs- und Rundfunkreportagen, Fotos, Journalfilme und andere Zeugnisse der Gegenwart, bilden die Grundlage der Aufführung. Das dokumentarische Theater enthält sich jeder Erfindung, es übernimmt authentisches Material und gibt dies, im Inhalt unverändert, in der Form bearbeitet, von der Bühne aus wieder. Im Unterschied zum ungeordneten Charakter des Nachrichtenmaterials, das täglich von allen Seiten auf uns eindringt, wird auf der Bühne eine Auswahl gezeigt, die sich auf ein bestimmtes, zumeist soziales oder politisches Thema konzentriert. Diese kritische Auswahl, und das Prinzip, nach dem die Ausschnitte der Realität montiert werden, ergeben die Qualität der dokumentarischen Dramatik.

2

Das dokumentarische Theater ist Bestandteil des öffentlichen Lebens, wie es uns durch die Massenmedien nahe gebracht wird. Die Arbeit des dokumentarischen Theaters wird hierbei durch eine Kritik verschiedener Grade bestimmt.

a. Kritik an der Verschleierung. Werden die Meldungen in Presse, Rundfunk und Fernsehen nach Gesichtspunkten dominierender Interessengruppen gelenkt? Was wird uns vorenthalten? Wem dienen die Ausschließungen? Welchen Kreisen gelangt es zum Vorteil, wenn bestimmte soziale Erscheinungen vertuscht, modifiziert, idealisiert werden?

b. Kritik an Wirklichkeitsfälschungen. Warum wird eine historische Person, eine Periode oder Epoche aus dem Bewußtsein gestrichen? Wer stärkt seine eigene Position durch die Eliminierung historischer Fakten? Wer zieht Gewinn aus einer bewußten Verunstaltung einschneidender und bedeutungsvoller Vorgänge? Welchen Schichten in der Gesellschaft ist am Verbergen der Vergangenheit gelegen? Wie äußern sich die Fälschungen, die betrieben werden? Wie werden sie aufgenommen?

c. Kritik an Lügen. Welches sind die Auswirkungen eines geschichtlichen Betrugs? Wie zeigt sich eine gegenwärtige Situation, die auf Lügen aufgebaut ist? Mit welchen Schwierigkeiten muß bei der Wahrheitsfindung gerechnet werden? Welche einflußreichen Organe, welche Machtgruppen werden alles tun, um die Kenntnis der Wahrheit zu verhindern?

3

Obgleich die Kommunikationsmittel ein Höchstmaß von Ausbreitung erreicht haben und uns Neuigkeiten aus allen Teilen der Welt zukommen lassen, bleiben uns doch die wichtigsten Ereignisse, die unsere Gegenwart und Zukunft prägen, in ihren Anlässen und Zusammenhängen verborgen. Die Materialien der Verantwortlichen, die uns Aufschluß geben können über Tätigkeiten, von denen wir nur die Ergebnisse sehen, werden uns unzugänglich gemacht. Das dokumentarische Theater, das sich z. B. befassen will mit der Ermordung Lumumbas, Kennedys, Che Guevaras, mit dem Massaker in Indonesien, den internen Absprachen während der Genfer Indochina-Verhandlungen, des letzten Konflikts im Mittleren Osten und den Vorbereitungen der Regierung der Vereinigten Staaten zur Kriegsführung in Vietnam, sieht sich zunächst dem künstlichen Dunkel gegenüber, unter dem die Machthabenden ihre Manipulationen verheimlichen.

4

Das dokumentarische Theater, das sich gegen jene Gruppen richtet, denen an einer Politik der Verdunkelung und Verblindung gelegen ist, das sich gegen die Tendenz von Massenmedien richtet, die Bevölkerung in einem Vakuum von Betäubung und Verdummung niederzuhalten, befindet sich in der gleichen Ausgangssituation wie jeder Bürger des Staates, der seine eigenen Erkundigungen einziehen will, dem dabei die Hände gebunden sind, und der schließlich zum einzigen Mittel greift, das ihm noch bleibt: zum Mittel des öffentlichen Protests. Wie die spontane Versammlung im Freien, mit Plakaten, Spruchbändern und Sprechchören, so stellt das dokumentarische Theater eine Reaktion dar auf gegenwärtige Zustände, mit der Forderung, diese zu klären.

5

Die Kundgebung auf offener Straße, das Verteilen von Flugblättern, das Vorgehen in Reihen, das Eindringen in ein breites Publikum, dies sind konkrete Aktionen von direkter Wirksamkeit. In ihrer Improvisation sind sie von starker Dramatik, ihr Verlauf ist nicht abzusehn, in jedem Augenblick können sie sich verschärfen im Zusammenstoß mit den Ordnungsmächten, und somit den gewaltsamen Widerspruch in den gesellschaftlichen Verhältnissen kennzeichnen. Das dokumentarische Theater, das eine Zusammenfassung des latenten Zeitstoffes wiedergibt, versucht, die Aktualität in seiner Ausdrucksform beizubehalten. Doch schon beim Komponieren des Materials zu einer geschlossenen Aufführung, festgesetzt auf einen bestimmten Zeitpunkt und auf einen begrenzten Raum mit Agierenden und Zuschauern, werden dem dokumentarischen Theater andere Bedingungen gestellt als die, die für das unmittelbare politische Eingreifen gelten. Die Bühne des dokumentarischen Theaters zeigt nicht mehr augenblickliche Wirklichkeit, sondern das Abbild von einem Stück Wirklichkeit, herausgerissen aus der lebendigen Kontinuität.

6

Das dokumentarische Theater, soweit es nicht selbst die Form des Schauspiels auf offener Straße wählt, kann sich nicht messen mit dem Wirklichkeitsgehalt einer authentischen politischen Manifestation. Es reicht nie an die dynamischen Meinungsäußerungen heran, die sich auf der Bühne der Öffentlichkeit abspielen. Es kann vom Theaterraum her die Autoritäten in Staat und Verwaltung nicht in der gleichen Weise herausfordern, wie es der Fall ist beim Marsch auf Regierungsgebäude und wirtschaftliche und militärische Zentren. Selbst wenn es versucht, sich von dem Rahmen zu befreien, der es als künstlerisches Medium festlegt, selbst wenn es sich lossagt von ästhetischen Kategorien, wenn es nichts Fertiges sein will, sondern nur Stellungnahme und Kampfhandlung, wenn es sich den Anschein gibt, im Augenblick zu entstehen und unvorbereitet zu handeln, so wird es doch zu einem Kunstprodukt, und es muß zum Kunstprodukt werden, wenn es Berechtigung haben will.

7

Denn ein dokumentarisches Theater, das in erster Hand politisches Forum sein will, und auf künstlerische Leistung verzichtet, stellt sich selbst in Frage. In einem solchen Fall wäre die praktische politische Handlung in der Außenwelt effektiver. Erst wenn es durch seine sondierende, kontrollierende, kritisierende Tätigkeit erfahrenen Wirklichkeitsstoff zum künstlerischen Mittel umfunktioniert hat, kann es volle Gültigkeit in der Auseinandersetzung mit der Realität gewinnen. Auf einer solchen Bühne kann das dramatische Werk zu einem Instrument politischer Meinungsbildung werden. Was jedoch unter den besonderen, sich von herkömmlichen Kunstbegriffen unterscheidenden Ausdrucksformen des dokumentarischen Theaters zu verstehen ist, muß erörtert werden.

8

Die Stärke des dokumentarischen Theaters liegt darin, daß es aus den Fragmenten der Wirklichkeit ein verwendbares Muster, ein Modell der aktuellen Vorgänge, zusammenzustellen vermag. Es befindet sich nicht im Zentrum des Ereignisses, sondern nimmt die Stellung des Beobachtenden und Analysierenden ein. Mit seiner Schnittechnik hebt es deutliche Einzelheiten aus dem chaotischen Material der äußeren Realität hervor. Durch die Konfrontierung gegensätzlicher Details macht es aufmerksam auf einen bestehenden Konflikt, den es dann, anhand seiner gesammelten Unterlagen, zu einem Lösungsvorschlag, einem Appell oder einer grundsätzlichen Frage bringt. Was bei der offenen Improvisation, beim politisch gefärbten Happening, zur diffusen Spannung, zur emotionalen Anteilnahme und zur Illusion eines Engagements am Zeitgeschehen führt, wird im dokumentarischen Theater aufmerksam, bewußt und reflektierend behandelt.

9

Das dokumentarische Theater legt Fakten zur Begutachtung vor. Es zeigt die verschiedenartige Aufnahme von Vorgängen, Äußerungen. Es zeigt die Beweggründe der Aufnahme. Einer Seite gereicht das Ereignis zum Vorteil. Eine andere Seite wird davon geschädigt. Die Parteien stehen einander gegenüber. Das Abhängigkeitsverhältnis zwischen ihnen wird beleuchtet. Die Bestechungen und Erpressungen werden geschildert, mit denen das Abhängigkeitsverhältnis aufrecht erhalten werden soll. Die Verluste erscheinen neben den Gewinnposten. Die Gewinnenden verteidigen sich. Sie stellen sich vor als Erhalter der Ordnung. Sie zeigen, wie sie ihren Besitz verwalten. Im Kontrast zu ihnen die Verlierenden. Die Verräter in den Reihen der Verlierenden, die eigene Aufstiegsmöglichkeiten erhoffen. Die andern, die sich bemühen, nicht noch mehr zu verlieren. Ein ständiges Aneinanderstoßen von Ungleichheiten. Einblicke in Ungleichheiten so konkretisiert, daß sie unerträglich werden. Ungerechtigkeiten so überzeugend, daß sie nach sofortigem Eingreifen verlangen. Situationen so verbogen, daß sie nur mit Gewalt verändert werden können. Kontroversielle Ansichten über denselben Gegenstand kommen zur Sprache. Behauptungen werden mit tatsächlichen Zuständen verglichen. Auf Beteuerungen, Versprechungen folgen Handlungen, die im Widerspruch dazu stehen. Resultate von Handlungen, in versteckten Planungszentren in die Wege geleitet, werden untersucht. Wessen Stellung wurde damit befestigt, wer wurde davon betroffen? Das Stillschweigen, die Ausflüchte der Beteiligten werden dokumentiert. Indizien werden vorgelegt. Schlußfolgerungen werden gezogen aus einem kenntlichen Muster. Authentische Personen werden als Repräsentanten bestimmter gesellschaftlicher Interessen gekennzeichnet. Nicht individuelle Konflikte werden dargestellt, sondern sozial-ökonomisch bedingte Verhaltensweisen. Das dokumentarische Theater, dem es, im Gegensatz zur schnell verbrauchten äußeren Konstellation, um das Beispielhafte geht, arbeitet nicht mit Bühnencharakteren und Milieuzeichnungen, sondern mit Gruppen, Kraftfeldern, Tendenzen.

10

Das dokumentarische Theater ist parteilich. Viele seiner Themen können zu nichts anderem als zu einer Verurteilung geführt werden. Für ein solches Theater ist Objektivität unter Umständen ein Begriff, der einer Machtgruppe zur Entschuldigung ihrer Taten dient. Der Ruf nach Mäßigkeit und Verständnis wird als ein Ruf derer gezeigt, die ihre Vorteile nicht verlieren möchten. Die Angriffshandlungen der portugiesischen Kolonisatoren gegen Angola und Moçambique, das Vorgehen der Südafrikanischen Republik gegen die afrikanische Bevölkerung, die Aggressionen der Vereinigten Staaten von Amerika gegen Cuba, die Dominikanische Republik und Vietnam können nur als einseitige Verbrechen aufgezeigt werden. Bei der Schilderung von Raubzug und Völkermord ist die Technik einer Schwarz/Weiß-Zeichnung berechtigt, ohne jegliche versöhnliche Züge auf seiten der Gewalttäter, mit jeder nur möglichen Solidarität für die Seite der Ausgeplünderten.

11

Das dokumentarische Theater kann die Form eines Tribunals annehmen. Auch hier hat es nicht Anspruch darauf, der Authentizität eines Gerichtshofs von Nürnberg, eines Auschwitzprozesses in Frankfurt, eines Verhörs im amerikanischen Senat, einer Sitzung des Russell-Tribunals nahezukommen, doch kann es die im wirklichen Verhandlungsraum zur Sprache gekommenen Fragen und Angriffspunkte zu einer neuartigen Aussage bringen. Es kann, durch den Abstand, den es gewonnen hat, die Auseinandersetzung von Gesichtspunkten her nachvollziehen, die sich im ursprünglichen Fall nicht stellten. Die auftretenden Figuren werden in einen geschichtlichen Zusammenhang versetzt. Gleichzeitig mit der Darlegung ihrer Handlungen wird die Entwicklung gezeigt, deren Ausschlag sie sind, und es wird aufmerksam gemacht auf noch bestehende Folgeerscheinungen. Anhand ihrer Tätigkeiten wird der Mechanismus demonstriert, der weiterhin in die Wirklichkeit eingreift. Alles Unwesentliche, alle Abschweifungen können weggeschnitten werden zugunsten der eigentlichen Problemstellung. Verloren gehen die Überraschungsmomente, das Lokalkolorit, das Sensationelle, gewonnen wird das Allgemeingültige. Auch kann das dokumentarische Theater das Publikum in die Verhandlungen einbeziehen, wie es im wirklichen Prozeßsaal nicht möglich ist, es kann das Publikum gleichsetzen mit den Angeklagten oder den Anklägern, es kann es zu Teilnehmern einer Untersuchungskommission machen, es kann zur Erkenntnis eines Komplexes beitragen oder eine widerstrebende Haltung aufs äußerste provozieren.

12

Einige andere Beispiele zur formalen Verarbeitung des dokumentarischen Materials:

a. Meldungen und Teile von Meldungen, in zeitlich genau bemessenen Abschnitten, rhythmisch geordnet. Kurze Momente, nur aus einer Tatsache, einem Ausruf bestehend, werden abgelöst durch längere, komplizierte Einheiten. Auf ein Zitat folgt die Darstellung einer Situation. In schnellem Bruch verändert sich die Situation zu einer anderen, gegensätzlichen. Einzelsprecher stehen einer Mehrzahl von Sprechern gegenüber. Die Komposition besteht aus antithetischen Stücken, aus Reihen gleichartiger Beispiele, aus kontrastierenden Formen, aus wechselnden Größenverhältnissen. Variationen eines Themas. Steigerung eines Verlaufes. Einfügung von Störungen, Dissonanzen.

b. Das Faktenmaterial sprachlich bearbeitet. In den Zitaten wird das Typische hervorgehoben. Figuren werden karikiert, Situationen drastisch vereinfacht. Referate, Kommentare, Zusammenfassungen werden von Songs übernommen. Einführung von Chor und Pantomime. Gestisches Ausspielen der Handlung, Parodien, Benutzung von Masken und dekorativen Attributen. Instrumentalbegleitung. Geräuscheffekte.

c. Unterbrechungen in der Berichterstattung. Einblendung einer Reflexion, eines Monologs, eines Traums, eines Rückblicks, eines widersprüchlichen Verhaltens. Diese Brüche im Handlungsverlauf, die Unsicherheit erzeugen, die von der Wirkung eines Schocks sein können, zeigen, wie ein Einzelner oder eine Gruppe von den Ereignissen getroffen wird. Schilderung innerer Realität als Antwort auf äußere Vorgänge. Doch sollen solche heftigen Verschiebungen nicht Verwirrung herbeiführen, sondern aufmerksam machen auf die Vielschichtigkeit des Ereignisses; die verwendeten Mittel nie Selbstzweck, sondern belegbare Erfahrung sein.

d. Auflösung der Struktur. Kein berechneter Rhythmus, sondern Rohmaterial, kompakt oder in ungebundenem Strom, bei der Darstellung von sozialen Kämpfen, bei der Schilderung einer revolutionären Situation, der Berichterstattung von einem Kriegsschauplatz. Vermittlung der Gewaltsamkeit im Zusammenstoß der Kräfte. Doch auch hier darf der Aufruhr auf der Bühne, der Ausdruck von Schrecken und Empörung, nicht unerklärt und ungelöst bleiben. Je bedrängender das Material ist, desto notwendiger ist das Erreichen eines Überblicks, einer Synthese.

13

Mit den Versuchen des dokumentarischen Theaters, eine überzeugende Ausdrucksform zu erhalten, ist die Suche nach einem geeigneten Aufführungsort verbunden. Läßt es die Vorstellung in einem kommerziellen Bühnenraum stattfinden, mit damit verbundenen hohen Eintrittspreisen, so ist es gefangen in dem System, das es angreifen will. Schlägt es sich außerhalb des Establishments nieder, ist es auf Lokale angewiesen, die zumeist nur von einer kleinen Schar Gleichgesinnter besucht werden. Anstatt effektiv auf die Zustände einzuwirken, zeigt es oft nur, wie wenig es gegenüber den Bewahrern der Zustände vermag. Das dokumentarische Theater muß Eingang gewinnen in Fabriken, Schulen, Sportarenen, Versammlungsräume. So wie es sich loslöst von den ästhetischen Maßstäben des traditionellen Theaters, muß es seine eigenen Mittel immer wieder infrage stellen und neue Techniken entwickeln, die neuen Situationen angepaßt sind.

Das dokumentarische Theater ist nur möglich, wenn es als feste, politisch und soziologisch geschulte Arbeitsgruppe besteht und, unterstützt von einem reichhaltigen Archiv, zur wissenschaftlichen Untersuchung fähig ist. Eine dokumentarische Dramatik, die vor einer Definition zögert, die nur einen Zustand zeigt, ohne die Gründe seines Entstehens und die Notwendigkeit und Möglichkeit zu dessen Behebung deutlich zu machen, eine dokumentarische Dramatik, die in der Geste eines desperaten Angriffs verharrt, ohne den Gegner getroffen zu haben, entwertet sich selbst. Deshalb wendet sich das dokumentarische Theater gegen die Dramatik, die ihre eigene Verzweiflung und Wut zum Hauptthema hat, und festhält an der Konzeption einer ausweglosen und absurden Welt. Das dokumentarische Theater tritt ein für die Alternative, daß die Wirklichkeit, so undurchschaubar sie sich auch macht, in jeder Einzelheit erklärt werden kann.

V

Trotzki im Exil

7. Zürich

Lenin sitzt im Hintergrund auf einem Stuhl. Trotzki ausgestreckt auf dem Feldbett.

TROTZKI Den Aufenthalt verändern. Den Aufenthalt verändern. Fast zehn Jahre Emigration. Abgeschnitten von den Ereignissen in Rußland. Was ist ein Revolutionär wert, der zehn Jahre außer Landes ist? Wir konspirieren. Die Fraktionen in tödlichem Streit miteinander. Ein Jahr dauert der Krieg schon. Ich hab das Morden gesehn. Diese Gruben, voll Blutschlamm, voll Knochensplitter. Hab dies Schreien gehört. Ich weiß, humanitäre, moralische Betrachtung der Geschichte ist unfruchtbar. Aber es zeigt sich, daß wir immer noch in der Epoche der tiefsten Barbarei herumkriechen. Die Wissenschaften. Wie hoch hielten wir sie. Alle, alle im Dienst der Zerstörung. Soll dies die vorrevolutionäre moderne Zeit sein? Pathologische Würdenträger. Salbadernde Priester. Strauchräuber, Falschspieler in den Parlamenten. Und die Lügner, Verleumder in der Presse. Wie können wir von hier aus, ein Zimmer in Zürich, Koffer gepackt, Durchreise, wie können wir von hier aus die Lokomotive der Geschichte in Gang setzen?

LENIN Hm. Haben unsre Zeit nicht müßig verbracht. Ohne revolutionäre Theorie keine revolutionäre Praxis. Zehn Jahre. Was sind zehn Jahre? Ich war jeden Tag, jede Stunde in Einklang mit unsrer Gegenwart. Wir haben im Verborgenen gearbeitet. So wie sie in Rußland in den unterirdischen Zellen gearbeitet haben. Von dort kommen die Neuen. Rücksichtslos, tatkräftig. Listig, geschickt, Den Sinn nur aufs Ziel gerichtet. Diese gelten. Die andern haben sich selbst überlebt. So wie die deutsche Partei die Internationale betrogen hat und ins Geschäft gestiegen ist mit dem Kaiser, so sind unsre Veteranen im nationalistischen Rummel auf die Seite des Zaren geraten. Verstehen Sie jetzt, warum ich die alte Garde ausschloß?

TROTZKI Ich bin für Verständigung eingetreten. Wollte vermitteln zwischen den Fraktionen.

LENIN Ja, Sie streichen sich heraus als der, der über der Partei steht. Weder Bolschewik noch Menschewik, sondern revolutionärer Sozialist.

TROTZKI Es ging mir darum, die Gruppen zu vereinen.

LENIN Ein frommer Wunsch. Es möge weniger inneren Kampf unter den Sozialisten geben. Das heißt, man soll die Meinungsverschiedenheiten verleugnen. Deren Wurzeln und Ursachen nicht aufdecken. Damit machen Sie sich zum Helfershelfer unsrer Feinde.

TROTZKI Ich wollte die Konflikte beilegen. Damit die Verwirrung in der Arbeiterklasse beenden. Wieder Vertrauen, Entschlußkraft herstellen.

LENIN Welche Tugend. Gegensätzliche Richtungen neutralisieren. Mit Ihrer Versöhnlerei betrügen Sie nur die Arbeiter. Wer soll denn miteinander versöhnt werden? Die Partei und die Liquidatoren der Partei? Es gibt keine Kompromisse.

TROTZKI Ja, ich sah ein, die Alten wollten gar nicht ins proletarische Stadium der Revolution. Diese Demokraten wollten sich überhaupt nicht auf die Arbeiter stützen, wollten nicht deren Sieg. Denn sie fürchteten sich vor ihnen. Wollten nicht mehr sein als linker Flügel der bürgerlichen Demokratie.

LENIN Die einzige aktive internationalistische Kraft, das sind die russischen Arbeitergruppen, die zu uns stehn. Der revolutionäre Vortrupp. Die Armee weiß noch nicht, welche Macht sie darstellt. Viele Soldaten werdens noch am Vorabend der Entscheidung nicht wissen. Unsre Propaganda, unsre Agitation muß an die Front, in die Schützengräben getragen werden. Auch in den Westen. Den imperialistischen Krieg verwandeln in eine sozialistische Revolution. Die Waffen nicht gegen die Lohnsklaven anderer Länder richten, sondern gegen die eigenen Regierungen.

TROTZKI Und darin sind wir uns nun einig. Daß wir den Kampf vorantreiben müssen, selbst wenn er zur militärischen Niederlage Rußlands führt. Nicht länger warten, bis ein andres Land beginnt. Unsere Initiative wird Europa mitreißen.

Radek, Rakowski, Inessa Armand treten auf.

INESSA ARMAND Parvus ist hier, Iljitsch. Drängt drauf, dich zu sprechen.

RADEK Er tritt auf wie Gott Vater zwischen den Emigranten. Verteilt Almosen. Wohnt in einer Suite im Baur au Lac. Nährt sich von Champagner und dicken Zigarren. Hat einen Harem von blonden Geliebten.

LENIN Ich will ihn nicht sehn, diesen Opportunisten, diesen deutschen Sozialchauvinisten. Was gibts neues in Petrograd, Radek?

RADEK Kein Brot, keine Kohlen. Aber der Hofjuwelier Faberget macht vorzügliche Geschäfte. Das Hoffräulein Wyruba prahlt, sie habe in keiner Saison soviel Kleider bestellt und Brillanten gekauft wie in diesem Winter. Die Nachtlokale überfüllt von Etappenhelden, Abgeordneten, Intendanten, Ballerinen, Generalen und andern erlauchten Muckern. Ich sag euch, ein Festgelage, ein goldner Regen in der Pest. Die Aristokraten stoßen auf die Mushiks an, die sie nach Galizien zur Offensive gejagt haben.

Parvus. In offenem Pelzmantel, den steifen Hut in der Hand.

PARVUS Genosse Lenin, ich hab die Mittel, hunderttausend Arbeiter in Rußland zu mobilisieren und den Generalstreik hervorzurufen.

LENIN Wir arbeiten nicht zusammen mit Agenten der deutschen Regierung.

PARVUS Sie wissen, daß ich die russische Revolution unterstütze.

LENIN So wie die Imperialisten Revolutionäre und nationale Befreiungsbewegungen gelegentlich unterstützen. Auch ein Umsturz kann gewinnbringend sein.

PARVUS Sie, Wladimir Iljitsch, müßten Sinn für meine Taktik haben. Ich nütze die Situation im kaiserlichen Deutschland aus. Der Kapitalismus soll sich selbst das Grab schaufeln.

LENIN Ich kenn Ihre Pläne, Parvus. Sie wollen sich als Reformator und Retter der russischen Revolution in Szene setzen. Gehn Sie hinaus. Sagen Sie Ihrem Auswärtigen Amt, daß wir nicht käuflich sind.

PARVUS Sie geben sich der Illusion hin, daß das Proletariat in Deutschland seine revolutionäre Aufgabe erkennt. Ich sage

Ihnen, solange der Krieg dauert, wird es in Deutschland keine Revolution geben. Nur in Rußland ist sie möglich. Ich kann Ihnen unmittelbar eine Million Rubel zur Verfügung stellen.

LENIN Verschwinden Sie. Kommen Sie mir nicht mehr unter die Augen.

PARVUS Ich verachte politisch Verfolgte, die für ihre Ideale hungern. Wie leben Sie denn hier? In schmierigen Kammern. In Dachstuben. Sie, Lenin, hausen über einer Wurstfabrik. Ich weiß, der Gestank von verfaultem Fleisch macht Sie verrückt. Aber ausharren. Ausharren.

Parvus ab. Trotzki, der währenddessen auf dem Feldbett lag, richtet sich auf. Lenin nach vorn.

LENIN Lump. Spitzel. Abschreckendes Beispiel für den Verfall der Zweiten Internationale.

Radek lacht.

RADEK Kriegsgewinnler. Börsenspekulant. Aber seine zwanzig Millionen Schweizerfranc hat er im Fach. Wir werden ihn noch brauchen.

RAKOWSKI Wir sollten ihm nicht mißtrauen. Er hat viele Genossen durch Deutschland geschleust. Er glaubt, jedes Problem ist zu lösen, wenn ausreichende Finanzen da sind. Vielleicht hat er recht. Er ist der einzige, der uns zur Rückreise verhelfen kann, wenn es Zeit ist.

LENIN Wir brauchen wohl gerissene Leute, Rakowski. Aber sie müssen reine Hände haben.

Radek blickt lachend auf seine Hände.

RADEK Haben wir reine Hände? Haben wir nicht Postkutschen und Züge ausgeraubt, Banken überfallen, Kaufleute, Industrielle expropriiert? Die Revolution frißt Geld. Haben wir nicht Seite an Seite gekämpft mit Banditen, und Seite an Seite mit ihnen gesessen in den Gefängnissen? Haben wir gefragt, wer mit uns Stricke dreht und Dynamitpatronen legt? Sind nicht Schufte, Zuhälter, Diebe an den Galgen getreten mit dem Lied der Roten Fahne auf den Lippen? Gehören nicht auch die Deklassierten zu uns? Die Niedrigsten der Niedrigen? Haben nicht grade Sie, Wladimir Iljitsch, die Rosa verhöhnt, als sie über den Terror jammerte, den wir für notwendig erklärten? Gedenken Sie des Parvus, später, wenn wir zur Macht gekommen sind, wenn wir Abkommen, Bündnisse schließen mit deutschen, französischen, englischen, amerikanischen Supergangstern.

Es erscheint eine Gruppe von Schriftstellern, Künstlern. Stammpublikum der Kneipe an der Ecke der Spiegelgasse. Gründer des Café Voltaire und des Dadaismus.

Emmy Hennings, Hugo Ball, Tristan Tzara, Marcel Janco, Richard Huelsenbeck, sowie deren Schützling, Anna Blume.

EMMY HENNINGS Alle versammelt in unsrer Kneipe, die Revolutionäre. Der Radek, der Lenin. Und der Trotzki. Sie bleiben jetzt wohnen gegenüber, Herr Lenin, hab ich gehört. Weil Ihre Wirtin gesagt hat, die Soldaten, die müssen jetzt die Gewehre auf die eigenen Regierungen richten. Hat sich rumgesprochen.

HUGO BALL Glauben sie immer noch an die europäische Kultur, Trotzki? An ihre harmonischen Bögen, an ihre idealistischen Spitztürme? Ich hab gelesen was Sie alles verzapft haben über Kunst und Dichtung. Merken Sie jetzt nicht auch, wies in den herrlichen Fassaden knistert und bröckelt?

TRISTAN TZARA Ich, Tristan Tzara, und Janco, und Emmy Hennings und Hugo Ball, und Richard Huelsenbeck, und das Strichmädchen von der Ecke, Anna Blume, und Max Ernst, und der Duchamp in New York, merkt euch die Namen. Eine Internationale. Wir werden in die Geschichte eingehn wie ihr. Ihr sagt, die bürgerlichen Ordnungen, die müssen zerschlagen werden, wir wollen nichts von ihnen übernehmen, sie müssen verschwinden, wir beginnen neu. Das ist auch unser Manifest. Wir werden alles zertrümmern, was die sich aufbauen ließen. Weg mit der Venus von Milo. Weg mit der Sixtinischen Madonna. Weg mit diesen Denkmälern, diesen Tempeln, diesen Bibliotheken, diesen Museen. Weg mit dieser ganzen Scheiße auf Sockeln, in Rahmen, in Glasschreinen. Alles Betrug. Alles Täuschung. Die wahre Stimme, die ist zu hören im Geratter der Tanks, im Krachen der Shrapnells, im Dröhnen der Aeroplane. Stöhnen, Röcheln, Furzen, Rülpsen, Grölen. Das ist unsre Sprache. Musik? Könnt ihr euch Musik noch vorstellen? Wer hört

Musik, mit dem Messer in den Rippen, mit der Kugel im Bauch?

Hugo Ball steigt auf einen Stuhl.

HUGO BALL Ihr müßt euch verbünden mit uns, ihr Rationalisten, ihr Revolutionsingenieure. Ihr stürzt die Despoten, die Blutsauger in den Fabriken und Banken. Wir stürzen die Bosse, die unsre Impulse, unsre Phantasie hinter Schloß und Riegel halten. Aus den Trümmern wird sich der geschundene Arbeitsknecht, der verhungerte Gedankennarr erheben und eine unvorstellbare Kraft entwickeln. Wir müssen zusammengehn. Wir, die Emotionalen, die Unberechenbaren, und ihr, die Planer, die Konstrukteure. Keine Trennung. Sonst werden unsre Revolutionen im Sand versickern. Der neue Mensch muß ein Schöpfer sein. Die neue Kunst ist Leben. Atmen ist Kunst. Bewegung ist Kunst. Wir schwimmen in der Luft. Wir fliegen. Leben ist Fliegen.

Springt mit ausgebreiteten Armen vom Stuhl. Fällt hin. Wird unter Gelächter hochgehoben. Trotzki verläßt das Feldbett.

ANNA BLUME Ich versteh nicht, was er meint. Wladimir Iljitsch hat mir gesagt, nach der Revolution, da werden die Bibliotheken und Museen uns gehören, und die Schlösser und die Theater. Warum sollen sie dann zerschlagen werden? Dann haben wir doch nichts mehr davon.

MARCEL JANCO Wir brauchen von alldem nichts. Es war nur gemacht für die da oben, die dir auf den Kopf spucken. Denen du dich stundenweise verkauft hast. Wie wir alle.

ANNA BLUME Aber ich möcht es mal sehn. Ich möcht mal rein.

LENIN Ja. Es hat die Klassen voneinander getrennt. Ja. Es hat vor allem den Herrschenden gedient. Aber wir haben gelernt, es zu benützen. Wir haben Wissen dran erworben. Es hat uns geholfen, Fähigkeiten zu entwickeln. Über unsre Grenzen hinauszugelangen. Die Pseudorevolutionäre, die können es sich leisten, das Kulturgut zu vernichten. Ihnen ist es ja bis zum Überfluß zugute gekommen. Aber wir, wir brauchen es noch. Wir wollen es heil übernehmen. Diejenigen die davon abgeschnitten waren, die sollen beurteilen, was davon zu verwerfen, was davon noch zu gebrauchen ist.

EMMY HENNINGS Nichts. Nichts ist zu gebrauchen. Auch für

dich nicht, Anna. Wir müssen alles neu lernen. Bla bla bla. Da da da. Dada. So soll die neue Kunst heißen. Die Antikunst. Geboren in der Spiegelgasse in Zürich. Im Café Voltaire. Im Jahr des Bluts. Im Monat der heraushängenden Gedärme. Am Tag des Todesschreis. An die Welt. An die Weltöffentlichkeit. Die Dadakultur ist geboren. Da da. Da da da. An die Zukünftigen. An die Visionäre. Laßt eure Kleider in Fetzen gehn. Hüllt euch in euer eigenes Haar. Kommt und geht wie Regen und Nebel. Da da. Da da da.

ANNA BLUME Was meint sie, Inessa? Hat sie den Verstand verloren?

HUGO BALL Nein. Aus ihr spricht die höhere Vernunft. Die Vernunft, die sich befreit hat aus dem Joch der Vorschriften und Gesetze.

TROTZKI Wir dachten mal, die Welt würde vom Bewußtsein, vom kritischen Denken bewegt. Aber das Bewußtsein ist die ganze Geschichte lang hinter den Tatsachen hergewackelt. Soweit habt ihr recht.

Lenin plötzlich in heftigem Zorn. Alle wenden sich ihm bestürzt zu.

LENIN Und weil die menschliche Intelligenz so winzig ist, eben weil sie so winzig ist, deshalb werde ichs nicht zulassen, daß sie diesen schwachen Schimmer noch auslöschen.

Einen Augenblick Stille. Lenin geht erregt hin und her.

TROTZKI Diese ungeheuren Erfahrungen jetzt überall. Diese Erschütterungen. Daraus muß eine neue Kunst entstehn. Mit den Umwälzungen in der gesellschaftlichen Ordnung wird sich auch die künstlerische Vorstellung von ihren alten Mustern befreien.

RICHARD HUELSENBECK Und dieser Prozeß soll zu einer Gewaltkur werden. Das Irrationale, alles was bisher verschlossen war, was noch nie in Worte, in Zeichen gefaßt wurde, soll zur Sprache kommen.

TROTZKI Doch ohne Mystik, ohne Ekstase. Die Kunst muß dazu beitragen, die Welt zu verändern. Die Kunst, die sich losgesagt hat von ihren Händlern, Spekulanten, Profiteuren, die neue Kunst, die allen gehört, sie muß im Dienst der Revolution stehn.

RICHARD HUELSENBECK Um sich wieder einfangen zu lassen? Niemandem darf sie gehören als sich selbst.

LENIN Es gibt keine absolute Freiheit für die Kunst. Kunst muß parteilich sein. Wir werden uns wehren gegen die Selbstbespiegelung in der Kunst. Gegen die Angriffe des Hohns, der Vulgarität, des Zynismus, der Menschenverachtung, wenn sie auf uns zukommen unterm Tarnmantel des schöpferischen Genies.

RICHARD HUELSENBECK Ihr habt viel zu viel Respekt vor der Kunst. Ihr glaubt noch immer an die großen Werke.

TROTZKI Ein einziges großes Werk. Kollektiv geleistet. Es wird seinen Ausdruck finden. Zuerst in einem riesigen Gemisch von Stilübungen, Experimenten, Übertreibungen, Verirrungen. Vieles formlos, platt, grob, verzeichnet. Vieles Echo von Altem. Vieles begeisterte Utopie. Das meiste unbrauchbar, schnell wieder verworfen. Doch der Entwicklungsgang des neuen Menschen wird sich drin markieren.

INESSA ARMAND Wer aber soll beurteilen, ob es revolutionäre Kunst ist? Wer bestimmt, was revolutionärer Kunst schadet, was ihr nützt? Wo sollen die Grenzen gesetzt werden? Wer bestimmt den Punkt, an dem die Einmischung beginnt?

LENIN Das Proletariat setzt die Normen.

RAKOWSKI Wie wird sich das Proletariat verhalten, unsern Neuerern gegenüber? Habt ihr die Bilder gesehn von Malewitsch, Kandinsky, Chagall, Tatlin, Lissitzky? Kennt ihr die Gedichte von Blok, von Majakowski? Und was da an den Theatern gemacht wird. Meyerhold, Wachtangow, Tairow. Werden die Arbeiter verstehn, daß dies revolutionäre Kunst ist?

LENIN Wenn die Bibliotheken, die Museen, die Schulen, die Universitäten in der Hand der revolutionären Klasse sind, dann wird eine proletarische Kultur entstehn, und damit eine proletarische Kunst. Und weil die Arbeiter studieren, lernen, forschen, sich bilden wollen, deshalb werden sie auch hohe Ansprüche an die Kunst stellen. Hohler Zauber kommt bei ihnen nicht an. Ihre Kunst wird realistisch und wissenschaftlich sein.

TROTZKI Was wir uns jetzt vorstellen, und was schon im Entstehen begriffen ist, wird das noch proletarische Kultur sein? Wird es proletarische Kultur je geben? Vor uns Jahre der Revolution, des Bürgerkriegs, des erbitterten Klassenkampfs. Ja, die Kunst kämpft mit. Das Proletariat aber, es wird alle Kräfte brauchen, die Macht zu erobern, die Macht zu halten und zu nutzen. Kultur, das ist erstmal, daß hunderte von Millionen Menschen lesen, schreiben, rechnen lernen. In der sozialistischen Gesellschaft wird das Proletariat aufhören, Proletariat zu sein. Die Revolution macht allen Klassenkulturen ein Ende. Was kommen wird, das ist die Massenkunst, die Gemeinschaftskunst, das ist die klassenlose Kunst.

Tristan Tzara zieht Anna Blume zum Hintergrund.

TRISTAN TZARA Brüder, Schwestern. Zum Sturm auf die Marmorhallen, die Krematorien des Geistes. Raus mit den Frackbrüsten, den Lorbeerkränzen. Rein mit den Obdachlosen. Den Armlosen, den Beinlosen.

HUGO BALL Den Kopflosen.

Anna Blume wendet sich nach Lenin um.

ANNA BLUME Iljitsch. Iljitsch.

Sie wird von Tristan Tzara hinausgezogen. Die ganze Gruppe folgt ihnen, unter Gelächter und herausgeprusteten Trompetentönen. Inessa Armand, Radek, Rakowski schließen sich ihnen an. Alle ab. Nur Lenin und Trotzki bleiben zurück. Lenin drückt die Hände an die Schläfen.

TROTZKI Der Arzt hat dir Ruhe empfohlen. Entspannung. Spaziergänge.

LENIN Hm. Ferien? Jede Stunde brauchen wir.

Er geht zum Feldbett. Streckt sich dort aus.

Hab nicht mal mehr Zeit, Inessa zuzuhören. Die Appassionata. Ha. Ha ha ha. Was für wunderbare Sachen können Menschen sich ausdenken. Aber ich kanns nicht hören. Musik greift die Nerven an. Man will dumme nette Dinge sagen, den Leuten übern Kopf streichen. Ha. Ha ha ha. Sich so was Schönes ausdenken, während sie in der Hölle leben. Ich ertrag es nicht. Nein, streichelt man, dann wird einem die Hand abgebissen. Auf den Kopf schlagen muß man sie.

TROTZKI Wladimir Iljitsch, wir dürfen nicht verkümmern. Wann warst du mit Inessa Armand in Kopenhagen? Wieviel Jahre her?

LENIN Neunzehnhundert zehn. September. Zehn Tage.
TROTZKI Und das ist alles?
Lenin lacht.
LENIN Klavierspiel. Ein Spaziergang. Ein Hotelzimmer. Sowas geht schnell vorbei. Hinterläßt keine Spuren.
TROTZKI Nur für die Revolution leben. Tag und Nacht. Konsequent. Klar. Fleckenlos. Beispielhaft.
LENIN Alles andre stört die Arbeit.
Er drückt die Hände an den Kopf.
TROTZKI Ich weiß, du hast die Nacht wieder nicht geschlafen. Und morgens lachst du, ha ha, wie gehts, wollen Sie Tee, was gibts neues? Wie kannst du dich so beherrschen? Ich weiß, deine Nerven sind entzündet. Brust, Hüften. Dein ganzer Körper brennt. Ausschlag. Flechten. Wie kannst du das ertragen?
LENIN Es ist nicht wichtig.
TROTZKI Nicht wichtig? Der Körper. Spür ihn ständig. Magen. Darm. Herz. Nieren. Diese Prozesse nehmen mich oft tagelang in Anspruch. Das Älterwerden. Der beginnende Tod. Die Zeit. Hab schon als Kind drüber nachgedacht. Früher stellte ich mir die Zeit vor, wie den großen Stein vor der Hausschwelle. Die Zeitrechnung. Das Zählen. Die Zeit formlos. Erhält Gestalt durchs Zählen. Wach manchmal auf, heulend. Furchtbar beunruhigt. Als wenn du in vollem Lauf eine Tür aufstößt. Vor dir ein Zimmer, das du nicht kennst. Merkwürdiges Licht. Stimme widerhallt. Dies Suchen nach Zusammenhängen. Die Bücher. Noch nie gehörte Worte. Unverständliche Beziehung. Manchmal alles wie auf einer riesigen Bühne. Iljitsch, als ich zum ersten Mal im Theater war, das war ungeheuerlich, das läßt sich gar nicht beschreiben. Wurde fast ohnmächtig vor dem, was sich da abspielte. Stand in der Pause nicht auf, um nichts zu versäumen. Was hast du denn gesehn, fragt man mich. Ich kanns nicht erzählen. Was hab ich gesehn? Was hab ich gesehn?
Lenin reglos ausgestreckt auf dem Feldbett.
Die vier Soldaten, wie zuvor. Gewehr umgehängt. Uniform der Roten Armee. Im Gleichschritt zum Bett. Heben Lenin hoch. Tragen ihn zum Hintergrund. Verschwinden.

Hölderlin

(Neufassung)

7.

Hölderlin auf einem hohen Podium sitzend. Er ist in eine Zwangsjacke gebunden und trägt eine lederne Maske vor dem Gesicht, die ihn unkenntlich macht. Ein Krankenwärter hält ihn am Strick der Jacke fest.
Anwesend einige Studenten.

SÄNGER
Siebte Scene worinn
Hölderlin das Gesicht genommen
und er
zu einem Fremden ernannt
in diesem sich wieder
zu erkennen hat
Auftritt Professor Autenrieth, Leiter des Klinikums zu Tübingen: gleicher Schauspieler, der Ephorus Schnurrer darstellte. Er beklopft Hölderlins Knie, um die Reflexe festzustellen.

SÄNGER
Wie ein Fall von PersöhnlichkeitsSpaltung fungirt
wird im Clinicum zu Tübingen nun demonstrirt
Patient ist auf diese Weise gekleidet
weil er an TobsuchtsAnfällen leidet
Die lederne Maske die er trägt
schüzt ihn daß er sich nicht krazt und schlägt
denn nicht nur der UmWelt ist er gefährlich
wüthet auch gegen sich selbst unerklärlich
Es ist der Herr Professor Autenrieth
der sich mit FachKenntniss um ihn bemüht
Autenrieth wendet sich an die Studenten.

AUTENRIETH
Derselbe ist seit nunmehr fünf Jahren
mit Ausnahme einiger lucider Intervallen

vernünftiger Communication nicht mehr
erreichbar
Patient traf Mitte Juni Achzehnhundert Zwei
aus Frankreich kommend
im Zustand geistiger Zerrüttung
in Stutgard ein woselbst ihn behandelte
OberAmthsPhysicus Doctor Planck
Anfänglich besänfftigt brach die Kranckheit
ein Jahr späther aufs neue aus um
nach kürzeren RuheZeiten im März
Achzehnhundert Fünf in völliger Verrükung
constant zu werden was
im folgenden Jahr zu seiner Einlieferung
in unsre HeilAnstalt
führte

ERSTER STUDENT

Aus der KranckenGeschichte erlesend
dass Patient vormahls
befähigt war einigermaassen angenehme
Gedichte zu verfassen
stellt sich uns die Frage
welche Ereignisse ihm denn
den Sinn verwirrten

AUTENRIETH

Wir werden in directer
Anrede versuchen
Reste von CausalZusammenhängen
vestzustellen
Beachten Sie dabei die Neigung
zum Halluciniren
Autenrieth tritt einige Schritte zurück und ruft Hölderlin an.

AUTENRIETH

Friederich
hört Er mich
Friederich
Hölderlin richtet sich auf, starrt vor sich hin.

AUTENRIETH

Was hat Ihn

nach Frankreich getrieben
Hölderlin spricht langsam, tonlos.

HÖLDERLIN

Gehorsam Pflicht
fleissig ergeben
immer trew
den Oberheiten

AUTENRIETH

Friederich

HÖLDERLIN

Zu was für Zweken wie
vernichtend und verdunckelnd

AUTENRIETH

Kann Er uns erklären was Ihm
in Frankreich widerfahren

HÖLDERLIN

Da rascheln so an der Garonne
die SilberPappeln
da schreyn die Hühner
schattenlose Strassen und ich
in meiner MarmorGrufft
bei Consul Meier

AUTENRIETH

Patient hatte damahls ein Amth
als Informator angenommen
beim teutschen Consul
in Bordeaux

HÖLDERLIN

O wie die Sonne nider sengte
und mich das pralle Licht verzehrte
als ich entflohen von Bordeaux
die schrekliche Vendée durchkreutzte
wo es von Leichen aus der Erde schrie
und ich bei jedem Schritt auf Schädel
und Gebeine stiess im Acker

AUTENRIETH

Warum brach Er sein Arbeits
Verhältniss ab

HÖLDERLIN

Der ganze Bau entzweiet
das Band auseinander
die Welt zerschmettert

AUTENRIETH

Friederich
hört Er mich
was suchte Er
in Paris
Hölderlin beugt sich vor, spricht tonlos.

HÖLDERLIN

Allso geschlagen von Apoll
geriet ich in die Zeit der Wende
da du verspürst wie deine
SangArt andern Karakter nimmt
Ergriffen ging ich her und hin
vielen begegnend die voll Zweifel
Thrauer und Furcht auch den Blik
vor dem Irrenden senkten
Wie es in die Paläste mich trieb
sah ich die Wercke der Antique
die aus Italia Buonaparte sich geholt
und von Ägypten die seltnen Schäze
damit seine Schiffe er angefüllt
Sah all die Schönheit vor mir erglänzen
zwischen den Säulen im kalten Saal
indess die Gefangnen verrekten im Keller
und Hunger war Herr in den Gassen
Fand dann begleitet von gellenden Chören
die den Anbruch neuer Epoche priesen
am Ende der Treppen die enge Cammer
wo vom Marat noch steht die Wanne
drinn er gesessen als Corday
ihms Messer in die Brust gehaut

AUTENRIETH

Und hat alldorten
Contact aufgenommen
mit unterirdischen Gruppen

die wieder schürten
an der Revoluzion
Hölderlin springt auf.

AUTENRIETH
Wen traf Er da
sag Ers doch
Hölderlin starr vorgebeugt.
Buonarroti erscheinend. Er trägt einen breitrandigen Hut und einen weiten schwarzen Mantel mit hochgestelltem Kragen.

BUONARROTI
Du calme du calme
cammarade
halt dich verschlossen
lass keinen wissen
vom Bund der Gleichen

AUTENRIETH
Wen sieht Er da
Hölderlin einen Schritt vor. Der Wärter hält ihn am Strick fest.

BUONARROTI
Si brave si brave
cammarade
lass dich nicht schleifen
zur OpferStätte
wie Bruder Babeuf

AUTENRIETH
Sieht Er da vor sich
den Buonarroti
Autenrieth beklopft Hölderlins Gesichtsmaske.

BUONARROTI
Courage courage
cammarade
bleibe verborgen
warthe geduldig
bis wir dich rufen.
Buonarroti verschwindet.

AUTENRIETH

Geb Er zu dass Er
Buonarotti traf
und dessen Cumpanen
Hölderlin schreiend.

HÖLDERLIN

Weg mit allen Jacobinern
vive le roi
vive le roi
Der Krankenwärter zieht ihn zum Stuhl zurück, drückt ihn dort nieder.

ZWEITER STUDENT

Das Journal verzeichnet dass Patient
unmittelbar nach seiner Rükkehr
Herrn Sinklär in Homburg aufsuchte
welcher des HochVerraths verdächtig
Auftritt Sinclair. Neben ihm, von ihm gestützt, Susette Gontard, in ihrem weißlich violetten Kleid, ihr Gesicht von einer Hautkrankheit entstellt. Hölderlin, vorgeneigt, starrt sie an. Alle übrigen Anwesenden betrachten nur Hölderlin: als Untersuchungsobjekt.

SUSETTE GONTARD

Ich trag du siehst
ich trag das Kleid
das du so liebtest
warum hast du warum
verborgen dich vor mir
sah dein Gesicht doch eben
dein Gesicht doch
durch die Büsche schnell
komm schnell
dass wir ein Dach ach schnell
ein Dach in diesem Sturm
noch finden
Hölderlin beginnt zu wimmern. Der Wärter hält ihn fest.

SUSETTE GONTARD

Das Bluth schnell
stürzt mir aus dem Mund

das Bluth
wo bist du Holder
Hölderlin versucht aufzuspringen. Der Wärter drückt ihn mit Gewalt nieder. Autenrieth klopft ihm auf Rücken und Schultern.

SUSETTE GONTARD
Ich eil voraus und du
lauf schnell die Treppe
schnell die Treppe rauf
ich warth auf dich
ich warth die Thür
die Thür wie immer wird
wie immer dir geöffnet seyn
die Kinder lernen zu der Zeit
unten im blauen Zimmer
Hölderlin in einem Anfall von Schüttelfrost.
Susette Gontard ab. Sinclair bleibt zurück.

SINCLAIR
Der Gegenstand deiner Liebe ist nicht mehr
Throst weiss ich dir keinen zu geben
Throst weiss ich dir keinen zu geben
nachdem der Winter ihre Lungen geschwächt
musste sie ihrer schweren Kranckheit erliegen
Bis zulezt ist sie dir treu
bis zulezt ist sie dir treu
in Gedancken geblieben
Hölderlin krümmt sich zitternd zusammen. Auftritt eine Gruppe Gendarmen. Sie werfen sich über Sinclair, werfen Ketten über ihn, binden ihn darin kreuzweise.

AUTENRIETH
Und ists jezt Sinklär
den Er schaut
Gesteh Er dass Er diesen
treiben wollt
Wirtemberg zum Umsturtz
zu bringen
Es gelingt Hölderlin aufzuspringen. Ein Gendarm zeigt auf Hölderlin.

ERSTER GENDARM

Der war dabei wo wir
das WaffenLaager fanden
Hölderlin beginnt zu schreien.

AUTENRIETH

Will Er zu seiner Erleichterung
nicht bekennen
dass Er zu den Verschwörern gehörte
die den ChurFürsten ermorden wollten.

HÖLDERLIN

Ich weiss von keiner
Verschwörung nichts
ich kann meinem Allergnädigsten
ChurFürsten mit gutem Gewissen
unter die Augen treten

AUTENRIETH

Und steht der Herr von Sinklär
noch da
Hölderlin schluchzend.

AUTENRIETH

Erkennt Er ihn

HÖLDERLIN

Den kenn ich nicht
den kenn ich nicht

AUTENRIETH

Erkennt Er den HofRath
Isaac von Sinklär nicht

HÖLDERLIN

Den hab ich nie
nie hab ich den gesehn

AUTENRIETH

Er verläugnet also
Seinen nächsten Freund

HÖLDERLIN

Nichts
hab ich mit ihm zu thun

AUTENRIETH

Schon am Stift droben

zählte Er zu den Jacobinern

HÖLDERLIN

Ich bin kein Jacobiner
Ich will kein Jacobiner seyn
Der Krankenwärter preßt ihn auf den Stuhl nieder.

ZWEITER GENDARM

Der gehört im TollHauss
und dieser hier kömmt
auf den HohenAsperg
Sie schleppen Sinclair ab. Hölderlin singend mit gellender Stimme.

HÖLDERLIN

O Edward o Edward o
wie ist dein Schuh
von Bluth so roth

SINCLAIR

O ich hab geschlagen
meinen Vater todt
Sinclair und die Gendarmen verschwinden.

AUTENRIETH

Und ist Ihm Sein Freund
Siegfried Schmid erinnerlich
der wahrhaft vaterländische Dichter
welcher das Schreiben aufgab
um gegen die Welschen
ins Feld zu ziehn
Siegfried Schmid erscheint, in zerrissener, lehmfleckiger Uniform. Hölderlin schüttelt sich, wendet sich ab. Autenrieth und der Wärter drehen ihn wieder nach vorn.
Ein dumpfes Getön von Trommeln und Schritten.
Ein Zug zerlumpter Soldaten erscheinend, auf der Stelle marschierend. Dazu das Klirren von Metall.
Schmids Kopf und Arme schockhaft hin- und hergeworfen.

SCHMID

Napoleon der läßt das Plebs marschirn
dass es soll andres Plebs massacrirn
ist ein unsäglich Gemezel hienieden
und uns der Untergang drinn beschieden

Von den Herrn hoch zu Pferd wird Geschichte gemacht
bei Marengo Amiens und der DreiKaiserSchlacht
und ich war im Pulverdampf mit dabei
wo die kleinen Leut mit Gestöhn und Geschrey
unter südteutschen und preussischen
unter östreichischen und reussischen
Loosungen FeldZeichen und Fahnen
sich denen stellten die aus Frankreich kamen
und waren allesammt von ehrlichem Gewerbe
nicht dazu bestimmt dass es allso verderbe
und einander inn Kopf schiess und den Bauch aufschliz
bei Ulm und Jena und Austerlitz
Bin selbst zwar noch athmend davon gekommen
sonst aber ist mir auch alles genommen
und werd klappernd auf NimmerWiedersehn
bei Cassel im Spital vergehn
Schmid und die Soldaten verschwinden.
Hölderlin wieder von gewaltsamem Zittern ergriffen.

AUTENRIETH
Nun
will Ers Seinem Freund
nicht gleichthun
Hölderlin aufspringend, jammernd.

HÖLDERLIN
Basta basta
Ein paar Studenten und der Krankenwärter halten Hölderlin nieder. Der Kopf wird ihm zurückgebogen. Autenrieth flößt ihm etwas aus einem Fläschchen in den Mund.

AUTENRIETH
Zur Stillung dieser Paroxysmen
verabreichen wir dem Patienten
ein Gemisch aus Belladonna und
Digitalis
Hölderlin sinkt in sich zusammen.
Auftritt Hölderlins Mutter, eine alte Frau, schwarz gekleidet. Sie trägt ein kleines Bündel.

HÖLDERLINS MUTTER
Mein arms Büble

bring dir hier ein Wämsele
sammt zwei paar Strümpf
doch musst mir auch versprechen
dass dus trägst weil
ich habs selbst gestrikt
wie bist du doch so weit
von mir gerathen
und hast so bitterlich versäumet
was dir obliegt
vor unserm lieben Gott
und Vatter im Himmel
hättst du gehöret doch auf mich
die ich so sehnlich wünschte
dass den geistlich Weg
du gehest
und könntst geborgen sizen
in deiner Pfarrey
Izt warth ich nur
dass wir einander wieder finden
wo keine Trennung mehr
wird seyn

Sie reicht ihm das Bündel. Hölderlin starrt zu Boden. Der Krankenwärter nimmt das Bündel entgegen.

AUTENRIETH

Will Er denn auch
Seine eigne Mutter
nicht mehr kennen

Hölderlin stumm, tief herabgebeugt. Die Mutter ab.

Sinclair wieder auftretend: jetzt ohne Ketten und Bewachung, in der vornehmen Kleidung des fürstlichen Beamten. Autenrieth tritt auf ihn zu, begrüßt ihn untertänig.

AUTENRIETH

Da Herr Baron von Sinklär
von allen Anschuldigungen
frey gesprochen
und seine Dienste
in Ehren wieder aufgenommen
so mag es ihm vielleicht gelingen

Den Stupor des Patienten
zu durchbrechen

SINCLAIR

Holder
hörst du mich
Hölderlin richtet sich langsam auf.

SINCLAIR

Holder
kannst jeder Zeit zu mir zurük
nach Homburg kommen
Ich hab veranlasst dass
der LandGraf dich zum Hof
Bibliothecar ernennt
Holder
ich trag dir nichts nach
ich seh in dem was man dir
als GemüthsVerwirrung zuschrieb
eine aus wolbedachten Gründen
angenommene Äusserungsarth
Hölderlin erhebt sich und verbeugt sich tief.

HÖLDERLIN

Sehr wol Ihro Durchlaucht
Werde Ihro Gnaden Anerbiethen
mit Sorgsamkeit erwägen

SINCLAIR

Ich mach derweil mich
nach Versailles auf
um über Homburgs Souveränität
zu verhandeln
Sinclair ab.
Auftritt Schreinermeister Zimmer: gleicher Schauspieler, der den Glaser Wagner darstellte.
Der Krankenwärter beginnt, Hölderlins Zwangsjacke aufzubinden.

SÄNGER

Dort wo er Achzehnhundert Sieben noch war
gaben die Ärtzte ihm höchstens drei Jahr
mit ihren Künsten hätten sie ihn fast zerbrochen

und lallend nur noch wär er rumgekrochen
wär nicht der SchreinerMeister Zimmer gekommen
hätt ihn zu sich in sein Hauss genommen

SCHREINER ZIMMER

Ich hatte von dem Unglüklichen
manche Gedichte gelesen
welche mir ungemein wol gefielen
da dacht ich dass ein so hoher Geist
nicht dürfte zu Grunde gehn
und kann ich ihm
der die Natur doch liebt
auch einen Ausblik erbiethen
weit übers Thal des Nekar

SÄNGER

Und wurden ihm den Dichter damit zu verpflegen
von dessen Mutter zwanzig Gulden gegeben
per Monat und das reichte auch für Wein
für Toback BrennHolz und der Kerzen Schein
bei Nacht in seinem kleinen runden Zimmer
im Thurm des Hausses drinn er blieb für immer

Der Krankenwärter hat Hölderlin die Gesichtsmaske abgenommen. Schreinermeister Zimmer nimmt Hölderlin an der Hand und leitet ihn vom Podium herab.

Ein paar Studenten vollziehn eine ironische Reverenz vor ihm, die Hölderlin mit ernsthafter Verneigung erwidert.

SÄNGER

Johann Christian Friedrich Hölderlin
eh wir in die lezte Scene steigen
befragen wir dich über dein grosses Schweigen
mit dem du dich von der Welt abtrennst
so als ob du sie nicht mehr erkennst
Weisst du es nicht oder hast dus vernommen
wie Schmid und Sinklär sind umgekommen
der eine thräumend vom StaatsStreich von oben
mit Fürsten und Generälen in Ränke verwoben
der andre unten bei denen geblieben
die immer nur umgarnt wurden und mitgetrieben
beide verscharrt in den SchlachtFeldern ihrer Zeit

und die Eingekerckerten noch nicht befreyt
Möchten wissen ob deine Absage an die Revoluzion
blos Verstellung war oder Hohn
vor all deinen FolterKnechten und ÜberMännern
den SeelenDoctoren und politischen Kennern
Sag uns besteht für dich noch ein Hoffen
siehst du den Weg zur Erneurung noch offen
oder musstest du bei der Anstrengung scheitern
dir die Gränzen deines Denckens zu erweitern
Hölderlin steht nachsinnend. Spricht dann sehr langsam.

HÖLDERLIN
Wollen Eminenz mir ein wenig
Gedult gönnen
so daß ich Ihro Erhabenheit
gebührlich zu antworten vermöge

SÄNGER
Und wie lange
Herr HofBibliothecar
kann das noch währen

HÖLDERLIN
Nicht allzu lang
Mein Sinnen ist ganz
auf besagtes Anliegen gerichtet
und werde ich Euro Heiligkeit
schon nach wenigen Jahren
oder Decaden
praecise und erschöpfend
das Resultat meiner Gedancken
Thätigkeit
vermitteln können
Schreinermeister Zimmer führt Hölderlin an der Hand ab.

Rekonvaleszenz

[Notizbücher. Eintragung vom 5. 9. 1970]

5/9
Es leben die Begegnungen mit den Toten, es lebe das Hinuntersteigen in die Regionen der Zwecklosigkeit, es leben die Gescheiterten, es leben alle die es zu nichts gebracht haben, die aus Schwermut und Schmerz nicht vermögen, sich morgens zu erheben, die verkommen, die es nur noch aushalten können, wenn sie sich bis zum äußersten mit Alkohol und Narkotika betäuben, es leben die Verachteten, Verhöhnten, die Verkrüppelten, die Verdämmernden, die Umnachteten, es leben die Vereinsamten, es leben die, die heulend in ihren Verstecken sitzen, es leben die, die alles aufgegeben haben, von denen nie die Rede sein wird, die nichts hinterlassen und die im eigenen Unrat verrecken. Es leben alle die, für die ich Hilfe suchte und denen ich, aus eigener Entkräftung, keine Hilfe leisten konnte, es lebe die furchtbare Machtlosigkeit, die ich in klaren Augenblicken so hasse, die ich aus dem Bewußtsein streichen möchte, und die mich doch dazu verurteilt, in heimlichen Stunden mit ihr gemeinsame Sache zu machen, es lebe der Ausbruch aus allem Vernünftigen, Sinnvollen, Zukunftsbedachten, es lebe Gert, den es aus der Welt der Dinosaurier in die Städte verschlug, der nachts durch die Straßen taumelt, der irgendwo in Hinterhöfen sein Lager hat, der Verschollene, der dumpf vor sich hin Lallende, der mir näher ist in dieser Stunde als jeder junge militante Planer und Erneurer, und dem ich ausweiche, wenn ich ihn doch einmal an einer schummrigen Ecke, an einem Hofeingang erblicke, schaukelnd in einer Gruppe von abgerißnen erdfarbigen Brüdern, diese um Kopfeslänge überragend, vor dessen schallendem Gelächter ich flüchte, den ich verrate, auf irgendeinem schnellen Weg von Praxis zu Praxis, es lebe Hieronymus, der von mir Verlassne, der zwischen den Bergen seiner unlesbar bekritzelten Papiere, den Ruinen seiner verschrobenen Maschinen, Bildermaschinen, Sternschaumaschinen, Höllenmaschinen, elendig verendete, zu dessen kläglichem

Armenbegräbnis ich an einem blendend hellen kalten Wintertag stolperte und als einzigen Abschiedsgast dort jenes Mädchen traf, das er sich als Kind in seine Höhle geholt hatte, und das dann mit ihm Schluß machte, mit der ganzen Liebe und mit allem, wie ich aus einem winzigen Zettel erlesen konnte, unbeholfen, bekleckst und verwischt beschrieben, der unter seinem modrigen Kopfkissen lag. Schluß mit allem, ich weiß du bist krank. Aus. Ein vergilbtes Stückchen Papier, von Kinderhand beschrieben aus einem Schulheft gerissen. Ich hatte mir vorgenommen, seine Manuskripte zu sichten, die Tausende von zerknitterten Blättern in Ordnung zu bringen, die dünnen Bleistiftzüge zu deuten, ich brachte die Ausdauer dazu nicht auf, immer legte sich die eigene Arbeit dazwischen, die eigene Hilflosigkeit, die Gleichgültigkeit gegenüber den Hirngespinsten, Traumgeweben eines andern, auch wenn dieser andre dir nah ist wie ein Zwillingsbruder. Es lebe diese Unfähigkeit, diese Verschwörung der Untergehenden, obgleich sie einer Welt angehört die ich bekämpfe, die wir bekämpfen müssen, um nicht selbst drin zu verenden, es lebe Jacques, den ich in England, auf dem Bahnhof von Chislehurst, Grafschaft Kent, dem totalen Verschwinden überließ, dem ich wohl noch eine Weile nachforschte, und der dann doch weg war, für immer, als müsse es so sein, es lebe Uli, mein Jugendfreund aus dem Berlin vor dem Tausendjährigen Reich, der so voll war von Phantasien, Ideen, unerhörten Möglichkeiten, und der, steckend in der Uniform der mit dem Hakenkreuz geschmückten Mörder, als aufgeschwollne Leiche an der dänischen Küste lag, es lebe Elisabeth, der es gelang, Maxens fahles Gesicht noch bleicher werden zu lassen, die ihn in stundenlange verzweifelte Auseinandersetzungen zog, die ihn zerbrochen, in Tränen aufgelöst, zurückließen, und die ich zwei Jahrzehnte später, kurz vor ihrem Tod, noch einmal traf, an den Stockholmer Kaianlagen, an der Fährstelle, jetzt war auch ihr großflächiges Gesicht schneeblaß in der Umrahmung des schwarzen Haares, kaum verständlich waren ihre geflüsterten Worte im Lärmen des Verkehrs, ich hab nur noch ein paar Wochen, Krebs, es leben die Toten, es leben alle die, die ihren Tod überdeutlich mit sich herumtragen, die auf dem Weg zum Fährboot sind, zum Acheron, die schon den Ruderschlag, den Ruf hören des Charon. Es lebe das Unwirkliche, dem ich so oft meine Gegnerschaft angesagt habe, es lebe der Gedanke, daß meine Tätigkeit jeglichen Zwecks entbehrt, daß das Schweigen, das Aufgeben ehrlicher wäre als der Drang, sich zeitlebens eine Gedächtnisstätte seiner selbst zu errichten, es lebe das Nachgeben an alles was mich herabziehn will ins Unkenntliche. Nur einen Augenblick lang, dann gelingt es mir wieder, mich in Einklang zu stellen mit der gegebenen Stunde, dann bin ich wieder bereit, der Bemühung Vorzug zu geben, den Krankheiten und Seuchen mit allerlei Medikamenten beizukommen, dann bin ich wieder verschworener Feind des Selbstmitleids, der Poesie der Auflösung, der Euphorie des Untergangs. Die Schicht ist dünn, auf der wir gleiten, tappen, auf Zehenspitzen schleichen, auf der wir schlittern, ausrutschen, kriechen, notdürftig uns aufrecht halten, um folgerichtigen, überprüfbaren Vorsätzen gerecht zu werden, es schwankt, knirscht, knackt unter unsern Schritten, wir müssen uns leicht machen, tief Luft holen, um nicht abzusacken, unversehns zu verschwinden, in einem winzigen Loch, das sich gleich wieder schließt, wir müssen eine enorme Kraft aufbieten, um uns selbst davon zu überzeugen, daß es hier ein Weiterkommen gibt, mit der ganzen unvorstellbaren Schwärze unter uns, müssen uns vorsehn, daß wir vor tollem Gelächter über unsre Situation nicht verweilen und den hauchdünnen Halt, den wir uns einbilden, zerplatzen lassen, müssen so tun, als führe unser Unterfangen, obgleich wir es nicht ernst nehmen können, irgendwo hin, müssen uns ständig zwingen zu vergessen, daß jede unsrer Äußerungen winziges Fragment bleibt und gleich schon verblasen ist, müssen uns unaufhörlich der genialen Leistung anschließen, den kurzen Aufenthalt auf diesem Planeten zur Verbesserung unsrer Lebensbedingungen zu benutzen, und dabei diejenigen zu bekämpfen, die sich uns in den Weg stellen, die das Angenehme und Wohnliche nur für sich selbst beanspruchen, und die zumeist stärker sind als wir, weil sie nicht an den Sturz in den Abgrund denken. Von denen, die die Kunst des Vergessens so viel besser beherrschen, lassen sich die Wissenden allzu leicht beiseite drängen, bestehen bleibt das Selbstsichre, Freche, Unverschämte, Zynische, in gigantischer

Verschwendung dagegen sterben die Keime von Hoffnung, Liebe, Wärme und Zuversicht ab. Es lebe das Wirkliche, wenn wir uns an den Haaren wieder heraufgezogen haben, nach unsern Absenzen, unsern Schwächeanfällen, wenn wir wieder einen Fußbreit Boden ertasten können, es lebe die Aufgabe, mit all unsern Toten in uns, mit unsrer Totenklage, unserm eigenen Tod vor Augen, zwischen den Lebenden dahin zu balancieren, sich ihnen bemerkbar zu machen, es lebe das wilde Ansinnen, alles ringsum in leuchtender Greifbarkeit entstehen zu lassen. Phantastisch, ungeheuerlich dieser Einfall, daß wir im Leben vorhanden sind, daß es noch etwas für uns zu tun gibt, daß noch etwas bevorsteht, unfaßbar, daß wir hier um unsre Bleibe kämpfen, daß wir hier sogar Gerechtigkeit einrichten wollen, daß wir Hilferufen entgegeneilen, daß wir erwarten, auch nach uns strecke sich eine Hand aus, wenn wir sie brauchen, da es doch nur eine Gewißheit gibt, gleich ist es zuende.

VI

Es war Ayschmann, der neben mir stand. Um seinen Hals und kreuzweise um Brust und Schultern lief ein Verband. Nur ein gebrochnes Schlüsselbein, sagte er, ein paar gebrochne Rippen, eine Gehirnerschütterung, ein Riß in der Leber. Bei der Explosion einer Mine war er fünf Meter durch die Luft gegen eine Mauer geschleudert worden. Unterm Arm trug er einige Hefte und Bücher. Er gab, wie nach einer durchgeführten Rekognoszierung, den Ort an, wo er sie erstanden hatte, in einem Antiquariat in der Calle Castellón, zwischen der Plaza de toros und der langen Ziegelsteinfassade des Nordbahnhofs. Er zog mich mit sich, wollte mir die Abbildungen zeigen. Wir gingen vorbei am Alabasterportal am Palast des Marqués de Dos Aguas, mit seinen Delphinen, Löwen und Titanen, durch das Stadttor zwischen den mit Schießscharten besetzten Rundtürmen, und auf der Serranos Brücke über das breite ausgetrocknete Flußbett. Zu den Seiten der jetzt nur als Graben fließenden Turia weideten Schafherden, drüben, hinter der hohen Ufermauer, erstreckten sich Felder und Apfelsinenpflanzungen. Ayschmann ging steif in seinen Verbänden, er wollte zum Apfelsinenwald, dort hinter den letzten Vorstadthäusern. Wir schritten tief in einen Pfad zwischen den Bäumen hinein, setzten uns nieder an einer Böschung. Ayschmann schlug die Zeitschrift auf, Cahiers d'Art, in der die Reproduktionen der verschiednen Entwicklungsstufen des Bilds Guernica, bis zur fertigen Form, und die Vorstudien, enthalten waren. Die Beilage, die auseinandergefaltet werden konnte, ermöglichte, in ihren grauen und schwärzlichen Tönungen, eine Vorstellung des Gemäldes, das, etwa dreieinhalb zu acht Metern groß, vor einem Jahr im Pavillon der Spanischen Republik auf der Pariser Weltausstellung zum ersten Mal gezeigt, auch keine andren Farben besaß. Zunächst hob sich das Bild, das wir in den vorgestreckten Händen hielten, fremdartig ab von dem blanken, ungeheuer leuchtenden Blaugrün der Blätter der Apfelsinenbäume. Es stellte etwas völlig Neues, Unvergleichbares dar. Roh, gewaltsam widersprachen die scharfen Lichtkegel und

Schatten, die flächig ineinandergeschnittnen mastodontischen Gliedmaßen und Gesichter, die harten Diagonalen und Senkrechten der reglosen tiefen Dichte ringsum. Die Luft war erfüllt vom metallischen Gesang der Grillen. Von der Stadt her waren keine Geräusche zu hören. Nach einer Weile nahm die Komposition, mit ihrer zentralen Figurenpyramide, ihren seitwärts aufragenden Gestalten, Gegenständlichkeit an. Ohne die Erscheinung noch ganz zu begreifen, sahn wir, was in Spanien geschah. Gehämmert zu einer Sprache von wenigen Zeichen, enthielt das Bild Zerschmettrung und Erneurung, Verzweiflung und Hoffnung. Die Körper waren nackt, zusammengeschlagen und deformiert von den Kräften, die auf sie einbrachen. Aus Flammenzacken ragten steil die Arme hervor, der überlange Hals, das aufgebäumte Kinn, im Entsetzen verdreht die Gesichtszüge, der Leib zu einem Bolzen geschrumpft, verkohlt, emporgeschleudert von der Hitze des Feuerofens. Schräg von rechts unten stieß sich die gebeugte Frau aus der Schwärze in den Lichtkeil hinein, ihre Füße, ihre Beine, erdschwere Brokken, trugen sie noch, die Hände flogen ohnmächtig, wie unter starkem Luftzug, zurück, ihr Gesicht aber war hoch erhoben, ihr Blick in den Schein des Leuchters gerichtet, der von verknoteter Faust an schwelendem Arm in den Raum gestreckt wurde. Links die Frau war ein kauerndes Bündel, ihre Hand hing gedunsen, in ihrem Arm das Kind, mit den kleinen erbärmlichen Zehen, den ausgewalzten Handlappen, war so tot wie es nur sein konnte. Dicht über ihrem schreienden Profil, mit der spitz aus dem Mund stechenden Zunge, wachte der gewendete Kopf des Stiers, unter dem sie Schutz gesucht hatte, massiv, schnaubend stand er da, sein Schwanz peitschte in heftiger Bewegung nach oben, seine menschlichen Augen starrten nach vorn. Über der gefällten Statue des Kriegers, gipsern, doch mit schrecklich lebendigen Händen, die eine ihre Linien öffnend, die andre um den Griff des zerborstnen Schwerts geklammert, breitete, aufgeteilt zu Muskelwülsten, das Pferd sich aus, mit riesiger klaffender Wunde, durchbohrt von der Lanze, ins Knie gegangen, doch immer noch stampfend, gefährlich, röhrend aus bösem Maul. Der wehenden Mähne entgegen streckte sich dieser Handklumpen am wolkenähnlichen Arm, tragend den ärmlichen Petroleumleuchter, wie er in Bauernstuben zu finden war, und es hatte was besondres auf sich mit diesem altertümlichen Licht, das mit solch ausholender Gebärde durch die enge Luke hineingestoßen wurde von einer Nike, deren andre Hand in der Form eines Sterns zwischen den Brüsten ruhte. Ihr aus dem Unendlichen kommendes dominierendes Gesicht drängte sich fließend aus dem Innern eines Bauwerks, unter Dachziegeln, nach draußen, an einem weißgetünchten Mauerstück vorbei, doch in dieser Bewegung gelangte es wieder nach innen, in den langgestreckten kargen Raum, in dem das apokalyptische Geschehn sich abspielte, erhellt von der elektrischen Sonne der Küchenlampe, neben deren kalten Strahlen die Flamme der Ölfunzel mild und unberührt in ihrem Glasschirm stand. Dies waren andeutungsweise die ersten Züge des Bilds, die sich erkennen ließen, gleich aber wieder anders ausgelegt werden konnten, jede Einzelheit war vieldeutig, wie die Bausteine der Poesie. War die Geste der zur Mitte geneigten Frau nicht eher demütig, fragten wir uns, drückten die flatternden Hände in ihrer Leere nicht aus, daß sie eben einen Toten hingelegt hatten, und erinnerten die ausgebreiteten abgehackten Arme des vor ihr Liegenden nicht an die Haltung dessen, der vom Kreuz gehoben worden war. Da wuchs, dünn und verwischt, aus der ums Schwert verkrampften Hand ein Blumenstengel auf, da flatterte auf dem dunklen, nur mit Konturen gezeichneten Tisch im Hintergrund ein Vogel, vielleicht eine Taube, unförmig, mit großem aufgestülptem Schnabel, und die Linien im Innern der Hand des Gefallnen kehrten als Muster wieder in den Händen der Frauen und des Kinds, und auch zwischen dem Huf auf der Fußsohle des Pferds, alles stand zueinander in Beziehung, war miteinander verbunden, der gleichen Bestimmung unterworfen auf der Bühne dieser Scheune, dieser Küche, dieser Alltäglichkeit, die vom Außergewöhnlichen beherrscht war. Die Skizzen in der Zeitschrift, die Zeichnungen, die ersten Fassungen des Bilds gaben zu erkennen, daß der Stier und die vorschnellende Hand mit dem Notlicht von Anfang an die Vision überragten, und da der Stier immer menschlicher wurde, und das Pferd immer bestienhafter, meinten wir, im Taurus die Dauerhaftigkeit des spanischen Volks dargestellt zu sehn, und im engäugigen, starr schraffierten Hengst den verhaßten, vom Faschismus aufgezwungnen Krieg. Und zeigte sich auch in einer Serie von Gravüren, die das Thema des Wandbilds vorbereiteten, das Pferd als ein ekelerregendes Ungetüm, mit Gesichtszügen, die an den Generalissimo erinnerten, und der Stier als eine überlegne Kraft, und war in Bleistiftzeichnungen der Gaul auch immer wieder frenetisch zerbeult und niedergewürgt worden, während der Stier erhalten blieb in seinem Triumph, so ließ sich doch, beim Studium des Hefts, aus ein paar Entwürfen der Hinweis auf eine andre Sinngebung entnehmen. Denn da entflog einmal der in den Pferdeleib gschlagnen Wunde ein kleines geflügeltes Roß, das dann wiederzufinden war, zierlich sitzend auf dem gezähmten gesattelten Bullen. In der gemalten Fassung war es nicht vorhanden, oder zur Taube transformiert, so übergroß, fast störend aber war die schwarze rhombische Wunde, daß die Aufmerksamkeit immer wieder darauf gelenkt wurde. Mit solchem Loch im Rumpf konnte das Tier sich eigentlich gar nicht mehr aufrecht halten, die Seele mußte ihm schon entwichen sein. An die eindringlichen Zeichnungen des Pegasus denkend, fragten wir uns, ob nicht grade durch das Fehlende, durch die erschreckende Aushöhlung, auf ein Hauptmotiv des Gemäldes hingewiesen werden sollte. Doch wenn wir nun, ausgehend vom Strom der Nebenbilder, der Auftürmung menschlichen und kreatürlichen Leidens noch eine Klage über die Flucht des Pegasus hinzufügen wollten, so mußten wir auch den Kritikern recht geben, die dem Werk, von dem sie Agitation verlangten, eine Undurchschaubarkeit und Gebrochenheit vorwarfen. Zwei verschiedne Realismusauffassungen stießen aneinander, sagte Ayschmann. Die schmerzliche Verunstaltung des Menschen unter der Wucht der Destruktion widersprach der Ansicht der Partei, daß der Kämpfende in jeder Lage seine Stärke und Einheit beizubehalten habe. Da waren groteske Züge, gleichsam kindlich gekritzelt, sie waren, wie es hieß, ungeeignet, die Sache des Proletariats zu vertreten. Die antagonistischen, zur Synthese gebundnen Kräfte im Bild entfesselten einen heftigen Streit, ehe die Lehre, die Picasso erteilte, dem Nachdenkenden verständlich wurde. Die äußere Schicht der Wirklichkeit war abgehoben worden. Unterdrückung und Gewalt, Klassenbewußtsein und Parteilichkeit, Todesschrecken und heroischer Mut zeigten sich in ihren elementaren, dynamischen Funktionen. Indem das Zerfetzte sich zu einer neuen Ganzheit zusammenschloß, wurde dem Feind eine Abwehr entgegengestellt, die unbesiegbar war. Auch wenn das Bild, mit seinem schauerlichen Wundmal, mitten im Angriff auf alles Lebendige noch eine Frage nach dem Verbleib der Kunst stellte, wurde seine Wirkung dadurch nicht verringert. Jedes der Werke Picassos war als Bestandteil einer Vielfalt zu verstehn, deren Summe auch die flüchtigste Notiz einbezog. Vom Genius der Musen war in dieser Torturkammer nichts übriggeblieben, der Maler hatte seinen ursprünglichen Gedanken zurückgedrängt, desto mehr entblößt und preisgegeben stand das Ereignis da. Doch daß Pegasus, unsichtbar, in das Bild gehörte, bestätigte sich, als wir einen Ausspruch Picassos fanden, der keinen Zweifel ließ an seiner Arbeitsweise, bei der nichts, keine Vorstudie, als verloren, als verworfen angesehn wurde. Sein ganzes Leben, hatte er bei der Konzeption dieses Gemäldes erklärt, sei nichts andres als ein fortwährender Kampf gegen die Rückständigkeit des Denkens und gegen den Tod der Kunst, und er verstand mit diesen Worten die Übergriffe der Reaktion auf das Volk und die Freiheit in Spanien. Er setzte den Kampf um die Wahrheit in der Kunst der Auflehnung gegen die Demagogie gleich, für ihn war die künstlerische Arbeit untrennbar von der sozialen und politischen Realität. Das Zerstörerische, das sich über Spanien hermachte, wollte nicht nur Menschen und Städte, sondern auch die Ausdrucksfähigkeit vernichten. In der Bildfolge, die er Traum und Lüge des Franco nannte, griff der molluskenhafte, mit Rüsseln besetzte Caudillo mit einer Spitzhacke zuerst das Bildnis der Künste an und brachte, von Stacheldraht umzäunt, dem Götzen des Geldes Opfer dar, dann nahm der Stier ihn wütend aufs Horn, und die tränenüberströmten Gesichter der Menschen hoben sich den Stationen des Duelles auf Leben und Tod entgegen, bis am Ende nur noch die hockende Frau übrigblieb, vor der brennenden Ruine des Hauses, mit dem Leichnam des Kinds in den Armen. Vieles war an Aussage noch verborgen, konnte zukünftig erforscht werden. Die Bombardierung der baskischen Stadt

Guernica, am Nachmittag des sechsundzwanzigsten April Neunzehnhundert Siebenunddreißig, durch deutsche Flugzeuge der Legion Condor, war ein Signal, noch größere Verheerungen schienen sich von dem flachen, gedrängt angefüllten Küchenraum aus anzubahnen. Die Tür hinterm Schweif des Stiers stand offen, und auch neben der im Feuersturm Endenden ging es weit hinaus. Der Abschnitt einer Prophezeiung war hier festgehalten, in greller Beleuchtung, und da die Glühbirne an der Decke, mit ihrem verknäulten Draht, bald erlöschen konnte, war die andre, zuverlässige Öllampe hinzugeholt worden, und dies war das Licht des Bewußtseins, des Erkennens. In den Skizzen war der Toro, nachdem er anfangs alle anderen Figuren breit überlagert hatte, immer mehr dem zunächst gefällten, dann wieder hochschnellenden Pferd gewichen, das von Anfang an seine tödliche Verletzung aufwies. So hatte sich der spanische Stier, im Fortgang des Kriegs, einer Rückzugsmöglichkeit angenähert, während das vom Speer duchbohrte und von Pfeilen umflogne Pferd in der Mitte wütete. Indem das Bild uns aufforderte, den ersten Eindruck nur als Anlaß zu benutzen, das Gegebne auseinanderzunehmen und von verschiednen Richtungen her zu überprüfen, es dann aufs neue zusammenzusetzen und es sich somit anzueignen, bestätigte sich die Regel, die ich von frühsten künstlerischen Untersuchungen kannte. Wie einmal bei der Konfrontation mit dem kristallischen Gemälde Légers, das er nicht Holzfäller, sondern Akte im Wald nannte, vermittelten auch hier die scharfkantig aufeinanderstoßenden Einzelteile eine Kraft, die das Sehn zum Bauen, zum Kombinieren zwang. Die grauen und bläulich violetten Würfel, Kegel und Zylinder des Holzes, des Gesteins, der Körper im Wald sprachen vom Eingekeiltsein zwischen Stämmen und Stümpfen, doch neben der gewaltsamen Anstrengung der Arbeit, neben der kolbengleichen Muskulatur wurde noch eine andre Welt dargestellt, oder vielmehr, durch den Anblick dieser in der Erdtiefe eingeschloßnen Kyklopen wurde unser Blick wachgerissen auf den eignen Zustand im Rohrwerk der Maschinen. So eröffneten die verlängerten Fluchtlinien der Konturen an Feiningers Häusern eine ganze Stadt, und die kometenhaft sprühenden Formen am Turm der blauen Pferde ließen eine

Vitalität in Erscheinung treten, die konventionelle Mittel der Abbildung nie erreichen konnten. Solch überraschende Darstellungen, die nicht von einem geschloßnen Aspekt, sondern von einer Vieldeutigkeit ausgingen, gaben tieferen Aufschluß über die Mechanismen, zwischen denen wir lebten, als die statische Anordnung es vermochte. Bezeichnend für sie war, daß sie die Phantasie dazu anleiteten, nach Beziehungen, nach Gleichnissen zu suchen und damit den Bereich der Aufnahmefähigkeit zu erweitern. Eine Kreidestudie Picassos, die eine Frau mit totem Kind eine Leiter emporklimmend zeigte, wies auf die Region hin, die vom Stier, vom Pferd, von der ausgestreckten Hand mit dem Licht eingenommen wurde, und als Ayschmann die Abbildung der Minotauromachie aufschlug, wurden die Küche des Bauernhauses bei Cueva la Potita und der tief in die Erde gegrabne Keller gegenwärtig. Dieses graphische Blatt war der Brunnen, aus dem das Guernicabild gestiegen war. Da beugte sich beschirmend, mit überdimensioniertem Haupt, der Stiermensch über das zusammengebrochne Pferd, das eine Einheit bildete mit seinem Reiter, hier ein weiblicher Toreador, der sterbend den Degen in der Hand trug. Vor dem Dunkel der steinernen Mauer, in deren Nische die Taube einen Flecken Helligkeit reflektierte, die auf dem Vogel des großen Werks zur blendenden Schneide eines Messers wurde, stand ein Kind, eine brennende Kerze und einen Blumenstrauß haltend, während hinter ihm der Landmann, als antiker Wanderer, als Odysseus, den Schacht hinaufkletterte. Auch in dieser Radierung durchdrangen Exterieur und Interieur einander, kommend aus offnem Meer und Himmel neigte sich der Minotaurus in die tiefe Schwärze des Kellers, und ich sah dabei den jungen Sohn, die Lampe hoch erhoben, und den Bauern über ihm auf der steilen Treppe, die Karaffe auf der Schulter tragend. Daß die Zerstörung Guernicas auf den viereckigen Fliesen einer Küche stattfand, war mir unmittelbar verständlich. In einem solchen Raum hatte auch ich die Einsicht gewonnen, daß es keine Trennung gab zwischen den sozialen und politischen Materialisationen und dem Wesen der Kunst. Doch hast du, fragte Ayschmann, nicht ständig deine Benachteiligung empfunden gegenüber denen, die unbehindert ihr Studium betreiben konnten. Er stieß mich mit diesen Worten aus einem Gleichgewicht, das zu besitzen ich schon vorgegeben hatte. Meine Bildung war nicht fundiert, sondern sporadisch angelesen. Ein sogenanntes Reifezeugnis konnte ich nicht herzeigen. Dagegen hatte ich mich für die Arbeit in Werkstätten, Lagerlokalen, Fabriken legitimiert. Einen Augenblick lang befand ich mich in einer Feindlichkeit gegenüber Ayschmann, der ganz selbstverständlich den akademischen Werdegang für sich in Anspruch genommen hatte. Ich spürte die Auflehnung gegen seine Welt, dann aber beschämte mich diese Reaktion, denn seine Frage war ausgegangen vom Gedanken der Zusammengehörigkeit. Wir haben uns nicht als minderwertig angesehn, sagte ich, oft meinten wir uns, mit unsern praktischen Kenntnissen, den Studenten sogar überlegen, da der Stoff ihrer Lehrbücher auch für uns erreichbar war, während sie von unsrer Grundschulung nichts wußten. Wir hatten gelernt, den Begriff des Intellektuellen in einem erweiterten Sinn zu verwenden. Wenn wir zu Hause von der Intelligentsia sprachen, so meinen wir damit alle selbständig denkenden Menschen. Und doch hatte Ayschmann recht. Trotz aller Gleichstellung bestand eine Kluft zwischen uns. Ich war Autodidakt. Meine Entwicklung wäre anders verlaufen, hätte ich einer ökonomisch begünstigten Familie angehört. Desto höher war die Leistung meiner Eltern zu bewerten, die den Umgang mit Literatur zu etwas Dazugehörigem machten. In der Schule, bis zu meinem zwölften Jahr, war ich dem System ausgesetzt, unter dem wir zu nichts andrem als zu Arbeitsvieh erzogen wurden. Kein einziger Lehrer hätte je den Versuch unternommen, die Begabung, die in uns allen lag, auch nur durch den geringsten Anstoß zu fördern. Wir waren, als Kinder eines proletarischen Viertels, zur Nichtigkeit bestimmt, ein Wort, das von Reflexion zeugte, wurde niedergeschlagen mit Fäusten und Stöcken. Wenn mein Vater übermüdet nach Hause gekommen war, setzte er sich doch immer noch mit einem Buch an den Tisch und besprach die Lektüre mit mir. Er war es, der mich anregte, in die Bibliothek zu gehn. Aus Abteilungen, die uns Kindern verschlossen waren, brachte er mir Werke mit. Das Lesen, das Betrachten von Kunstreproduktionen gehörte zum Dasein. Die Literatur war eine Notwendigkeit. Ich gewann den

Eindruck, daß es sich ohne sie nicht leben ließ. Wann mein Interesse für Bücher geweckt worden war, konnte ich nicht sagen. Es lagen immer Reiseschilderungen, Biographien, Berichte über Entdeckungen und historische Ereignisse bei uns in der Küche. Sie erschlossen sich mir Seite für Seite, ihr Inhalt begleitete mich bis in den Schlaf. Ayschmann wollte eine Ausnahme von diesem Vorgang sehn. Wir aber gingen davon aus, daß die Beschäftigung mit Literatur, Philosophie, Kunst überall möglich war. Allen war die Fähigkeit gegeben nachzudenken. Es hatte uns immer empört, wenn uns intellektuelle Aktivität nach dem Tagewerk nicht zugetraut wurde. Wir waren Arbeiter, und wir waren auf dem Weg, uns eine kulturelle Grundlage zu schaffen. Allein der Hinweis, daß dies ja nur durch besondre Umstände erreicht werden könne, empfanden wir als herablassend, diskriminierend. Daß wir selbst, nicht besser und klüger als alle andern, imstande waren zu studieren, zu forschen, bewies, daß es auch jedem andern gelingen mußte. Was oft fehlte, war nur die Motivation, das fing bereits in der Schule an, setzte sich dann in den Gewerkschaftsverbänden fort, die nicht die Ungeduld des Denkens, sondern kleinbürgerliche Genügsamkeit förderten. Die Verhältnisse hatten uns gezwungen, das, was uns allen hätte zuteil werden sollen, aus eigner Kraft, unter unsäglichen Anstrengungen, zu erobern. Dies meinte ich, wenn ich sagte, mein Vater habe aus eigner Initiative den Schritt aus der Versklavung ins wissenschaftliche Zeitalter getan, und daß ihn dabei nichts andres stützte als das Bewußtsein seines Rechts. Da er sich um den Einblick in Kunst und Literatur bemühte, hatte er, voller Wut oft, das auf unsern Bedarf zurechtgeschnittne populistische Gut zurückgewiesen und bestritten, daß Leitfäden, auf begrenzte, einfache Gedankengänge eingestellt, uns weiterhelfen könnten. Ob dies alles nun programmatisch gewesen sei oder unsrer tiefsten Überzeugung entsprochen habe, fragte Ayschmann, und ich wußte nicht mehr drauf zu antworten, als daß Coppi, ich und einige andre, die uns nahstanden, diesen Wege als den richtigen anerkannt hätten, daß uns aber Beistand zuteil geworden wäre, ein Beistand, der als Privileg zu bewerten sei, indem wir, wenn auch nur für kurze Zeit, eine fortschrittliche Schule besucht hätten.

Auf eine solche Hilfe angewiesen zu sein, war allerdings quälend. Unter der Küchenlampe erhellte sich uns die Welt, das, was wir uns vorstellten, nahm Gestalt an, wir dachten uns heran bis an eine Finisterre, wo Begegnungen stattfanden, mit mythologischen Erscheinungen. So stießen wir, das graphische Pferd und dessen tote oder tief bewußtlose Reiterin vergleichend mit dem Streitroß und dem zu Scherben zerfallnen tönernen Krieger, auf weitere Metamorphosen. Wie Toreador und Pferd ineinander verschmolzen und gemeinsam zusammenbrachen, so verendeten in den Kompositionsstudien Pferd und Krieger anfangs als ein einziger zerschlagner Körper, und aus der Wunde riß sich die Frauengestalt mit dem Leichnam des Kinds heraus. Männliches und Weibliches ging ineinander über, da war die Erinnrung an Medusa, aus deren Leibe Pegasus sprang. Ihr schauerliches Gesicht mit dem versteinernden Blick war sowohl im Kopf des Pferds als auch in dem des Kriegers zu erkennen. Sich abwendend von der Gorgo, nur in einem Spiegel ihr fratzenhaftes Antlitz auffangend, hatte Perseus sie getötet, und dieses Ausweichen war auch Picasso zu eigen. Die angreifende Gewalt blieb unsichtbar in seinem Bild, nur die Überwältigung war da, nur die Betroffnen zeigten sich. Entblößt, schutzlos waren sie dem nicht sichtbaren Feind ausgesetzt, dessen Stärke ins Unermeßliche wuchs. Perseus, Dante, Picasso blieben heil und überlieferten, was ihr Spiegel aufgefangen hatte, das Haupt der Medusa, die Kreise des Inferno, das Zersprengen Guernicas. Die Phantasie lebte, so lange der Mensch lebte, der sich zur Wehr setzte. Doch der Gegner beabsichtigte nicht nur materielle Zertrümmrung, sondern auch das Auslöschen aller ethischen Grundlagen. Wir stimmten darin überein, daß der Angreifer nicht in einem Vakuum bleiben durfte, sondern erkennbar geschildert werden mußte. Dies aber schloß nicht aus, daß mit den Medien der Kunst auf den Schwierigkeitsgrad, der das Verständnis entscheidender Vorgänge bestimmte, aufmerksam gemacht werden konnte. Die Katastrophe, die hier über die Gesichter und Körper hergefallen war, besaß Dimensionen, die wir noch nicht zu fassen vermochten. Die durch den Luftdruck platt gedrückten Formen und Gesten waren von einem Licht in die Bildwand geprägt worden, dessen Schein kein Auge ertragen konnte. Jeder Versuch, das Abgebildete unmittelbar zu erklären, würde zum Erlöschen des Werks führen. Die Wirkungskraft der Gedenkfläche Guernicas, und der Tauromachie, wurde um so stärker, je vorbehaltloser wir uns ihr stellten. Mit ihren roh geschnittnen Bestandteilen bot die große Komposition einen ersten, schnell zu erfassenden Überblick. Nichts konnte hier seinen Standort wechseln, alle Relationen waren in starker Vereinfachung gegeben. Doch indem das Abgebildete begreifbar wurde und auf die Kräfte hinwies, die es hervorgerufen hatten, zeigte es uns unsre eigne Lage, in der die Parteilichkeit den äußren Zusammenhalt gab, während im Innern die Zerwürfnisse, Zweifel, Hilflosigkeiten und Ängste stattfanden. Bot sich auch an, die Verhältnisse zu analysieren, so blieb es zumeist doch nur bei Hypothesen, die bald wieder verworfen wurden. Die fehlende Sicherheit, diese Empfindung des Fließenden gab den Ausschlag für ein Denken, das mit der spätbürgerlichen Gesellschaft untergehn würde und das uns, trotz unsrer politischen Alternative, angesteckt hatte. Mit großem Kraftaufwand waren wir in Spanien gegen Bitterkeit und Lethargie angegangen. Doch dann folgte die Auflösung der Front, die uns fieberhaft daran erinnerte, wie früher schon Initiativen der Arbeiterbewegung durch Rückschläge abgebrochen wurden. Wieder war der Kampf gegen die Nutznießer fehlgeschlagen und hatte die Ausgebeuteten in noch größre Abhängigkeit gebracht. Immer noch war die Zahl derer nicht groß genug, die sich zur Wehr setzten, und hunderttausende hatten darum mit ihrem Leben zahlen müssen. Dennoch war in Spanien fortgesetzt worden, was die Insurgenten von Madrid Achtzehnhundert Acht, die französischen Revolutionäre Achtzehnhundert Dreißig, die Kommunarden und die Kämpfer des Oktober begonnen hatten. Dies alles, der mächtige Aufstieg und das Scheitern, das Absinken und die Sammlung zu neuem Vorstoß, war in dem großen Bild von Guernica enthalten. Vor zwei Jahrzehnten hatten sich die Arbeitenden in unsern Ländern die Macht entreißen lassen, die Reformisten hatten zur Stärkung der Profiteure verholfen, deren Herrschaft zu furchtbaren Verunstaltungen geführt hatte. Picassos zerbeulte, berstende Leiber und verschobne Gesichtszüge zeugten von dieser

Epoche. Das Bild schrie und erinnerte an alle zurückliegenden Stadien der Unterdrückung.

Doch er mußte noch den ganzen Tag warten. Um fünf Uhr morgens war der Geistliche bei ihm gewesen und hatte den Brief an sich genommen. Poelchau, der seine Familie kannte, hatte ihn schon im Gefängnis an der Prinz Albrecht Straße besucht, sich oft auch aufgehalten bei Libertas, bei Arvid und Mildred Harnack, bei Schumacher und Kuckhoff. Mit Libertas hatte er gebetet, weil sie es wollte, den andern hatte er, ihrem Wunsch folgend, vorgelesen. Damals hatte Libertas noch drüber lachen können, daß sich die Zellen des Hauptquartiers der Geheimpolizei in den Gebäuden der ehemaligen Kunstgewerbeschule befanden, deren Direktor ihr Vater gewesen war. Immer wieder hatte sie davon gesprochen, wie tief sie gefallen sei, im väterlichen Haus, wo sie in jungen Jahren, als Schülerin der Zeichenklasse, treppauf, treppab gelaufen war, vorbei an den großen Fenstern, hinter denen der Hof zu sehn war, mit den Resten des prinzlichen Parks, auf den einst Fontane seine Effi Briest, aus der Öde ihrer letzten Wohnung, blicken ließ. Der Gefängnispfarrer hatte die Möglichkeit wahrgenommen, den Häftlingen noch kleine Erleichtrungen zukommen zu lassen. So durfte Harnack, wund von Daumenschrauben und Wadenklammern, Platons Verteidigungsrede des Sokrates und den Prolog zum Faust hören, und noch an diesem Morgen hatte er ihn, der die verschwollnen Hände in den Fesseln hob, zu trösten versucht, indem er ihm sagte, daß Mildred der Hinrichtung entgehn würde, obgleich er wußte, daß Roeder, der Kriegsgerichtsrat, dieser grausame Ankläger mit dem vergreisten Kindergesicht, im Begriff war, das Zuchthausurteil in Todesstrafe umzuwandeln, und daß die von den Monaten der Gefangenschaft geschwächte Frau, deren volles blondes Haar weiß geworden war, sich schon auf merkwürdige Art unempfindlich und unnahbar gemacht und auf ihr Ende vorbereitet hatte. Von Zelle zu Zelle gehend, war er ihnen, die von ihren hohen Zielen in tiefste Erniedrigung geworfen werden sollten, zum Boten geworden, der Lebenszeichen überbrachte, einen jeden hatte er in seinem Abgrund angetroffen, Kuckhoff an den Füßen aufgehängt, mit einem Sack über dem Kopf, Coppi nackt, die Haut blau und zerplatzt, in der Lache des Wassers, mit dem man ihn übergossen hatte, um ihn aus der Ohnmacht zu holen, und Heilmann, abgemagert zum Skelett, doch aufrecht gehalten vom Triumph, daß es der Folter nicht gelungen war, Bekenntnisse aus ihm herauszupressen. Was der Seelsorger zur Ausübung seines Berufs erlernt hatte, war längst ersetzt worden durch andre Einsichten. Teilte er auch nicht die politischen Vorstellungen der Gefangnen, so ergriff ihn doch ihre unnachgiebige Suche nach dem, was für sie das Wahre bedeutete, nie hätte er sich weigern können, Heilmann den letzten Wunsch zu erfüllen, auch wenn er sich selber damit in Lebensgefahr brachte. Nach der langen Zeit, die er zwischen den Gemarterten verbracht hatte, war ihm der Dienst an dem Gott, an den er glaubte, zu einem Dienst an der menschlichen Würde geworden. Weil in der Welt, in der auch er ein Gefangner war, alles in Kot, Urin und in dampfenden Lachen von Blut verging, hielt er fest an seinen Handlungen, die irgendwo noch als eine Art Sühne erkannt werden müßten. Die dicht beschriebnen Blätter hatte er unter seine Soutane gesteckt, und die Briefe, die, um dem deutschen Sinn für Ordnung bis hinein in die Vernichtung nachzukommen, als letzter Gruß genehmigt worden waren, hatte er gebündelt dem Aufseher übergeben, und auch diese Briefe sprachen von einer Unbeugsamkeit, die sich fremdartig ausnehmen müßte im Bereich der Prüfer und Richter. An diesem Vormittag, dem zweiundzwanzigsten Dezember, saß er in seiner Amtsstube, unterm Kruzifix, und blickte hinaus in den grauen Himmel, aus dem dünne Schneeflocken fielen, betend, daß auch sie, die er heute Abend noch zu betreuen hatte, ihren Weg gefaßt anträten. Sie warteten nun in den elf Zellen, andre noch waren da, in sechs weitren Zellen, deren Fürsorge dem Pfarrer Buchholz oblag, und die zuerst hinübergehn würden. Die siebzehn Hinrichtungen, die an diesem Nachmittag und Abend stattfinden sollten, hatten Zeitnot, gedrängte Aktivität mit sich gebracht. Früher war zumeist die Guillotine verwendet worden, auch heute würden die ersten sechs unters Fallbeil kommen, desgleichen die Frauen, die Männer in seiner Gruppe aber sollten erhängt werden. Gestern war der Erlaß vom Obersten Kriegsherrn gekommen. Die acht Männer wußten noch nicht, daß für sie der entehrende Tod durch den Strang bestimmt worden war. In der Nacht war eine dicke eiserne Laufschiene mit Fleischerhaken in die Seitenwände des Hinrichtungsraums eingelassen worden. Er hatte zugesehn, wie das Gemäuer verputzt und eine zusätzliche Gardine, hinter dem Vorhang, der den Raum durchteilte, an dem Balken angebracht wurde. Der Staatsanwalt, der die Tötungen zu überwachen und die Atteste auszufertigen hatte, war mit ihm die Reihenfolge durchgegangen, auch der Scharfrichter hatte seine Anweisungen erhalten. Poelchau war bei vielen Urteilsvollstreckungen zugegen gewesen, sie waren zumeist unbemerkt, vor Morgengrauen oder am späten Abend, vor sich gegangen, diesmal aber war im gesamten Block Drei eine schwere, dumpfe Spannung zu spüren. Nicht nur im Erdgeschoß, in den kahlen, fensterlosen Todeszellen, aus denen die Heizkörper entfernt worden waren, daß keiner den Versuch unternehmen konnte, sich daran zu erhängen, in denen nur ein Kübel stand und die schwache Lampe im Ventilationsloch Tag und Nacht brannte, sondern auch in den Zellen an den Laufgängen drei Stockwerke darüber, kam Unruhe auf, Schläge dröhnten an die Türen, und durch die Drahtnetze, die über den Lichthof gespannt waren, um zu verhindern, daß jemand sich übers Geländer stürze, waren die hin und her eilenden Wärter zu sehn. Mehrmals lief Poelchau aus dem Verwaltungsgebäude, vorbei an den Backsteinschuppen, zum kreuzförmigen Haus Drei, um von den Vorbereitungen Kenntnis zu nehmen. Den Verurteilten wurde die letzte Mahlzeit gereicht. Warmes Essen wurde nicht mehr gewährt. Nur ein Stück Brot mit Wurst wurde ausgeteilt, eine Tasse Kaffee und eine Zigarette. Wie zum Schreiben des Briefs, wurden ihnen auch zur Einnahme der Mahlzeit die Handschellen abgenommen. Während sie aßen, standen die Wärter in der offnen Tür. Beim Vorbeigehn hatte er manchem, der reglos vor seinem Tablett saß, zureden müssen. Wie oft hatte er gesagt, daß die vorherige Kräftigung nottue. Einer nur warf den Teller nach ihm, Scheliha, der aristokratische Rat im Auswärtigen Amt, von dem niemand geahnt hätte, daß er jahrelang, mit Hilfe seiner Sekretärin Stöbe, dem Feind wichtigste Nachrichten hatte zukommen lassen. Dicht an ihm vorbei flog der Blechteller, schellte an die Wand. Er hinderte die Wärter dran, ihn niederzuprügeln. Um drei Uhr nachmittags wurden die ersten sechs Mann von einer Kolonne abgeholt und hinaus in den Hof gebracht. Nun trat der alte Gefängnisschuster in die Zellen, um seines Amts, das er seit mehr als einem Jahrzehnt innehatte, zu walten. Eine Schere und ein Bündel Stricke hatte er bei sich im Korb. Bedächtig, mit der Zunge immerzu seine Lippen leckend, band er, nachdem der Wärter dem Gefangnen die wieder vorn gefesselten Hände aus den eisernen Ringen gelöst und ihm die Jacke abgestreift hatte, die seltsam leer herabhängenden Hände auf dem Rücken zusammen, den Frauen schnitt er das Haar so kurz, daß der Hals überm kragenlosen Kittel frei lag. Er fragte sich nicht einmal, was er jetzt noch hätte tun können, kein Zuspruch wäre diesen gemächlichen, stumpfen und zugleich zufriednen Handbewegungen gewachsen gewesen, und das Eigentümliche war, daß auch die verlaßnen Männer und Frauen sich geduldig dem Alten fügten. Ehe Poelchau mit jedem noch einige Minuten allein sein durfte, erhielt der Scharfrichter Zutritt zu den Zellen. Er trug eine dreiviertellange, speckige Joppe von unbestimmter Farbe, und es war etwas Feierliches in seinem Gang. Nichts war ihm anzusehn davon, daß er soeben sechs Menschen geköpft hatte. Röttger, aus Hannover stammend, wohnhaft in der Waldstraße in Moabit, sprach von seiner Arbeit gern als einer Mission, die er den Aufgaben des Geistlichen gleichstellte. Stand er seinem Opfer gegenüber, so war es, als überkomme ihn Zärtlichkeit, sein Gesicht, rosig und glattrasiert, strahlte vor Wohlwollen. Er tätschelte seinem Gegenüber die Wange und drückte ihm leicht mit den Fingerspitzen das Kinn herab, um das Gebiß untersuchen zu können nach Goldplomben, die er später rausnehmen würde. Den Befund trug er in seine Liste ein, und grüßte freundlich, auf ein baldiges Wiedersehn hin. Das Licht, das von hoch oben durch das gläserne Dach fiel, nahm ab und verlor sich hinter den scharfen nackten Glühbirnen bald ganz. Ilse Stöbe und Elisabeth Schumacher wandten sich ab, als der Geistliche in ihre Zellen trat, sie hatten ihm nichts mehr zu sagen, Libertas hingegen warf sich ihm vor die Füße, klein war ihr Kopf geworden, nach dem Verlust des Haarschwalls, die Tränen schossen ihr aus den Augen, schändlich schien es ihm, sie an den steif nach hinten gedrehten Armen anzuheben, der Knienden etwas vorzubeten, was bin ich für ein Christ, hätte er rufen wollen, daß ich euch hier in eurem Elend lasse, daß ich den Wärter nicht überwältige, daß ich nicht kämpfend an eurer Seite sterbe, doch er beschrieb nur die Geste des Segnens, ging rückwärts hinaus, seine Sprüche murmelnd. Harnack dann konnte er noch die Bitte erfüllen, daß er ihm die Orphischen Urworte lese. Der Gelehrte, dessen Weltbild ein andres war als das seine, hielt die Augen geschlossen, sein Gesicht war entspannt, die Lippen regten sich zu den Worten, die ihm, dem Sprechenden, immer fremder wurden und ferner rückten, bis sie ihm nur noch wie ein Zirpen klangen, und wieder hätte er schrein wollen über die Schande, daß sie, die nach dem Reinsten dieser Sprache verlangte, von den schmutzigsten Stimmen niedergeschrien worden waren, doch als er fertig war, blickte Harnack ihn dankbar, freundschaftlich an, und voller Scham verließ er ihn. Es eilte nun, durch die Tür des östlichen Flügels zog schon die Wachmannschaft ein, in schlürfendem Gleichschritt, und er mußte sich noch zu den andern begeben, nichts mehr wußte er Schumacher zu sagen, doch der verstand es, sich selber zu trösten, indem er, der Bildhauer, sich sah neben Riemenschneider, Veit Stoß und Jörg Ratgeb, die alle mit ihrer Kunst hineingezogen worden waren in die Volkskriege. Und zu Heilmann sagte er noch einmal, daß sein Schreiben wohl verwahrt sei bei ihm, und einmal dem, an den es gerichtet sei, zukommen werde, und als er dann hinaustrat in den Korridor, hörte er Schumacher in seiner Zelle rufen, er rief den Namen seiner Frau und sie rief, aus der Nachbarzelle, seinen Namen zurück, er verharrte und hörte, wie sie einander ihr ganzes Leben zuriefen, während die Soldaten sich aufstellten, Abstand nehmend mit den Ellbogen, hörte er diese hin und her fliegenden Rufe, diesen Zwiegesang, der halb erstickt war vom Gestein, und der alle kirchlichen Litaneien doch hätte zum Verstummen bringen müssen. Die übrigen, die er dann noch aufsuchte, kehrten ihm den Rücken zu, nur Coppi sagte, als sei er es, der nun Mut zu spenden habe, es werde schon gutgehn, und da war seine Zeit um, die Riegel an den Türen wurden zurückgeschoben, der Unteroffizier trat vor die Soldaten hin, gab ihnen einen leisen Befehl, und sie setzten sich, mit klappernden Waffen, in Bewegung, postierten sich vor den Türen, die zu den Zellen der Frauen führten, die Wärter öffneten die drei Türen, leiteten je eine Frau, sie an der Schulter haltend, hinaus, und unter der Vorhut und Nachhut der Soldaten im Stahlhelm, begleitet von Poelchau und dem Aufseher Schwarz, gingen die Frauen in ihren ärmellosen, weit ausgeschnittnen, sackartigen Kitteln, alle still jetzt, durch den Korridor und durch das östliche Tor, und war eben noch das Klappern der locker an den nackten Füßen sitzenden Holzpantinen im langgestreckten Gang widergehallt, so war jetzt, in dem weiten, offnen Rauschen, nur noch ein leichtes Schaben zu hören, bei den wenigen Schritten über den Hof, in dessen Schneedecke ein schwarzer Pfad getreten worden war, hinüber zu dem niedrigen Bau. Immer noch fiel dünner Schnee. Im Halbdunkel war der Wachturm zu erkennen, der sich über die Blöcke der Zuchthausanlage von Plötzensee erhob, und zur Linken die hohe, mit Stacheldraht gekrönte Mauer, die die Sicht auf die Gartenkolonien, den Spandauer Kanal und die Waldungen auf der andern Seite versperrte. Auf dem Zementboden der Vorkammer stand er, in der Hand die Bibel, den Frauen gegenüber. Die Tür zum Hof fiel zu. Die gewölbten Fenster waren innen mit eisernen Läden verschlossen. Balken verliefen unterhalb des Dachgiebels. Durch die Ritzen der Seitentür drang starkes Licht. Die Wärter hielten die Frauen an den Armen fest. Die Soldaten standen Gewehr bei Fuß. Die seitliche Tür wurde geöffnet. Der Gehilfe des Staatsanwalts erschien. Schwarz meldete, nach seiner Liste, die anwesenden Frauen. Der Beisitzer verglich die genannten Namen mit den Namen auf seinem Papier. Als erste wurde Libertas hineingerufen. Schwarz schob sie, an den rückwärts gebundnen Armen, in die blendende Helle. Poelchau folgte. Hinter ihnen schloß sich die Tür. In der Mitte des Raums zog sich von Wand zu Wand der hohe schwarze Vorhang hin. Rechts, am kleinen, schwarzgedeckten Tisch, saß der Staatsanwalt. Hinter ihm, in der Ecke, stand der Scharfrichter, die Hand an der Gardinenschnur. Unter dem Saum des Tuchs war der Boden naß. Obgleich die Räumlichkeit dahinter nach den sechs Hinrichtungen gesäubert worden war, machte sich ein schwüler, süßlicher Geruch bemerkbar. Der Beisitzer war neben den Staatsanwalt getreten, Poelchau und Schwarz hatten die Frau in ihre Mitte genommen. Der Staatsanwalt verlas das Urteil. Er trug den schwarzen Talar und die schwarze Amtshaube. Der Beisitzer trug einen dunklen Anzug. Der Geistliche versuchte, in sein Gebet alle Inbrunst zu legen, derer er fähig war. Libertas aber hatte zu schrein begonnen, laßt mir doch, laßt mir doch mein Leben, schrie sie, und jetzt ging alles so schnell, daß er mit seinem lauten Beten nicht nachkam, der Scharfrichter hatte, mit einem Ruck an der Schnur, den Vorhang in der Mitte aufgerissen, knirschend waren die Hälften auseinandergefahren, die drei Gesellen, in Hemdsärmeln, die Pluderhosen in die Schäfte der Stiefel gestopft, waren aus dem Hintergrund hervorgesprungen, hatten sich über die Frau geworfen und sie, deren Beine zappelten, an das aufrecht stehende, am Kopfende mit einer Vertiefung versehne Brett gedrückt, dieses an seinem Scharnier umgekippt, den obern Teil der hölzernen Halskrause im Gestell niederfallen lassen, und schon sauste von oben, aus seiner Verkleidung, das riesige Beil mit der schrägen Schneide herab, und trennte vom Körper das Haupt, das, überschüttet von Blut, in den Weidenkorb fiel. In Stößen schoß noch das Blut aus dem Hals, ein Mann, in weißem, blutfleckigen Rock tauchte auf und gab die Uhrzeit an, die der Staatsanwalt, nachdem er den Namen der Hingerichteten auf seiner Liste abgehakt hatte, in das Todesattest eintrug. Während der Scharfrichter die schwarze Gardine schon wieder vorzog, und die Gesellen dahinter den Leib, der noch zuckte, in eine der kurzen Bretterkisten warfen, und den Kopf überm Becken an der Wand abspülten und dem Leichnam zwischen die Beine legten, wurde die nächste hereinbefohlen, es war Ilse Stöbe, und als Poelchau sich ihr mit priesterlicher Gebärde näherte, rief sie scharf, keine Gebete mehr. Sie stand aufrecht, den Mund verschlossen im schmalen, kantigen Gesicht, wehrte sich nicht beim knirschenden Auseinanderfahren des Vorhangs, und nach wenigen Sekunden stürzte das geschliffne Eisen durch ihren Hals im Joch, tief in die hölzerne Scharte. Elisabeth ließ ihn reden, fast gütig, als wolle sie den Pfarrer bei der Verrichtung seines Amts nicht stören. Auch sie stand reglos, nur ihre Nasenflügel hoben sich bebend, beim Wittern des stickigen Dunsts, wie das Schlachtvieh ihn fürchtet. Und nun war Poelchau schon betäubt von der Regelmäßigkeit des Vorgangs, auf das schreckliche Geräusch des sich öffnenden Tuchs folgte das Krachen des vornüberklappenden Bretts, der Knall des zuschlagenden Jochs, der dumpfe Stoß des Fallbeils, das Rasseln des wieder hochgezogenen Eisens, von dem das Blut noch tropfte. Draußen überwältigte ihn das Rauschen von Atemzügen, Stimmen, Schritten aller Menschen, aller Fahrzeuge und Maschinen der Stadt. Nur eine halbe Stunde war vergangen, seit er den Hof in Richtung Todeshaus überquert hatte, nun trat er wieder ein in den Bau Nummer Drei, um die Männer zu holen. Auch die Soldaten waren zurückgekommen und bildeten eine Front im Korridor. Der Aufseher ließ die Gefangnen aus den Zellen bringen. Schwarz sah die Hilflosigkeit des Geistlichen. Er wartete, daß er etwas sagen möge. Er betrachtete die Männer, die nun vor den Zellentüren standen. Ihre Gesichter waren kaum zu erkennen, denn es brannten jetzt die bläulichen Nachtlampen, die nackten Oberkörper schwammen wie in einer tintigen Tiefe. Einigen hingen die Hosen weit hinunter, andern lag der Hosenbund stramm um den Leib. Dem einen traten die Rippen hervor, einem andern war die Brust mit dunklem Haar bewachsen. In einer Reihe die Brustwarzen, höher nur bei einem, der fast einen Kopf größer war. Coppi hieß er. Sie hatten noch Namen für ihn. Zwar keine Namen, die er als bekannt hätte bezeichnen können, nur Namen, die ihm gestern hingereicht worden waren, auf dem Papierwisch. Da der Geistliche nichts sagte, begann er, die Namen, in ihrer Nummernfolge, zu verlesen. Nach jedem genannten Namen hatte der Angerufne mit einem Hier zu antworten. Es verlief alles ordnungsgemäß. Würde er einmal Rechenschaft ablegen müssen für seine Handlungen, dann könnte er sagen, daß er ihnen, mit der Nennung der Namen, ihr Leben noch eimal bestätigt hatte. Er hatte sie nicht zum Tod verurteilt. Vielmehr hatte er sich um sie gekümmert, als sie noch am Leben waren. Er hatte ihnen die Verpflegung gebracht. Hatte ihnen die letzte Mahlzeit gebracht. Hatte ihnen den Kübel geleert. In der Nacht noch würde er die verschmutzten Hosen waschen. Und wenn er seine Unterschrift auf das Attest zu setzen hatte, so bestätigte er nur ihren Tod, schuldig daran war er nicht. Er könnte von sich sagen, daß er, mehr als dieser schweigende Pfaffe, den Männern bis zuletzt zur Seite gestanden habe. Und als von dem Geistlichen immer noch nichts kam, rief er barsch, um sich selbst Mut zu machen, los, ab, und der Unteroffizier gab den Befehl, und die Pantinen schepperten über den Stein, und oben, an allen Zellentüren, brach ein Wirbel von Faustschlägen los, ein wildes, einmütiges Tosen, in das der eine, der mit dem Doppelnamen, der Führer der Gruppe, hineinrief, wir sterben, wie wir gelebt haben. Um halb acht befanden sie sich im Vorraum der Hinrichtungsstätte. Diesmal würde es umständlicher werden. Das Erhängen nahm mehr Zeit in Anspruch. Zwanzig Minuten mußte jeder hängen, bis er abgenommen werden konnte. Auch waren die Gehilfen noch ungeübt. Und vielleicht würde Unruhe aufkommen, bei der Bekanntgabe des Urteils zum Tod durch den Strang. Doch Röttger hatte Verstärkung erhalten. Es war der Hilfsscharfrichter Roselieb gekommen. Und die Burschen waren zu Friedenszeiten ja Fleischergesellen gewesen und somit an ein ähnliches Gewerbe gewöhnt. Sie würden das Aufhängen schon schaffen. Der Beisitzer ging zur Tür und öffnete sie. Er winkte nur, und die Soldaten stießen die Gefangnen mit den Gewehrkolben hinein. Zusammengedrängt standen sie alle vor der schwarzen Gardine. Die Gefangnen wurden zu einer Reihe ausgerichtet. Als Schwarz nun wieder vor ihnen stand, sah er, im starken Licht, jede Falte, jeden Riß, jede blutunterlaufne Beule in den Gesichtern, und die Abschürfungen, die tiefen runden Verbrennungsmale, die verschorften oder eiternden Wunden an den Oberkörpern. Noch einmal mußte die Prozedur des Namenlesens und Antwortens vorgenommen werden. Heilmann, Horst, rief er, und, Hier, sagte der Angesprochne, mit seiner klaren Stimme. Der ist ja nur Haut und Knochen, dachte er, an den werden sie sich besonders hängen müssen, damit ihm das

Genick bricht. Coppi, Hans, zum ersten Mal war er auf seinen Vornamen aufmerksam geworden. Die Augen, in den tiefen, verschatteten Höhlen, waren kurzsichtig zusammengekniffen, die Brille war ihm längst weggenommen worden, seine Frau sollte noch im Gefängnis in der Barnimstraße sein, hatte ein Kind im November geboren, durfte es noch einige Monate stillen, ehe auch sie hier sein würde. Schulze, Kurt, von Beruf Kraftwagenfahrer, angestellt bei der Post, was mochte dieser Arbeiter, dessen Gesicht, trotz der Auszehrung, immer noch kraftvoll wirkte, wohl verbrochen haben. Graudenz, Johannes, die Haut unter den Augen und an den Backen hing sackartig herab, Schwarz sah an seinem Hals den Schatten der Schlagader hüpfen, Harnack, Arvid, der flüsterte, mit verklärten Zügen, vor sich hin, Scheliha, Rudolf, dieser aber rief nicht sein Hier, sondern stürzte sich aus der Reihe, der Tür zu, die Soldaten waren schon über ihm, schleppten ihn zurück, einer versetzte ihm einen Hieb in den Bauch, daß er zusammenknickte. Auch hinter seinen Namen fügte der Staatsanwalt mit dem Blaustift den Haken. Für ihn waren sie alle schon tot. Auch für Schwarz waren sie eigentlich schon erledigt. Er hatte jetzt nichts mehr mit ihnen zu tun. War schon dabei, sie zu vergessen. Nur der Name Hans Coppi blieb, aus irgendeinem Grund, in ihm haften. Unterm Vorhang sickerten ein paar Streifen rötlichen Wassers hervor. Sie hatten drüben den Raum mit dem Schlauch gespült, die Guillotine abgeschrubbt, die Kisten, darin die nackten besudelten Frauenleiber, die Köpfe, mit den aufgerißnen gebrochnen Augen, dem blutig klaffenden Mund, in die Nebenkammer geschafft, und die acht Haken oben an der Schiene ausgerichtet. Roselieb hatte ihn am Nachmittag über den Ablauf unterrichtet. Der Vorhang würde diesmal nur einen Spalt breit in der Mitte geöffnet werden. Jeden der Verurteilten würde man einzeln nach hinten führen. Sie würden links mit dem Aufhängen beginnen und die an der Schiene befestigte kurze Gardine Stück für Stück vorziehn, so daß die Nachkommenden die Gehenkten nicht sehn könnten. Die Gesellen hatten mit den Schlingen, die der Scharfrichter in die Fleischerhaken legen würde, schon ihre Späße getrieben. Sie erhielten dreißig Mark für jede Hinrichtung. Die Scharfrichter bekamen bis zu achtzig Mark. Früher, bei Enthauptungen mit dem Handbeil, hatte Röttger dreihundert Mark bezogen. Er war ein wohlhabender Mann. Unterhielt neben seinem Ehrenamt noch ein großes Fuhrgeschäft. Selbst bekam er für eine Hinrichtung, der er als Zeuge beiwohnte, nur zehn Mark Zulage. Doch wollte er sich, den Kollegen gegenüber, nicht mit Mißgunst hervortun. Immerhin kam ihm das Geld, und die Sonderzuteilung an Lebensmitteln, die heute zu erwarten war, grade recht, da er morgen seinen Weihnachtsurlaub antreten würde. Er sah sich schon am Heiligen Abend im Kreis der Familie, in Weißensee, in der Langhansstraße Hundertdreiundvierzig. Langhans. Das schlug in ihn ein. Der lange Hans. Immer wenn er nun durch die Langhansstraße ginge, würde er an den langen Hans denken müssen. Er starrte hinauf in Coppis Gesicht. Versuchte, sich vorzustellen, wie das war, da zu warten, daß die Gardine sich öffne. Weiter, rief der Staatsanwalt. Er verhaspelte sich beim Lesen des folgenden Namens. Schulze Boysen, Harro, wiederholte der Staatsanwalt, nachdem der Führer der Gruppe sein Hier hinausgeschrien hatte. Schumacher, Kurt, der Name war der letzte auf der Liste, Schwarz hatte geglaubt, daß sie dem Alter nach aufgeschrieben worden waren. Bei den Frauen war die jüngste als erste dran gekommen. Auch Heilmann und Coppi waren die jüngsten. Heilmann war noch nicht mal volljährig. Doch beim Lesen der Geburtsdaten sah er, daß Schulze der älteste war, geboren Achtzehnundert Vierundneunzig, der war schon im vorigen Krieg dabei gewesen, und der mit dem schwierigen Namen war Neunzehnhundert Neun geboren, und Harnack Neunzehnhundert Eins, niemand mehr hatte sich drum gekümmert, zwischen ihnen zu unterscheiden, sie wurden alle der gleichen Generation zugerechnet, und sie glichen einander auch alle, es waren alles fertige Gesichter, Gesichter von Menschen, die abgeschlossen hatten mit ihrem Leben, da kam es nicht mehr drauf an, ob sie gegen fünfzig oder gegen vierzig Jahre alt waren, es war dieser sonderbare Ausdruck von Stolz, von Gewißheit, der sie einander so ähnlich machte. Der Staatsanwalt verlas das Urteil, und als er die Erhängung verkündete, rief Schulze Boysen, daß ihnen die Enthauptung zustehe, doch da hatte Röttger, von seiner Ecke her, den Vorhang schon in der Mitte aufgezogen, der Beisitzer war auf Heilmann zugetreten und führte ihn zum Spalt, die drei Gesellen glitschten ihm auf dem nassen Boden entgegen und trugen ihn weg. Der Geistliche folgte ihnen, hinter ihm schloß sich der Vorhang. Poelchau sah, wie die Gesellen den Verurteilten unter den ersten der großen, verschiebbaren Haken an der Schiene brachten und ihn nach vorn drehten. Hinter ihm, am Saum der drei Stufen, die, die Breite des Raums durchmessend, zu den hohen eisernen Fensterluken emporführten, stand der Schemel, den der Scharfrichter bestieg. Röttger wurde das meiste abgenommen. Wie er bloß auf den Knopf gedrückt hatte, der den Fall des Beils an der Guillotine auslöste, so richteten ihm die Gesellen den Verurteilten zur letzten Handhabung her. Roselieb schob diesem die Hanfschlinge über den Kopf. Der Strick verfing sich an Nase und Lippen. Die Gesellen zogen den Strick herunter und rückten ihn auf dem Hals zurecht. Poelchau betete laut. Während die Gesellen den leichten Körper hochhoben, streckte Röttger über ihm die Hände aus. Roselieb reichte ihm die Schlaufe oben an der Schlinge, die er in den Haken steckte. Die Gesellen ließen den Körper fallen. Sie hängten sich an die um sich stoßenden Beine. Das Knacken der Wirbelknochen war zu vernehmen. Das Gesicht wurde schwärzlich blau. Die Augäpfel traten hervor. Einige Sekunden lang schlug die Zunge rasend im weit aufgerißnen Mund hin und her. Immer noch betete Poelchau. Konvulsionen durchfuhren den Körper und die Beine des Gehenkten. Der Arzt, in seinem schmierigen Rock, legte ihm das Stethoskop an die Brust. Mehrmals schob der Arzt die vorgezogne kurze Gardine zur Seite, um ihn abzuhorchen. Es regte sich immer noch unter dem Tuch, als Poelchau hinausging. Dann wurde Coppi, auf den Wink des Arztes, durch den Spalt des Vorhangs geschoben. Zu Poelchau, der ihn begleitete, sagte er, er solle Hilde grüßen. Und jetzt war alles, was geschah, schon etwas Gewohntes. Zwanzig Uhr, einundzwanzig Minuten, vermeldete der Arzt, bei der Angabe der Todeszeit von Hans Coppi. Schwarz war die Dauer zwischen Coppis Verschwinden hinter dem Vorhang und dem Eintreten seines Tods unendlich erschienen. Etwas Merkwürdiges hörte er den Geistlichen Harnack zurufen, als dieser abgeführt wurde, etwas wie, die Sonne tönt in alter Weise, und Scheliha schrie und trat um sich, eine Traube von Soldaten schaukelte an ihm, und die Scharfrichter, die mit der Schlinge nicht zurechtkamen, fluchten, da war ein Poltern und ein Scharren von Schritten, und schließlich kam der Arzt doch wieder hervor, um den Eintritt auch dieses Tods zu melden, nach neun Uhr war es geworden. Ihr seid das Weltgericht nicht, rief Schulze Boysen, ehe der Strick ihn würgte, und Schumacher lief den Gesellen voran zum Galgen, am längsten hatte er warten müssen, nun sollte es endlich überstanden sein. Als der Vorhang, und auch die Gardine dahinter, aufgezogen wurde, breitete sich ein dicker Gestank aus. Da hingen sie alle, unter der Schiene, der Hals lang gezerrt, der Kopf abgeknickt, zu erkennen waren sie nicht mehr, nur ihrer Reihenfolge nach hätte Schwarz ihre Namen noch nennen können, doch die verloren sich auch schon in einer Leere. Der letzte, Schumacher, schwankte noch leicht auf und ab, und ein Zittern war in seinen Beinen, und schnell, weil der Geruch nicht mehr zu ertragen war, machte sich Schwarz daran, nachdem er die Todesatteste beglaubigt hatte, den Leibern die triefenden Hosen abzustreifen, die er dann in einen Schubkarren legte und hinüber zum Waschraum fuhr.

Viel später würde ich einmal untersuchen, was noch beständig sei von all dem, was mit so viel Besessenheit und auch Verzweiflung vollbracht worden war. Und bei diesem Rückblick würde ich feststellen, daß wir am achten Mai schon einen Mißton im Jubel gehört hatten, daß uns war, als sei das Gebrüll der Erleichterung eigentlich Ausdruck des Entsetzens über eine Niederlage, und als stünden wir nun inmitten aller fehlgeschlagnen Bemühungen, und ich würde erkennen, daß wir den harten, unaufhörlich die Entscheidung fordernden Stimmen damals schon recht gegeben hatten, und auch in der entlegnen Zukunft würden diese Stimmen recht behalten, denn nicht Verblendung, Monomanie, wie ihre Widersacher sagten, war es gewesen, sondern Klarsicht, die sie dazu getrieben hatte, an ihren Appellen festzuhalten. Angesichts der Gewalt, die alle Warnungen übertraf, die die Warnungen bald unter sich verschütten und über uns herfallen würde, gab es keinen Aufschub. Wer jetzt nicht wußte, auf welcher Seite er zu stehn hatte, wurde zerrieben, nicht daß er dabei draufgegangen wäre, im Gegenteil, es ließ sich gut in der Unentschlossenheit leben, doch er machte sich zum Bindeglied für die Niedertracht, er war, indem er sich treiben ließ, zum Helfershelfer der neuen Zerstörungssucht geworden. Noch aus weiter Entfernung, die ich erreichen müßte, um meine Erfahrungen deuten zu können, würde ich die Erschüttrungen empfinden, wie sie vom Abschluß jener Phase ausgingen. Über den Begriff der Zeit zu sprechen, war auch früher oft unser Anliegen gewesen, wie tief aber wäre erst diese ständig fließende Verändrung zu spüren, wenn noch einmal so viel Zeit vergangen sei, wie damals für mich beim verhängnisvollen Ende des Kriegs. Ich würde, aufgetaucht aus dem langwierigen Versuch, die Jahre des Exils zu beschreiben, mit den Kenntnissen aller folgenden Irrtümer und Zerwürfnisse, in eine ähnliche Ermüdung geraten, wie sie mich einst befiel, als sich die Wege für uns alle trennten. Immer aufs neue würde mir plötzlich die Gegenwart das Unwiderrufliche des Vergangnen vorhalten, mich vor die Frage stellen, ob das Durchlebte vom Nachvollzognen abgedeckt werden könne, ob der von spätern Erkenntnissen geprägte Rückblick den ursprünglichen Situationen überhaupt noch entspreche. Ich würde das, was ich eben noch erdacht hatte, fadenscheinig, vom kommenden Mißgeschick überschattet sehn, und statt der Offenheit, die uns im Mai Fünfundvierzig noch eigen war, würde es Engstirnigkeit und Versperrtheit geben. Der Sinn meines langen Wartens aber würde ja sein, von den künftigen Einsichten her das Frühre zu klären, und vielleicht wäre es dann nicht einmal so wichtig, das damalige Ich zu verstehn, sondern dem, der sich besinnt, näher zu sein, denn dies ist ja das Wesen der Zeit, daß wir uns fortwährend entwerfen, aus den Augen verlieren, auf neue Art wiederfinden, ein Prozeß, in dem uns die Untersuchung aller Einzelheiten auferlegt ist, und das Schreiben wäre die Tätigkeit, mit der ich dieser Aufgabe nachkommen könnte, und mit der ich mich von den Praktikern unterschiede. Zwischen Reflexion und Aktion mußten die Tage abgelaufen sein, wie sie Jahrzehnte danach ablaufen würden, und ebenso wie bei einem seinem Ende entgegengehenden Werk die äußern Ansprüche immer deutlicher werden und das Vorhaben schon fast losgelöst erscheinen lassen, war auch die Zeit im Mai Fünfundvierzig durchdrungen von vielfältigen Eindrücken. Das Exil war zu Ende, und jetzt war es, als habe es uns doch einen Halt gegeben, und als ginge uns der Boden erst verloren, als es darauf ankam, irgendwo Fuß zu fassen. Noch wollten wir festhalten an unsern Hoffnungen, denn ohne sie hätten wir nicht weitergehn können, und ich würde sehn, wie wir danach immer wieder zu diesen Hoffnungen griffen, sie nie wahnwitzig nannten, obgleich alle Zeichen stets gegen sie sprachen, so wie die Hoffnung jedes Mal stärker war als das Scheitern, denn nichts andres war diese Hoffnung ja, als die Lebenskraft selbst. Manchmal war es, als zermürbe die Politik unser Denken, unsre Ausdrucksfähigkeit, als müßten wir uns, wollten wir uns mit der Politik befassen, uns ihren Verstrickungen ausliefern. Wenn die Militärflüchtlinge ihre Resolutionen schrieben, verkrampften sich ihnen die Worte, wie auch ich es empfand, wenn ich wöchentlich die Spalte im Blatt der Metallgewerkschaft, die mir zur Verfügung stand, mit längst Durchgekautem ausfüllte. Doch weil wir uns nun einmal für Auseinandersetzungen zur Verfügung gestellt hatten und auch nicht davon loskommen konnten, weil unsere Existenz davon abhing, würgten wir weiter an den Erklärungen, die wir als unsre eignen ansahn, in Wirklichkeit aber die der andren waren. Selbst wenn wir meinten, mit freiem Kopf auf selbständige Weise zu den Ansichten gekommen zu sein, stießen wir gleich wieder auf die Leitsätze, alles lag uns vor, fertig formuliert. Hodann hatte mir gesagt, ich müsse versuchen, diese ganzen politischen Verwicklungen abzustreifen, um herauszufinden, was Wert für mich besitze, auch den ehemaligen Soldaten riet er, an sich selber zu denken, sich selbst, wie es von jetzt an immer häufiger hieß, zu verwirklichen. Doch wenn wir uns auch verliefen im Gewirr der politischen Perspektiven, so wäre uns das Abstandnehmen von den Kräften, die draußen aufeinander prallten, als eine noch größre

Verirrung erschienen, wir hatten uns zurechtzufinden, eine Grundlage für die eigne Arbeit zu finden. Wir mußten durch die Politik hindurch, dieses Störende, das den Stil trübte, ließ sich ebensowenig umgehn wie die Welt der Großindustrie, die meinem Vater, bei seinem stillen Handwerk, ihre jähen Schläge versetzte. Ich war besser vorbereitet für den Umbruch als die andern meiner Generation, die vom Faschismus eingefangen worden und verspätet zur Besinnung gekommen waren. Es stimmte alles, meine proletarische Herkunft, meine politischen Folgerungen und Handlungen hatten mich in die revolutionäre Partei geführt. Und doch war es jetzt, als habe ich mit dem Eintritt in die Partei erst die Richtung angedeutet, die ich einschlagen wollte. Diese Richtung, die Richtung derer, die sich befreien wollten, war seit langem angelegt gewesen. Wie wir zu dem Ziel, dem Ziel der Befreiungsbewegungen in einer verwandelten Welt, gelangen sollten, das wußten wir noch nicht. Das Ausbleiben einer sozialistischen Einheit hatte uns in Unsicherheit versetzt. Grundlegende Verändrungen, gänzlich neue Organisationsformen hatten wir vor uns gesehn. Im Mai, als der Damm geborsten war und alles zerrann, verstand ich, wie utopisch, politisch unrealistisch ich gedacht hatte. Die Politiker hingegen, in ihrer Beherrschtheit, ihrer Disziplin, befaßten sich mit dem Erreichbaren, dem Möglichen. Für sie wurde jeder Tag, an dem sie noch auf ihre Rückkehr zu warten hatten, zur Unendlichkeit. Noch einmal wurden sie gezwungen, in die Illegalität zu gehn, nach Schleichwegen zu suchen, um in ihr Land zu kommen, das die westlichen Überwacher nun für die Antifaschisten sperrten. Der neue, schwelende Krieg hatte begonnen. Das Gelächter, die Friedensgesänge waren noch nicht verklungen, als Kapitalismus und Sozialismus einander gegenübertraten. Was folgte, würde im Rückblick zusammenschrumpfen, von unsern zersplitterten, von Illusionen und Beängstigungen durchsetzten Tagen würde nur das Gefühl des stockenden Atems, der Machtlosigkeit übrigbleiben. Alles würde unter andre Vorzeichen geraten. Was eben noch die Bedingung für unsre Arbeit ausgemacht hatte, die Einheit, die Verständigung, die gemeinsame Anstrengung, würde in ihrem Umschlagen zum Gegenteil plötzlich zur Voraussetzung für ein

Weiterkommen werden. Durch das Zerbrechen der Front, die Teilung Europas und Deutschlands würde erst die Möglichkeit entstehn, etwas vom Ansinnen des langen Kampfs zu verwirklichen. Und zugleich auch würde die Spaltung, den einen zum Aufstieg, den andern zum Niedergang, den Grund zu dem Unheil legen, von dem auf Jahrzehnte hin unser Leben überschattet wäre. Nicht von unten, vom Willen der geprüften Menschen her, sondern von oben, von den Zentralen der mächtigen Sieger, würde die Entwicklung bestimmt werden. Wir würden sehn, wie der Sozialismus erbaut wurde dort, wo es keine Bereitschaft dafür gab, wo finstre politische Rückständigkeit herrschte, während in den Ländern, in denen die Kommunistischen Parteien erstarkt waren und die Bevölkrung auf seiten der antifaschistischen Kräfte stand, der Boden für den Einzug der Streber und Spekulanten bereitet wurde. Die verhaßten Begriffe eines Westens und eines Ostens würden uns aufgezwungen werden, wir würden lernen müssen, uns nach ihnen zu richten, mit ihnen zu leben. Mehr denn je würden wir einzustehn haben für die Seite unsrer Wahl, und schwerer denn je würde uns, in der Bedrängnis der Teilung, die Reinerhaltung unsrer Überzeugung fallen. Mit dem Anbruch der neuen Epoche würden unsre ethischen und moralischen Richtlinien ständigen Prüfungen ausgesetzt werden, indem wir, als Einzelne, in Widerspruch gerieten zu den Auswüchsen der Machtvollkommenheit, die unsre Welt prägten. Was wir überwunden glaubten, würde uns noch einmal entsetzen, die Entmündigung, deren Exzesse über viele von uns hingegangen waren, würde aufs neue triumphieren und den Geist des Märtyrertums beschwören, der nie mehr hätte in Verbindung gebracht werden dürfen mit unsern politischen Vorstellungen. Die Zerstörungswut aber speicherte sich dort auf, wo sich Amerika unter demokratischem Schein etabliert hatte. Damals, noch im Schwung der Vorwärtsbewegung, waren einige der faschistischen Führer vor Gericht gestellt worden, als sollte gezeigt werden, daß der Frieden ihrer Bestrafung galt. Bleich standen sie an der Schranke. Ihrer Funktionen entkleidet, glichen sie zusammengefegtem Gewürm. Wenn ein Dutzend von ihnen gehängt wurde, so war damit von ihren Mordtaten nichts gesühnt. Unerklärt blieben ihre Grausamkeiten. Zu matt, zu taubig, zu gleichgültig war alles, als daß noch danach gefragt worden wäre, was der Faschismus hinterlassen hatte. Und eine solche Frage wollten die Demokraten im Westen auch gar nicht erst aufkommen lassen. Mit den Faschisten wurde Nachsicht geübt. Sie wurden als Verbündete gebraucht. Ihr Ziel war das gleiche gewesen, das der Westen jetzt verfolgte. Gemeinsam würden sie antreten können zum Kampf gegen den Kommunismus. Das Hinterland war gesäubert worden von denen, die gegen den Faschismus gekämpft hatten. Sie, die den neuen Herren den Weg geebnet hatten, waren verhöhnt, abgeschlachtet worden. Noch würden die Arbeitersoldaten des Westens nicht gegen die sowjetischen Soldaten geschickt werden, die, wie sie, den Krieg zur Befreiung Europas geführt hatten. Noch würden sie an der neugezognen Grenzlinie stehn, wartend auf den Befehl. Vorläufig genügte der gewaltige Knall. Es tat nichts, daß dabei Hunderttausende von Gelben, die schon besiegt waren, im Bruchteil einer Sekunde ausgelöscht wurden, denn diese Detonation war als Warnung gemeint an den ausgebluteten Giganten im Osten, daß er wisse, mit wem er es zu tun habe, sollte es ihm einfallen, sich über die ihm zugemeßnen Einflußgebiete ausstrecken zu wollen. Mit diesem neuen Urknall errichteten die Vereinigten Staaten von Amerika ihr Weltreich. Unendliche Entbehrungen würde es den Sozialismus kosten, den militärischen Vorsprung des Kapitals einzuholen. Obwohl er den Frieden benötigte, um die lange Zeit der Leiden zu überwinden, würde er doch daran gehn müssen, seine Anstrengungen auf die Hervorbringung der gleichen, irrsinnigen Explosionen zu richten. Gegenüber der Herrschaft des Gelds würde die Arbeit ihre Kärglichkeit zeigen. Die gekaufte Presse des Westens würde die Armut des Ostens den Mängeln der sozialistischen Planwirtschaft zuschreiben. Der Sozialismus würde arm bleiben, während die Länder des Gelds hektisch aufblühten. Der künstliche Überfluß, die spekulative Betriebsamkeit würde die ideologischen Mühen verächtlich machen. Die unbegrenzten Möglichkeiten auf den Märkten würden die politische Strenge menschenfeindlich erscheinen lassen. Eine Armee von Agenten würde jeden entstehenden sozialistischen

Fortschritt unterminieren. Nirgendwo dürfte der Sozialismus sich erfolgreich zeigen. Der Selbstschutz, den der Sozialismus errichtete, würde ein Vorhang genannt werden, hinter dem er seine Schande verberge. Und schon würden die Träger des Kapitals es bereuen, daß sie bei der Spaltung Europas dem sowjetischen Block zuviel Platz eingeräumt hatten. Sie würden sich fragen, warum sie nicht gleich nach dem Ende des Kriegs zum Feldzug gegen den Kommunismus aufgebrochen waren. Vielleicht hatten sie geglaubt, sich nach dem eben abgeschloßnen Gemetzel einen neuen Krieg noch nicht leisten zu können, vielleicht auch bestand irgendwo eine Furcht vor dem Unwillen der Völker. Andern Kontinenten Plündrung und Verderben bringend, behielten sie sich für Europa eine demokratische Würde vor, mit der sie alle dafür gewinnen wollten, ihnen freiwillig auf dem Marsch zum endgültigen Sieg zu folgen. Wir würden dieses anfangs verhaltne, dann immer qualvoller werdende Ringen sehn, diese Verschwendung der letzten Kräfte, die noch vorhanden waren nach dem schrecklichen Kräfteschwund, dem Blutbad, das von der Erde noch nicht aufgesogen worden war und nie aufgesogen werden könnte von dem verbrannten Boden. Was wir zu sehn bekämen, würde die rasende Wiederherstellung der Stahlwerke sein, das Anlaufen der Maschinen, Turbinen und Fließbänder, der Räder in den Fördertürmen der Gruben würden wir hören, wir würden sie, die vormals dort gesessen hatten, einziehn sehn in die Aufsichtsräte der Industrien und Banken, mit reiner Weste, und vornehm zurückhaltend würden sie lächeln, und wer etwas gegen sie zu sagen wagte, den würden die Ordnungsmächte zum Schweigen bringen. Zu sehn wäre nur das lächelnde Gruppenbild einer verantwortungsvollen Elite. Immer wieder, wenn ich versuchen würde, etwas von der Zeit, die mit dem Mai Fünfundvierzig beendet wurde, zu schildern, würden sich mir die Folgen aufdrängen. Über die Erfahrungen, die durchsetzt waren von Tod, würde sich die grell kolorierte, längst wieder von Folter, Brandschatzung und Mord gefüllte Zukunft legen. Immer wieder würde es sein, als sollten alle frühern Hoffnungen zunichte gemacht werden von den später verlorengegangnen Vorsätzen. Und wenn es auch nicht so werden würde, wie wir es erhofft hatten, so änderte dies doch an den Hoffnungen nichts. Die Hoffnungen würden bleiben. Die Utopie würde notwendig sein. Auch später würden die Hoffnungen unzählige Male aufflammen, vom überlegnen Feind erstickt und wieder neu erweckt werden. Und der Bereich der Hoffnungen würde größer werden, als er es zu unsrer Zeit war, er würde sich über alle Kontinente erstrecken. Der Drang zum Widerspruch, zur Gegenwehr würde nicht erlahmen. Wie das Vergangne unabänderlich war, würden die Hoffnungen unabänderlich bleiben, und sie, die einmal, als wir jung waren, solch glühende Hoffnungen gehegt hatten, würden sich, indem wir diese wieder wachriefen, damit ehren lassen. Eigentlich waren sie stumm gewesen, im Verschwiegnen hatten ihre Handlungen stattgefunden, nur im Schlaf konnten sie manchmal aufschrein, um sich, noch nicht wach, die Hand vor den Mund zu legen, sie, die die Wirklichkeit, in der wir lebten, und damit auch die Gegenwart, aus der heraus ich einmal schreiben würde, verändert und geprägt hatten, waren nicht einmal im Besitz ihrer Namen gewesen. Mit Chiffren, Decknamen hatten sie sich verborgen. Wenn ich beschreiben würde, was mir widerfahren war unter ihnen, würden sie dieses Schattenhafte behalten. Mit dem Schreiben würde ich versuchen, sie mir vertraut zu machen. Doch etwas Unheimliches würden sie behalten, vor einigen würde ich nie die Furcht loswerden, die sie in mir geweckt hatten, denn sie hätten mich an die Wand stellen können. Mit meinem Schreiben würde ich sie zum Sprechen bringen. Ich würde schreiben, was sie mir nie gesagt hatten. Ich würde sie fragen, wonach ich sie nie gefragt hatte. Ich würde ihnen, den Geheimgängern, ihre wahren Namen zurückgeben. Ich würde mich ihnen nähern, mit meinen spätern Erfahrungen, meinem Wissen um ihr spätres Tun, und wenn ich mich dann immer noch täuschte, so stünde dies in Übereinstimmung mit ihrem Wesen, zu dem das Täuschen gehörte. Ich würde ihre geflüsterten, gemurmelten Monologe, ihre bösen Träume erraten, sie selber würden sich darin vielleicht nicht wiedererkennen, mich aber würde ich erkennen, wie ich einst darauf lauerte, ihnen Zeichen ihres Lebens aus den verwischten Gesichtern ablesen zu können. Und doch würden sie mir, wenn ich ihnen wieder begegnen sollte, fremder sein als zu der Zeit, als uns der Schrecken miteinander verband, und sie würden mir, wenn ihnen Offenheit möglich wäre, nicht mehr sagen können als das, was ich, vom Schweigen her, über sie wußte. Die meisten aber würden nicht mehr zu erreichen sein. Viele waren schon tot, als wir, noch ungläubig darüber, heil aus dem Verderben herausgekommen zu sein, im Mai Neunzehnhundert Fünfundvierzig in einen neuen Abschnitt des Lebens traten. Trauer würde mich überkommen, wenn ich ihrer gedächte, Tag und Nacht würden sie mich begleiten, und bei jedem Schritt, durch diese neue, und sich schon wieder mit Raserei aufladenden Welt, würde ich mich fragen, woher sie die Kraft genommen hatten zu ihrem Mut und zu ihrer Ausdauer, und die einzige Erklärung würde nur diese bebende, zähe, kühne Hoffnung sein, wie es sie auch weiterhin in allen Kerkern gibt. Iller, der sich Stahlmann genannt hatte, würde grinsen beim Abschied. Unentdeckt war er geblieben in Hagalund, bei der Arbeiterin Maja Holm. Ehe er mit den Gefährten zurückkehrte in sein Land, würde er es noch einmal darauf ankommen lassen, mit mir durch die Stadt zu streifen, sich ins blaue Wasser des Zentralbads zu werfen, zu frühstücken im Hotel Continental, großzügige Trinkgelder zu verteilen, und das letzte, was ich von ihm sehn würde, wäre dieses Zwinkern seiner asiatischen Augen. Einige Monate zuvor hatte Rosner, der Eremit der Komintern, Schweden verlassen. Wir hatten ihn gefeiert, an der Upplandsgata, in der Küche des Amateurboxers und der Kellnerin, dicht gedrängt saßen wir um den Tisch, Stahlmann, Solveig Hansson, Henke, Lager, Söderman waren dabei, und das Fest galt nicht nur dem geduldigsten, überlegensten Geist des Untergrunds, sondern auch dem Sieg der Konspiration. Die Tränen liefen ihm übers Gesicht, als Pettersson ihn im Kofferraum seines Taxis verstaute, und wir ihm seinen Stock noch zuschoben, daß er sich stützen könne auf dem Schiff, das ihn vom Freihafen nach Leningrad brachte. Untergehn würde Hodann. Bei der Teilung der Front zwischen die Lager geraten, zu sehr Sozialist noch, und mit der Vergangenheit als Bolschewik behaftet, als Mitglied des Soldatenrats, als Kämpfer in Spanien, hätte er einen Sozialdemokraten, wie er später verlangt wurde, nie abgeben können, zu tief auch enttäuscht von den sowjetischen Entstellungen der alten Ideale, allzusehr zermürbt von der Krankheit, deren Ausmaß er niemandem hatte zeigen wollen, wäre ein neuer Anfang für ihn nicht mehr möglich gewesen. Ein paar Jahre noch würde er durchhalten, mittellos, als Arzt längst von den schwedischen Behörden gemordet, sich um Handelsvertretungen bemühn, um die Familie zu ernähren, ruhelos wandern, mit dem Musterkoffer, zusammenbrechen unter dessen Gewicht, sich wieder aufraffen, bis zur frühen Morgenstunde am siebzehnten Dezember Neunzehnhundert Sechsundvierzig, als ihn der Erstickungsanfall überkam, als er die Spritze noch einmal füllte, dann aber zurücklegte in den Kasten, in die Knie sank und vornüber fiel, und tot gefunden wurde, in einer Lache von Schweiß. Lange noch würde ich auf ein Wiedersehn mit Bischoff warten müssen, und, ihr zuhörend, würde ich vielleicht in Versuchung kommen, sie mit einer Heiligen zu vergleichen, denn so bescheiden würde sich niemand mehr über seinen zurückgelegten Weg äußern. Sie, die auch Fritz noch verloren hatte, wenige Tage vor Kriegsende, als das Schiff mit ihm und den andern aus Neuengamme evakuierten Häftlingen in der Lübecker Bucht von englischen Flugzeugen versenkt worden war, würde auf den neu erbauten, lärmenden Straßen zu einer unbemerkten Wanderin werden, die noch lange Zeit den Schmerz über den Verlust von so vielen mit sich tragen müßte. Und wenn ich dann Kunde von Heilmann und Coppi erhielte, würde meine Hand auf dem Papier lahm werden. Ich würde mich vor den Fries begeben, auf dem die Söhne und Töchter der Erde sich gegen die Gewalten erhoben, die ihnen immer wieder nehmen wollten, was sie sich erkämpft hatten, Coppis Eltern und meine Eltern würde ich sehn im Geröll, es würde pfeifen und dröhnen von den Fabriken, Werften und Bergwerken. Tresortüren würden schlagen, Gefängnistüren poltern, ein immerwährendes Lärmen von eisenbeschlagnen Stiefeln würde um sie sein, ein Knattern von Salven aus Maschinenpistolen, Steine würden durch die Luft fliegen, Feuer und Blut würden aufschießen, bärtige Gesichter, zerfurchte Gesichter, mit kleinen gelben Lampen über der Stirn, schwarze Gesichter, mit glitzernden Zähnen, gelbliche

Gesichter unterm Helm aus geflochtnem Bast, junge Gesichter, fast kindlich noch, würden anstürmen und wieder untertauchen im Dampf, und blind geworden vom langen Kampf würden sie, die sich auflehnten nach oben, auch herfallen übereinander, einander würgen und zerstampfen, wie sie oben, die schweren Waffen schleppend, einander überrollten und zerfleischten, und Heilmann würde Rimbaud zitieren, und Coppi das Manifest sprechen, und ein Platz im Gemenge würde frei sein, die Löwenpranke würde dort hängen, greifbar für jeden, und solange sie unten nicht abließen, voneinander, würden sie die Pranke des Löwenfells nicht sehn, und es würde kein Kenntlicher kommen, den leeren Platz zu füllen, sie müßten selber mächtig werden dieses einzigen Griffs, dieser weit ausholenden und schwingenden Bewegung, mit der sie den furchtbaren Druck, der auf ihnen lastete, endlich hinwegfegen könnten.

Erläuterungen

Die Texte dieses Lesebuches sind chronologisch nach ihrer Entstehungszeit angeordnet. Alle Ausschnitte aus größeren Werken sind in sich ungekürzt. Vollständig aufgenommene Texte sind im Folgenden mit * vor dem Titel gekennzeichnet.

Die Anordnung in sechs Kapitel ist ein Vorschlag, das Werk des Autors in Epochen zu unterteilen.

In Teil I finden sich vor allem poetische Texte aus der Zeit der schriftstellerischen Anfänge in Schweden 1946-1952. Das Frühwerk endet mit dem *Schatten des Körpers des Kutschers.* Die Probe aus *Avantgarde Film* weist auf die Beschäftigung mit dem Film hin, die in den fünfziger Jahren für Weiss Vorrang hatte.

Die Publikation des *Kutschers* 1960 eröffnete die Möglichkeit des Neuanfangs als Schriftsteller. Die in rascher Folge Anfang der sechziger Jahre entstandenen Prosawerke bilden Teil II.

Ein eigenes Kapitel – III – nimmt das *Marat/Sade*-Drama ein. Das entspricht dem singulären Rang des Stückes.

Zum Teil IV sind Arbeiten von 1964 bis 1968 vereinigt. Es ist die Zeit des »dokumentarischen Theaters«, dessen Bild Peter Weiss wesentlich mit bestimmte.

Trotzki im Exil und *Hölderlin* – Kapitel V – schließen an die Phase des dokumentarischen Theaters an, dessen Regeln sie mit ihrer Rückkehr zum Einzelhelden und zur einheitlichen Handlung nicht mehr folgen.

Die fast tausend Seiten des Romans *Die Ästhetik des Widerstands* – Kapitel VI – bilden wiederum eine eigene Epoche im Werk wie in der Biographie ihres Autors.

Den Titel dieses Lesebuches entnehmen wir Peter Weiss' *Notizbüchern 1960-1971*; unter dem Datum des 4.4.1971 liest man dort: »Dieses In-Gegensätzen-Denken – angefressen von der Zweifel-Krankheit, Schwierigkeit, mich für eine Sache zu entscheiden, Hin u Her, Schwanken in der Arbeit, früher Malen – Schreiben, Theater – Film, schwedische – deutsche Sprache, Reisen hierin, dorthin, dieses ständige Auspeilen, es ist, als sei mein Wesen zusammengesetzt aus den beiden im Streit liegenden Polen, zwischen diesen wird alles ausgemacht, immer wird Gegensätzliches von mir verlangt, das ist meine Triebkraft, die all meine Arbeit erzeugt.«

Von Insel zu Insel

Diese Sammlung von 30 kurzen Texten – Weiss sprach von »Prosagedichten« – wurde 1946 in Schwedisch geschrieben und (mit vier Illustrationen des Autors) 1947 in Stockholm veröffentlicht; es war Peter Weiss' erste Publikation, die jedoch wenig Resonanz fand. Deutsch erschien das Buch in der Übersetzung von Heiner Gimmler und mit einem Vorwort von Gunilla Palmstierna-Weiss erst 1984 bei Frölich & Kaufmann in Berlin. Die beiden ausgewählten Abschnitte dort S. 71-76.

**Die Bibliothek in Berlin*

Im Sommer 1947 reiste Peter Weiss im Auftrag der Zeitung *Stockholms-Tidningen* nach Deutschland und berichtete in sieben Reportagen über das Leben im zerstörten Berlin. Die *Bibliothek in Berlin*, Weiss' Reportage vom 21.7.1947, ist übersetzt von Ruth Müller-Reineke und wird hier zum ersten Mal auf Deutsch veröffentlicht.

Die Besiegten

Dieses Buch von Weiss, eine Auseinandersetzung mit dem besiegten Deutschland und dem Faschismus, entstand im Herbst 1947 nach seinem Deutschlandaufenthalt. Stofflich gibt es viele Anklänge an die Reportagen, die Weiss für *Stockholms-Tidningen* geschrieben hatte, wie auch am zweiten der hier ausgewählten Abschnitte erkennbar wird.

Ursprünglich auf Schwedisch geschrieben, wird das Buch als *De besegrade* 1948 in Stockholm veröffentlicht. Deutsche Ausgabe in der Übersetzung von Beat Mazenauer Frankfurt/Main 1985; die ausgewählten Kapitel dort S. 26-27 und 44-48.

Der Fremde

ist nach dem Deutschlandaufenthalt vom Sommer 1947 das erste wieder auf deutsch geschriebene Buch von Peter Weiss. Es entstand wahrscheinlich Ende 1947/Anfang 1948 und trug zunächst den Titel *Der Vogelfreie.* Anfang August 1948 las Peter Suhrkamp das Manuskript, lehnte jedoch eine Veröffentlichung ab. Sein Urteil (in einem Brief an Weiss vom 21.8.1948) hat wenig an Gültigkeit verloren: »Es ist die Niederschrift eines, der an Selbstgespräche gewöhnt ist. Dessen Sprache eine wesentliche Fähigkeit der Sprache verloren hat, nämlich sich verständlich mitzuteilen; [...] Die Visionen bleiben Phantasien einer innerlichen Welt, ihre Realität ist nicht die Realität von anderen Menschen. Sie bleibt, auch wo sie Züge der realen annimmt, dennoch abstrakt.« (Peter Suhrkamp: *Briefe an die Autoren*, Frankfurt/Main 1961, S. 57).

Unter dem Titel *Dokument I* hat Weiss das Buch 1949 auf schwedisch als Privatdruck herausgebracht; vollständig erschien der deutsche Text erst 1980 (Frankfurt/Main) unter dem Hesse-Pseudonym Sinclair. Unser Ausschnitt dort S. 32-36. Es ist der Abschnitt, den Weiss selber für eine Anthologie Wolfgang Weyrauchs ausgewählt hat: *Alle diese Straßen*, München 1965, S. 65-67 (der Titel dort: *Versiegt*).

**Der Turm*
1948 entstandenes Hörspiel. Uraufführung als Theaterstück 1950 in Stockholm. Deutscher Erstdruck 1963.

Text nach: *Stücke I*, Frankfurt/Main 1977, S. 7-33, der *Prolog zum Hörspiel* dort S. 453.

Der Schatten des Körpers des Kutschers
1952 in Deutsch geschrieben, aber erst 1960 – in bibliophiler Ausstattung – erschienen, nachdem Weiss von vielen deutschen Verlagen Absagen erhalten hatte. Befragt nach der eigenwilligen Sprachhandhabung des Werkes, sagte Weiss 1963: »Ich wollte herausfinden, wie gut ich mit Sprache umgehen konnte. Deshalb enthält der Text auch solche immens umständlichen, langen und komplizierten Sätze.« Weiss selber verneinte die Frage, ob das im Buch Dargestellte symbolisch gemeint sei: »Ich glaube nicht, daß ich irgendetwas sagen wollte, was über das Geschriebene hinausgeht. Ich meine, dies ist die realistische Erzählung eines Mannes, der eine Existenz am Rande der Gesellschaft führt, unter Menschen, die genauso abgeschnitten

sind vom normalen Leben wie er. Manches im *Kutscher* ist vielleicht ein bißchen überzogen und wird ein wenig fieberhaft gesehen, z. B. der Arzt, der überall bandagiert ist. Aber im großen ganzen hat das für mich keinerlei symbolische Bedeutung.« (Gerlach/Richter (Hg.): *Peter Weiss im Gespräch*, Frankfurt/Main 1986, S. 35 und 36).

Text nach dem Vorabdruck des vom Autor selbst dafür ausgewählten 4. Abschnitts in *Akzente* 6 (1959), S. 228-237.

Avantgarde Film
Deutsche Erstveröffentlichung dieses Kapitels, übersetzt von Beat Mazenauer. Zuerst erschien Weiss' Filmbuch in Stockholm 1956, auf schwedisch. Im Frühjahr 1962 hat Peter Weiss selbst eine Übersetzung des Textes angefertigt. Eine stilistisch und inhaltlich gestraffte Zusammenfassung erschien 1963 in der Zeitschrift *Akzente* (S. 297-319); Weiss hatte hierfür von den 14 Kapiteln des Originals im wesentlichen vier ausgewählt (Kap. I *Die Vorläufer*, Kap. II *Luis Buñuel*, Kap. V. *Jean Vigo*, Kap. IX *Die Stadt*). Der hier ausgewählte Text stammt aus dem letzten Kapitel des Originals, *Filmexperimente in Schweden*.

Abschied von den Eltern
Entstanden 1959/60 nach dem rasch aufeinander folgenden Tod beider Eltern. Erste Buchausgabe: Frankfurt/Main 1961. Weiss hat *Abschied von den Eltern* und *Fluchtpunkt* wiederholt als »autobiographische Romane« bezeichnet; zur Frage, in welchem Verhältnis Dichtung und Wahrheit dabei stünden, schrieb er in einem Brief an Helmut Lüttmann (5. 11. 1968): »In beiden Büchern ist vor allem autobiographisches Material enthalten, dies jedoch frei bearbeitet und auch mit viel Erfundenem durchsetzt, oder ›überhöht‹«.

Ausgewählt wurde der Anfang des Buches; die Hafenstadt, die (im zweiten Teil des Auszuges) der Erzähler als Kind erlebt und deren Namen er bemerkenswerterweise verschweigt, trägt die Züge Bremens, wo Peter Weiss 1918 bis 1929 lebte.

Text nach: *Abschied von den Eltern*, Frankfurt/Main 1980, S. 7-28.

**Der große Traum des Briefträgers Cheval*
Während einer Südfrankreichreise schrieb Weiss Ende Juli 1960 »über das Palais des Briefträgers Cheval in Hauterives«.

Text nach: *Rapporte*, Frankfurt/Main 1968, S. 36-50.

Fluchtpunkt
Entstanden 1960/61, erste Buchausgabe Frankfurt/Main 1962. Diese ›Fortsetzung‹ von *Abschied von den Eltern* trug ursprünglich den Titel *Dinosaurus*. Der Erzählzeitraum umfaßt Peter Weiss' Jahre in Schweden 1940-1947 und seinen Pariser Aufenthalt 1947.

Nach vergeblichen Versuchen, als Maler oder Illustrator in Stockholm Fuß zu fassen, verdingte sich Weiss, obwohl körperlich kaum geeignet, im Winter 1942/43 als Holzfäller; seine Erlebnisse verdichtete er zur hier ausgewählten Episode.

Text nach: *Fluchtpunkt*, Frankfurt/Main ^{6}1973, S. 85-99.

Das Gespräch der drei Gehenden
Entstanden im Sommer 1962, erschienen 1963, von Peter Weiss als »Fragment« bezeichnet.

Kurz vor dem Erscheinen der Buchausgabe hielt Weiss in seinem Notizbuch fest: »Möglich, das GESPRÄCH in 10, 15 Jahren dort fortzusetzen, wo es jetzt ausklingt, mit dem Ton, daß es eben zu jedem beliebigen Zeitpunkt weiter geführt werden könnte.« (Peter Weiss: *Notizbücher 1960-1971*, Frankfurt/Main 1982, S. 98).

Wir geben den Anfang dieses Prosatextes wieder, und zwar nach der Erstausgabe Frankfurt/Main 1963, S. 7-24.

**Bericht über Einrichtungen und Gebräuche in den Siedlungen der Grauhäute*
Der Text entstand Anfang 1963; er blieb Fragment, weil Peter Weiss die Arbeit daran zugunsten des *Marat/Sade* aufgab. Der fertiggestellte Teil wurde veröffentlicht in: Siegfried Unseld (Hg.): *Aus aufgegebenen Werken*, Frankfurt/Main 1968, S. 83-105 (S. 121 haben wir »das Mimikri« zu »die Mimikry« berichtigt).

Die Verfolgung und Ermordung Jean Paul Marats ...
Das Drama, das ihn nach der Uraufführung am Berliner Schillertheater, 29.4.1964, schlagartig weltberühmt machte, schrieb Peter Weiss Anfang 1963. Erste Buchausgabe: Frankfurt/Main 1964; die endgültige, »vom Autor revidierte Fassung« erschien 1965.

Wir haben vier Szenen ausgewählt, in denen der dialektische Gegensatz zwischen den beiden Hauptfiguren, also zwischen de Sade, für Peter Weiss Verfechter eines schrankenlosen Individualismus, und dem Revolutionär Marat am deutlichsten zum Ausdruck kommt.

Text nach: *Stücke I*, Frankfurt/Main 1976, S. 177-180, 184-188, 202-206, 210-212.

**Anmerkungen zum geschichtlichen Hintergrund unseres Stückes*
Sie waren schon der ersten Buchausgabe des *Marat/Sade* beigefügt.

Text nach: *Stücke I*, Frankfurt/Main 1976, S. 460-464.

**Frankfurter Auszüge*
Entstanden Sommer 1964, gedruckt in *Kursbuch* 1 (1965), S. 152-188 (danach unser Text). Hans Magnus Enzensberger, der damalige Herausgeber des *Kursbuchs*, schrieb dazu eine aufschlußreiche redaktionelle Anmerkung (S. 202 im *Kursbuch* 1); Peter Weiss hat ihrem Text zugestimmt: »Die *Frankfurter Auszüge* von Peter Weiss erheben weder den Anspruch, ein Werk der Literatur, noch den, ein Dokument im strengen Sinn dieses Wortes zu sein. Weiss hat die Verhandlungen des Auschwitz-Prozesses im Frühsommer 1964 besucht und darüber an Hand von stenographischen Notizen ein Gedächtnisprotokoll verfaßt, das sich von einer Tonbandaufnahme in doppelter Hinsicht unterscheidet. Zunächst ist sein Text, wie der Titel *Auszüge* sagt, das Ergebnis einer Wahl. Zweitens hat sich das Gehörte im Bewußtsein des Schriftstellers verändert. Diese Veränderung ist nicht das Resultat eines absichtlichen Eingriffs. Wie jeder Zeuge – also auch die Zeugen, die vor Gericht auftreten – hat Peter Weiss versucht, zu verstehen, was er gehört hat, und damit das Gehörte formalisiert. Die *Frankfurter*

Auszüge handeln also von drei Vorgängen: dem, was in Auschwitz, dem, was in Frankfurt, und dem, was in einem Mann vorgegangen ist, der in Frankfurt war.

Peter Weiss hat im Frühjahr 1965 ein Theaterstück vollendet, das den vorläufigen Titel *Die Ermittlung* trägt. Die *Frankfurter Auszüge* sind ein Teil seiner Vorarbeiten zu diesem Drama.«

**Meine Ortschaft*
Im Rahmen des Frankfurter Auschwitz-Prozesses (20.12.1963–20.8.1965) kam es Mitte Dezember 1964 zu einer Ortsbesichtigung des ehemaligen Konzentrationslagers. Peter Weiss nahm an der Reise des Gerichts teil und war am 13.12.1964 in Auschwitz. Was er sah, gestaltete er in *Meine Ortschaft.* Der Text erschien zuerst unter dem Titel *Tjugo år efterat (Zwanzig Jahre danach)* in der Zeitung *Stockholms-Tidningen*, 27.12.1964, die deutsche Fassung in dem von Klaus Wagenbach angeregten Sammelband *Atlas* (Berlin 1965), in dem 43 deutsche Autoren »ihren Ort eintragen«.

Text nach: *Rapporte*, Frankfurt/Main 1968, S. 113-124.

**Laokoon oder Über die Grenze der Sprache*
Rede anläßlich der Entgegennahme des Lessingpreises der Freien und Hansestadt Hamburg am 23. April 1965. Zuerst veröffentlicht als Sonderdruck der Kulturbehörde der Freien und Hansestadt Hamburg 1965.

Text nach: *Rapporte*, Frankfurt/Main 1968, S. 170-187.

**10 Arbeitspunkte eines Autors in der geteilten Welt*
Zuerst schwedisch in *Dagens Nyheter*, 1.9.1965, dann auf deutsch im *Neuen Deutschland*, 2.9.1965.

Text nach: *Rapporte 2*, Frankfurt/Main 1971, S. 14-23.

Diskurs über die Vorgeschichte und den Verlauf ...
Das Stück, meist kurz *Viet Nam Diskurs* genannt, entstand 1966/67. Die Erstausgabe erschien 1967; als »wissenschaftlicher Mitarbeiter« wird Jürgen Horlemann genannt. Mehrere hundert Kritiker aus aller Welt reisten zur Uraufführung am 20.3.1968 nach Frankfurt/Main. Sie fand statt auf dem Höhepunkt

der internationalen Protestbewegung gegen die Krieg der USA in Vietnam.

Zur dramatischen Anlage des Stückes schreibt Peter Weiss in einer *Vorbemerkung:* »Das Stück benötigt 15 Schauspieler, die bezeichnet sind mit den Ziffern 1 bis 15.« »Die Bewegungen der Figuren vollziehen sich im Rahmen der angegebenen Himmelsrichtungen N, NO, O, SO, S, SW, W, NW.« »Jeder Spieler in diesem Stück stellt eine Vielzahl von Figuren dar, deren Aussagen und Verhaltensweisen in ihrer Gesamtheit einen bestimmten historischen Prozeß verdeutlichen. Die auftretenden Figuren geben sowohl individuellen Erfahrungen als auch allgemeinen Erscheinungen Ausdruck. Zuweilen handelt es sich um Personen, die von der Geschichtsschreibung verbürgt sind, dann wieder um anonyme Vertreter verschiedener Gruppen, deren Entwicklung bekannt ist. [...] Jene, die durch einen Namen gekennzeichnet werden, sind nicht Charaktere im herkömmlichen Sinn; wir nennen sie einzig als Träger wichtiger Tendenzen und Interessen.« (*Stücke II,1*, Frankfurt/Main 1977, S. 77, 76, 75).

In einem Interview erklärt Weiss Mitte März 1968 auf die Frage, ob er die Bühne als eine Art Katheder benutzen wolle: »Wenn das Stück richtig kommt, wie es sein soll, soll es ein Drama sein. Es soll keine kühle Vorlesung sein. Aber um zu zeigen, daß es sich hauptsächlich um eine wissenschaftliche Erörterung handelt, steht dieser Titel ›Diskurs‹. Es ist ein Stück fürs wissenschaftliche Zeitalter, kein Drama im unterhaltenden Sinne. Natürlich soll es unterhaltend sein, das Publikum darf natürlich nicht einschlafen, das ist klar. Genuß soll – im Sinne Brechts – für den Zuschauer sein, daß er erkennt, daß er lernt, daß ihm die Augen geöffnet werden, daß er nachdenkt, daß er selbst die Entdeckung nachvollzieht, daß er Lust bekommt, selbst weiterzustudieren, sich mit dem Material auseinanderzusetzen, daß er zweifelt, vor allen Dingen in der Bundesrepublik. Man hat hier eine ganz eindeutige Vorstellung von dem, was in Vietnam vorgeht; ich möchte das mit dem Vietnam-Stück einmal umdrehen und von der anderen Seite her zeigen.« (Gerlach/Richter (Hg.): *Peter Weiss im Gespräch*, Frankfurt/Main 1986, S. 173 f.)

Wir bringen die drittletzte Szene des Stückes, *Stadium IX* des zweiten Teils, nach der Ausgabe *Stücke II/1*, Frankfurt/Main 1977, S. 244-256.

**Notizen zum dokumentarischen Theater*
Entstanden im Januar 1968. Zuerst vorgelegt beim ›Brecht-Dialog‹, 9.-16. 2. 1968 in Berlin/DDR. Danach noch mehrfach abgedruckt.

Text nach: *Rapporte 2*, Frankfurt/Main 1971, S. 91-104.

Trotzki im Exil
Entstanden zwischen November 1968 und 1969. Seit dem Spätsommer 1967 beschäftigte sich Peter Weiss mit dem Trotzki-Stoff. Die Erstausgabe erschien 1970 in Frankfurt/Main. Peter Weiss' Versuch, sein unorthodoxes Trotzki-Stück zum 100. Geburtstag Lenins zur öffentlichen Diskussion zu stellen, stieß in Ost und West auf einhellige, ja erbitterte Ablehnung und führte zu einem vorübergehenden Bruch in Weiss' Beziehungen zu den sozialistischen Ländern.

Zum Stück und der von uns ausgewählten Szene bemerkte Weiss in einem Gespräch mit Ossia Trilling: »Das Stück beginnt mit Trotzkis Zusammentreffen mit Lenin in London 1904, geht weiter zur gescheiterten Revolution von 1905 und endet mit Trotzkis Ermordung in Mexiko. Eigentlich handelt es von zwei Revolutionen: der politischen und der kulturellen, denn eine Szene spielt in Zürich, in der Spiegelgasse, 1914, wo Lenin gegenüber dem Café Voltaire wohnte, der Geburtsstätte des Dadaismus. Trotzki war ja immer ein Vorkämpfer der revolutionären und sozialistischen Kunst.« (Gerlach/Richter (Hg.): *Peter Weiss im Gespräch*, Frankfurt/Main 1986, S. 182). So, wie Peter Weiss sie schildert, ist die Begegnung Lenins und Trotzkis mit den Dadaisten historisch nicht belegt; Lenin wohnte übrigens erst 1916/17 in Zürich. – Text nach der Ausgabe Frankfurt/Main 1970, S. 46-59.

Hölderlin
Entstanden seit Frühjahr 1970, erste Buchausgabe Frankfurt/Main 1971, Uraufführung in Stuttgart am 18. 8. 1971. Die

»Neufassung« entstand zwischen Dezember 1971 und April 1972 nach langen Diskussionen mit Freunden und Kulturpolitikern aus der DDR um die Rolle der ›Klassiker‹ Goethe, Schiller, Hegel, Fichte, die in der ersten Fassung des Stückes überaus kritisch dargestellt waren.

Wir bringen die drittletzte Szene des Dramas; sie spielt 1806/07, kurz bevor Hölderlin zum Tübinger Schreinermeister Zimmer in Pflege kommt.

Text nach: *Hölderlin*, Neufassung, Frankfurt/Main 1973, S. 154-170.

Rekonvaleszenz
Nach der »Trotzki-Niederlage« (Peter Weiss) erlitt Weiss am 6. 6. 1970 einen Herzinfarkt. Die Genesungsphase danach nahm er zum Anlaß einer schonungslosen Bestandsaufnahme seiner äußeren und inneren Existenz in Tagebuchform. Der Text war unter dem Titel *Rekonvaleszenz* zur Veröffentlichung vorgesehen, ist aber selbständig nicht erschienen; große Teile daraus wurden in die *Notizbücher 1960–1971* (Frankfurt/Main 1982, S. 778-843) aufgenommen. Der ausgewählte Abschnitt dort S. 810-814.

Die Ästhetik des Widerstands
Entstanden in fast zehnjähriger Arbeit 1972-1981; der erste Band erschien 1975, der zweite 1978, der dritte 1981. Wir haben drei in sich geschlossene Abschnitte ausgewählt, die wesentliche Bereiche dieses späten Hauptwerks von Peter Weiss repräsentieren können. Sein Generalthema ist der sozialistische Widerstand gegen den Faschismus, sein Erzählzeitraum sind die Jahre 1937 bis 1945.

S. 287-298. Spanien 1938. Der Ich-Erzähler, Sohn eines klassenbewußten Arbeiters, nimmt als Freiwilliger bei den Internationalen Brigaden am Spanischen Bürgerkrieg (1936-1939) teil. Mit seinem Freund Jacques Ayschmann studiert er Abbildungen von Pablo Picassos Guernica-Gemälde, das nach der Bombardierung der spanischen Stadt Guernica durch Flugzeuge der deutschen ›Legion Condor‹ entstand. Sie studieren das Bild und seine Vorstufen als Beispiel großer Kunst, deren Widerstandskraft gegen Unrecht und Unterdrückung der Erzähler erkennt.

S. 298-310. Berlin 1942. Während der Ich-Erzähler von Spanien nach Schweden ins Exil geht, bleiben seine Freunde Horst Heilmann und Hans Coppi in Berlin zurück. Sie arbeiten für die sogenannte ›Rote Kapelle‹, eine wesentlich sozialistisch geprägte Widerstandsgruppe. Von dieser Organisation, die (besonders nach dem deutschen Überfall auf die Sowjetunion) politische und militärische Geheimnisse nach Moskau verrät, sind in Berlin zwei Gruppen tätig, die eine um Harro Schulze-Boysen, Oberleutnant im Reichsluftfahrtministerium, die andere um Arvid Harnack, Oberregierungsrat im Reichswirtschaftsministerium. Sie werden entdeckt, gefaßt und zum Tode verurteilt. Ihre Hinrichtung im Gefängnis Berlin Plötzensee am 22. 12. 1942 schildert der ausgewählte Abschnitt. Der »er« im ersten Satz bezieht sich auf Horst Heilmann, der in seiner Zelle auf die Hinrichtung wartet.

S. 310-320. Der Schluß des Romans. Schweden 1945. Aus Spanien ist der Erzähler nach Schweden gekommen, wo er Arbeit in einer Maschinenfabrik findet und an der Untergrundaktivität deutscher Kommunisten im schwedischen Exil teilnimmt. Der Zweite Weltkrieg ist zu Ende, die Naziherrschaft gebrochen. Die Rückkehr der Flüchtlinge steht bevor, eine Einigung der sozialistischen Bewegung und der Aufbau eines sozialistischen Deutschland scheinen möglich. Der Erzähler gedenkt dieser für ihn und seine Freunde hoffnungsvollen Möglichkeit und der Erfahrungen des politischen Kampfes und seiner Opfer. Zugleich blickt er in einer Art fingierter Vorschau (Konjunktiv der Zukunft) auf die Konflikte, die im Zeichen des Ost-West-Gegensatzes erst beginnen würden.

Text nach: *Die Ästhetik des Widerstands*, Frankfurt/Main, Bd. 1, [2]1976, S. 330-340; Bd. 3, 1981, S. 210-220; Bd. 3, S. 260-267.

Vita

1916 Geb. am 8. 11. in Nowawes bei Berlin (heute Neubabelsberg) als Sohn eines jüdischen Textilfabrikanten ungarischer Herkunft, Eugen Weiss; nach dem I. Weltkrieg wurde er tschechoslowakischer Staatsbürger. Die Mutter, Frieda Weiss, geb. Hummel, war vor der Ehe Schauspielerin in Berlin bei Max Reinhardt (Vorfahren aus Basel und Straßburg). »Sie spielte eine große Mutterrolle [...] wir waren sechs Geschwister« (12).

1918 Umzug nach Bremen: »Wir wohnten in einer Gegend gleich am Hafen und die frühen Eindrücke [...] einer Hafenstadt waren grundlegend« (11).

1922 Umzug ins Bremer Patrizierviertel (Marcusallee 45).

1923 Besuch der Volksschule Bremen-Horn; später auch Gymnasium in Bremen.

1928 Verbringt aus ›erzieherischen Gründen‹ den Sommer in Tübingen bei Tante Emma, die »mit Eugen Autenrieth, einem Nachfahren von Hölderlins Irrenarzt, verheiratet war. [...] damals wurde ich mit der ganzen Hölderlin-Frage zum ersten Mal bekannt« (12).

1929 Umzug nach Berlin. »Ich ging in das Heinrich-von-Kleist-Gymnasium in Schmargendorf, das vor allem von Kindern aus bürgerlichen Familien besucht war« (14).

1932 Erster Zeichenunterricht. Häufige Museums- und Konzertbesuche: »wir gingen jeden Sonntag in die Museen« (15 f.). Für einige Monate Besuch der Malerschule Eugen Spiros. Aquarelle und Kohlezeichnungen. »In diesen Jahren, zwischen 1931 und 1933, erwarb ich meine ganzen Literaturkenntnisse, den ganzen Hesse, Thomas Mann, den ganzen Brecht« (16).

1933 Wechsel auf die Rackow-Handelsschule in Berlin. »Da lernte ich Schreibmaschine und Stenographie« (17).

1934 Anfang August Tod der Schwester Margit Beatrice nach einem Autounfall. »Die entscheidende Umwälzung in meinem Leben [...] war der Tod meiner Schwester« (18). Im Sommer Emigration mit den Eltern nach England,

Chislehurst. »Die Emigrationssorgen stürzten schlagartig über uns zusammen, als wir nach England emigrierten« (15). Peter arbeitet im Büro seines Vaters und besucht die ›Polytechnic School of Photography‹.

1936 Erste, selbstveranstaltete Ausstellung seiner Bilder in einem Lagerraum in der Londoner Kinnerton Street. Im Herbst – aus beruflichen Gründen des Vaters – Übersiedlung in die Tschechoslowakei nach Warnsdorf/Böhmen.

1937 Im Januar Brief an Hermann Hesse. »Ja, warum Hesse? Ich machte das wie viele junge Menschen: Man sucht sich jemand. Ich hatte ja keinen Menschen, keine Freunde und Bekannte« (26). Im Sommer Besuch bei Hermann Hesse im Tessin. Ab Oktober Aufnahme in die Malerklasse der Prager Kunstakademie. Erste Kafka-Lektüre.

1938 Zweiter Hesse-Besuch. Weiss illustriert zwei Novellen von Hesse, *Der verbannte Ehemann* und *Kindheit des Zauberers* gegen Barhonorar. Nach der Besetzung des Sudetenlands durch die deutsche Wehrmacht emigrierten die Eltern nach Schweden. »Mein Vater, als Jude, fuhr sofort ab, während meine Mutter, Nicht-Jüdin, noch bleiben konnte, um den Hausstand aufzulösen (31). Peter Weiss bleibt vorläufig in der Schweiz.

1939 Im Januar Abreise aus der Schweiz über Berlin nach Alingsås/Schweden, wo der Vater den Neuaufbau und die Leitung einer Textilfabrik übernommen hatte. Peter Weiss arbeitet in der väterlichen Textilfabrik. »In Schweden war für mich das Emigrationserlebnis am stärksten, weil ich die Sprache nicht beherrschte« (34).

1940 Wiedersehen mit den alten Prager Freunden Max Barth und Endre Nemes. Übersiedlung nach Stockholm, das bis zu seinem Tod Hauptwohnort bleibt. Umfassende Auseinandersetzung mit dem Werk Franz Kafkas.

1941 Ausstellung in den Stockholmer ›Mässhallen‹.

1942 Weiss arbeitet wieder als Textilarbeiter in Alingsås. Im Winter 1942/43 als Holzfäller und später als Landarbeiter. Danach als Musterzeichner für den väterlichen Betrieb. »Immer wieder diese kurzen Ausbruchsversuche, während derer ich nur gemalt und versucht habe, mit dem bißchen Geld, das ich mir verdient und erspart hatte durch Fabrikarbeit, einige Monate lang auszukommen« (33).

1943 Kontakt zu jungen schwedischen Schriftstellern der Gruppe ›Fyrtiotalisterna‹: Dagerman, Rådström, Lindegren, Liffner u. a. »Die Generation der vierziger Jahre, junge Schriftsteller, die mich dann anspornten, wieder literarisch tätig zu sein« (36). Heirat mit der schwedischen Malerin Helga Henschen.

1944 Beteiligung an den drei Ausstellungen ›Konstnärer I Landsflykt‹ (›Künstler im Exil‹).

1945 Aufenthalt in Paris. Intensive Auseinandersetzung mit dem französischen Surrealismus und dem experimentellen Film. Nachhaltiger Eindruck von Buñuels *L'Age d'Or* und Henry Millers *Wendekreis des Krebses.*

1946 Erhalt der schwedischen Staatsbürgerschaft am 30. Geburtstag.

1947 Erste Buchpublikation auf schwedisch: *Från ö till ö*, Stockholm, dt. *Von Insel zu Insel*, Berlin 1984. Reise nach Paris und – als Korrespondent der schwedischen Zeitung Stockholms Tidningen, wo sieben Reportagen von ihm gedruckt werden – nach Deutschland. »Ich kam als Ausländer, als Fremder, der sich ansah, was aus diesem Land geworden war, mit einer völligen Fremdheit, voller Kühle und Distanz« (38).

1948 *De besegrade* erscheint in Stockholm.

1949 *Dokument I* erscheint als Privatdruck in Stockholm. Dt. vollständig erst 1980 als *Der Fremde.*

1950 Psychoanalyse. Stark beeindruckt vom epischen Werk Hans Henny Jahnns. *Der Turm.* Uraufführung Studie-Scenen, Stockholm, 18. 9.

1952 Beitritt zur 1950 gegründeten Experimentalfilmgruppe ›Svensk Experiment Film Studio‹ (SEFS). Lebensgemeinschaft mit der Künstlerin Gunilla Palmstierna, die später für viele seiner Theaterstücke die Bühnenausstattung entwirft. Bis 1960 fast ausschließlich Tätigkeit als Filmemacher und Filmtheoretiker. Beginn mit *Studie I* und *Studie II*, jeweils 6 Min. lang.

1953 *Duellen* erscheint als Privatdruck in Stockholm, dt. *Das Duell* 1972. *Studie III* (6 Min.).

1954 *Studie IV (Frigörelse/Die Befreiung)* (10 Min.).

1955 *Studie V (Växelspel/Wechselspiel)* (10 Min.).

1956 *Ateljéinteriör* (10 Min.), *Ansikten i skugga (Gesichter im Schatten)* (10 Min.); *Avantgardefilm*, Weiss' Filmästhetik erscheint in Stockholm.

1957 *Ingenting Ovanligt (Nichts Ungewöhnliches)* (10 Min.); *Enligt Lag (Im Namen des Gesetzes)* (19 Min.).

1958 *Vad ska vi göra nu da? (Wo ist denn jetzt was los?)* (20 Min.).

1959 *Hägringen (Der Verschollene)* (80 Min.). Fast gleichzeitiger Tod beider Eltern. Walter Höllerer vermittelt das 1952 entstandene Manuskript *Der Schatten des Körpers des Kutschers* an den Suhrkamp Verlag, der von nun an das gesamte Werk von Weiss betreut. Der *Kutscher* erscheint 1960. Damit beginnt Weiss' schriftstellerische Karriere.

1960 *Svenska flickor i Paris (Verlockung)* (80 Min.); *Bag de ens facader (Hinter den Fassaden)* (27 Min.); *Anna Casparsson* (14 Min.); *Öyvind Fahlström* (10 Min.).

1961 Die autobiographische Erzählung *Abschied von den Eltern* erscheint.

1962 Der autobiographische Roman *Fluchtpunkt* erscheint. Erstes Auftreten in der Gruppe 47.

1963 Charles-Veillon-Preis für *Fluchtpunkt.* Beginn der Arbeit an dem spektakulären Theaterstück *Die Verfolgung und Ermordung Jean Paul Marats ... Das Gespräch der drei Gehenden* erscheint. *Nacht mit Gästen.* Uraufführung Schillertheater Berlin, 16. 11. Ausstellung seiner Bilder in der Galerie Springer in Berlin.

1964 Uraufführung des *Marat/Sade*, Schillertheater Berlin, 29. 4. Weltweiter Erfolg.

1965 Lessingpreis der Freien und Hansestadt Hamburg. *Die Ermittlung*, gemeinsame Uraufführung der Freien Volksbühne Berlin und der Deutschen Akademie der Künste Berlin/DDR und 13 weiterer Bühnen, 19. 10. Veröffentlichung der *10 Arbeitspunkte eines Autors in der geteilten*

Welt: »Die Richtlinien des Sozialismus enthalten für mich die gültige Wahrheit«. Literaturpreis der Schwedischen Arbeiterbewegung.

1966 Heinrich-Mann-Preis der Deutschen Akademie der Künste. Erstes öffentliches Eintreten für Nordvietnam. Kontroverse mit Hans Magnus Enzensberger über Literatur und Engagement.

1967 Carl-Albert-Anderson-Preis. *Gesang vom Lusitanischen Popanz.* Uraufführung Scala Teatern Stockholm, 26. 1. Dt. Erstaufführung Schaubühne am Halleschen Ufer Berlin. 6. 10. Teilnahme am 1. Vietnam-Tribunal (Russel-Tribunal) vom 2.-10. 5. in Stockholm. Juli/August Aufenthalt in Cuba. Teilnahme am 2. Vietnam-Tribunal vom 20. 11.-1. 12. in Roskilde bei Kopenhagen.

1968 *Viet Nam Diskurs.* Uraufführung Städtische Bühnen der Stadt Frankfurt/M., 20. 3. – *Wie dem Herrn Mockinpott das Leiden ausgetrieben wird.* Uraufführung Landestheater Hannover, 16. 5.; 15. 5.-21. 6. Aufenthalt in Nordvietnam. *Notizen zum kulturellen Leben der Demokratischen Republik Viet Nam.* Öffentlicher Protest gegen die Besetzung der ČSSR.

1970 *Trotzki im Exil.* Uraufführung Schauspielhaus Düsseldorf, 20. 1.; großer Mißerfolg, fast einhellige Ablehnung des Stücks in Ost und West.

1971 *Die Versicherung.* Uraufführung Städtische Bühnen Essen, 8. 4.; *Hölderlin.* Uraufführung Württembergisches Staatstheater Stuttgart, 18. 9.

1975 *Der Prozeß*, eine Dramatisierung nach dem gleichnamigen Roman von Franz Kafka. Uraufführung Theater der Freien Hansestadt Bremen, 28. 5. – Der erste Band der *Ästhetik des Widerstands* erscheint.

1976 Umfassende Ausstellung des bildnerischen Werkes in Södertälje Konsthall (Schweden).

1977 Große Wanderausstellung von Rostock über Berlin/DDR, München, Zürich nach Paris.

1978 Thomas-Dehler-Preis. Zweiter Band der *Ästhetik des Widerstands* erscheint. Wieder öffentliches Engagement für die Sache Vietnams.

1980 Retrospektive des malerischen Werkes im Museum Bochum.

1981 Preis des SWF-Literaturmagazins. Literaturpreis der Stadt Köln. Dritter und letzter Band der *Ästhetik des Widerstands* erscheint.

1982 *Der neue Prozeß*. Uraufführung Königl. Dramatisches Theater in Stockholm, 12. 3.; dt. Erstaufführung Freie Volksbühne Berlin, 26. 3. 1983. Bremer Literaturpreis; Georg-Büchner-Preis (posthum); Schwedischer Theaterkritikerpreis (posthum). Gestorben am 10. Mai.

Die Zitate stammen von Peter Weiss, aus: *Der Kampf um meine Existenz als Maler*, in: *Der Maler Peter Weiss*. Berlin 2. Aufl. o. J. [1982], S. 11-43. Die Zahlen in Klammern beziehen sich auf diese Seiten dieses Buches.

Peter Weiss
im Suhrkamp Verlag und
im Insel Verlag

Abschied von den Eltern. Erzählung. Mit 8 Collagen von Peter Weiss. BS 700

Abschied von den Eltern. Erzählung. es 85

Die Ästhetik des Widerstands. Roman. Erster Band. Leinen und kartoniert

Die Ästhetik des Widerstands. Roman. Zweiter Band. Leinen und kartoniert

Die Ästhetik des Widerstands. Roman. Dritter Band. Leinen und kartoniert

Die Ästhetik des Widerstands. Roman. Sonderausgabe in einem Band. Kartoniert

Avantgarde-Film. Aus dem Schwedischen von Beat Mazenauer. es 1444

Die Besiegten. Aus dem Schwedischen von Beat Mazenauer. Mit einem Nachwort von Gunilla Palmstierna-Weiss. es 1324

Das Duell. Aus dem Schwedischen von J. C. Görsch in Zusammenarbeit mit dem Autor. Mit 10 Federzeichnungen von Peter Weiss. st 41

Fluchtpunkt. Roman. Mit vier Collagen von Peter Weiss. BS 797

Fluchtpunkt. Roman. es 125

Das Gespräch der drei Gehenden. es 7

Hölderlin. Stück in zwei Akten. BS 297

»In Gegensätzen denken«. Ein Lesebuch. Herausgegeben von Rainer Gerlach und Matthias Richter. Kartoniert

Der neue Prozeß. Stück in drei Akten. es 1215

Notizbücher 1960-1971. 2 Bände. es 1135

Notizbücher 1971-1980. 2 Bände. es 1067

Rapporte. es 276

Rapporte 2. es 444

Der Schatten des Körpers des Kutschers. BS 585 und es 53

Sinclair (Peter Weiss): Der Fremde. Erzählung. es 1007

Stücke I: Der Turm. Die Versicherung. Nacht mit Gästen. Mockinpott. Marat/Sade. Die Ermittlung. es 833

Stücke II: Gesang vom Lusitanischen Popanz. Viet Nam Diskurs. Hölderlin. Trotzki im Exil. Der Prozeß. 2 Bände. es 910

Die Verfolgung und Ermordung Jean Paul Marats, dargestellt durch die Schauspielgruppe des Hospizes zu Charenton unter Anleitung des Herrn de Sade. Drama in zwei Akten. es 68

41/1/3.88

Peter Weiss
im Suhrkamp Verlag und
im Insel Verlag

Buchkunst, Übersetzungen

Hermann Hesse: Der verbannte Ehemann oder Anton Schievelbeyn's ohnfreywillige Reisse nacher Ost-Indien. Handgeschrieben und illustriert von Peter Weiss. it 260

Hermann Hesse: Kindheit des Zauberers. Ein autobiographisches Märchen. Handgeschrieben, illustriert und mit einer Nachbemerkung versehen von Peter Weiss. it 67

August Strindberg: Ein Traumspiel. Deutsch von Peter Weiss. BS 553

August Strindberg: Fräulein Julie. Ein naturalistisches Trauerspiel. Deutsche Übertragung und Nachwort von Peter Weiss. BS 513

Zu Peter Weiss

Peter Weiss im Gespräch. Herausgegeben von Rainer Gerlach und Matthias Richter. es 1303

Peter Weiss. Herausgegeben von Rainer Gerlach. st 2036

Peter Weiss' ›Die Ästhetik des Widerstands‹. Herausgegeben von Alexander Stephan. st 2032

Materialien zu Peter Weiss' ›Marat/Sade‹. Zusammengestellt von Karlheinz Braun. es 232

41/2/3.88

Neue Historische Bibliothek in der edition suhrkamp

»Hans-Ulrich Wehlers fast aus dem Nichts entstandene ›Neue Historische Bibliothek‹ ist (...) nicht nur ein forschungsinternes, sondern auch ein kulturelles Ereignis.« Frankfurter Allgemeine Zeitung

Abelshauser, Werner: Wirtschaftsgeschichte der Bundesrepublik Deutschland 1945-1980. es 1241
Alter, Peter: Nationalismus. es 1250
Berghahn, Volker: Unternehmer und Politik in der Bundesrepublik. es 1265
Blasius, Dirk: Geschichte der politischen Kriminalität in Deutschland 1800-1980. Eine Studie zu Justiz und Staatsverbrechen. es 1242
Botzenhart, Manfred: Reform, Restauration, Krise. Deutschland 1789-1847. es 1252
Carsten, Francis L.: Geschichte der preußischen Junker. es 1273
Dippel, Horst: Die Amerikanische Revolution 1763-1787. es 1263
Frevert, Ute: Frauen-Geschichte. Zwischen bürgerlicher Verbesserung und Neuer Weiblichkeit. es 1284
Geiss, Immanuel: Geschichte des Rassismus. es 1530
Geyer, Michael: Deutsche Rüstungspolitik 1860-1980. es 1246
Grimm, Dieter: Deutsche Verfassungsgeschichte 1776-1866. es 1272
Hentschel, Volker: Geschichte der deutschen Sozialpolitik 1880-1980. Soziale Sicherung und kollektives Arbeitsrecht. es 1247
Hildermeier, Manfred: Die russische Revolution. es 1534
Holl, Karl: Pazifismus in Deutschland. es 1533
Jaeger, Hans: Geschichte der Wirtschaftsordnung in Deutschland. es 1529
Jarausch, Konrad H.: Deutsche Studenten 1800-1970. es 1258
Jasper, Gotthard: Die gescheiterte Zähmung. Wege zur Machtergreifung Hitlers 1930-1934. es 1270
Kluge, Ulrich: Die deutsche Revolution 1918/1919. Staat, Politik und Gesellschaft zwischen Weltkrieg und Kapp-Putsch. es 1262
Kluxen, Kurt: Geschichte und Problematik des Parlamentarismus. es 1243
Kraul, Margret: Das deutsche Gymnasium 1780-1980. es 1251
Langewiesche, Dieter: Deutscher Liberalismus. es 1286
Lehnert, Detlef: Sozialdemokratie zwischen Protestbewegung und Regierungspartei 1848-1983. es 1248
Lenger, Friedrich: Sozialgeschichte der deutschen Handwerker. es 1532
Lönne, Karl-Egon: Politischer Katholizismus im 19. und 20. Jahrhundert. es 1264

7/1/12.87

Neue Historische Bibliothek in der edition suhrkamp

Marschalck, Peter: Bevölkerungsgeschichte Deutschlands im 19. und 20. Jahrhundert. es 1244
Mitterauer, Michael: Sozialgeschichte der Jugend. es 1278
Möller, Horst: Vernunft und Kritik. Deutsche Aufklärung im 17. und 18. Jahrhundert. es 1269
Mooser, Josef: Arbeiterleben in Deutschland 1900-1970. Klassenlagen, Kultur und Politik. es 1259
Peukert, Detlev J. K.: Die Weimarer Republik. es 1282
Reulecke, Jürgen: Geschichte der Urbanisierung in Deutschland. es 1249
Schönhoven, Klaus: Die deutschen Gewerkschaften. es 1287
Schröder, Hans-Christoph: Die Revolutionen Englands im 17. Jahrhundert. es 1279
Schulze, Winfried: Deutsche Geschichte im 16. Jahrhundert. es 1268
Sieder, Reinhard: Sozialgeschichte der Familie. es 1276
Siemann, Wolfram: Die deutsche Revolution von 1848/49. es 1266
Staritz, Dietrich: Geschichte der DDR 1949-1985. es 1260
Thränhardt, Dietrich: Geschichte der Bundesrepublik Deutschland. es 1267
Ullmann, Hans-Peter: Interessenverbände in Deutschland. es 1283
Wehler, Hans-Ulrich: Grundzüge der amerikanischen Außenpolitik 1750-1900. Von den englischen Küstenkolonien zur amerikanischen Weltmacht. es 1254
Wippermann, Wolfgang: Europäischer Faschismus im Vergleich 1922-1982. es 1245
Wirz, Albert: Sklaverei und kapitalistisches Weltsystem. es 1256
Wunder, Bernd: Geschichte der Bürokratie in Deutschland. es 1281
Ziebura, Gilbert: Weltwirtschaft und Weltpolitik 1922/24-1931. Zwischen Rekonstruktion und Zusammenbruch. es 1261

7/2/12.87